DIE ZEIT DER KELTEN
Ein Atlas

DIE ZEIT DER KELTEN
Ein Atlas

JOHN HAYWOOD

Geleitwort von
BARRY CUNLIFFE

*Aus dem Englischen
von
Manfred Mothes
Petra Post und
Andrea von Struve*

Zweitausendeins

Für meine Mutter

Dank
Zwar habe ich in vorliegendem Buch meine eigene Sicht
der keltischen Geschichte wiedergegeben,
aber darin eingeflossen sind die vielen Ratschläge
und Anregungen von Barry Cunliffe, Vincent Megaw,
Seán Duffy, Steven Ellis, Keith Stringer, David Shotter,
Alexander Grant und Simon Hall.
Ihnen allen gilt mein Dank für ihr Engagement.
Zu danken habe ich auch der geschichtswissenschaftlichen
Fakultät der Universität Lancester, die meine Arbeit
mit einem Forschungsstipendium unterstützte.

*Das Frontispiz zeigt einen keltischen Königssitz
im irischen Tara, County Meath.*

Deutsche Erstausgabe.
1. Auflage, Februar 2002.
2. Auflage, April 2003.

Die englische Originalausgabe ist 2001 unter dem Titel »The Historical
Atlas of the Celtic World« bei Thames & Hudson, London, erschienen.

Copyright © 2001 by Thames & Hudson Ltd., London.

Alle Rechte für die deutsche Ausgabe und Übersetzung
Copyright © 2002 by Zweitausendeins, Postfach,
D-60381 Frankfurt am Main. www.Zweitausendeins.de.

Lektorat der deutschen Ausgabe:
Ekkehard Kunze (Büro W, Wiesbaden).
Korrektorat: Ursula Maria Ott, Frankfurt am Main.
Satz und herstellerische Betreuung der deutschen Ausgabe:
Dieter Kohler GmbH, Nördlingen.

Printed and bound in Italy by Officine Grafiche De Agostini.

Dieses Buch gibt es nur bei Zweitausendeins im Versand, Postfach,
D-60381 Frankfurt am Main, Telefon 069-420 8000, Fax 069-415 003.
Internet www.Zweitausendeins.de, E-Mail info@Zweitausendeins.de.
Oder in den Zweitausendeins-Läden in Berlin, Düsseldorf, Essen,
Frankfurt am Main, Freiburg, 2× in Hamburg, in Hannover,
Köln, Mannheim, München, Nürnberg, Stuttgart.

In der Schweiz über buch 2000, Postfach 89, CH-8910 Affoltern a. A.

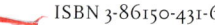

ISBN 3-86150-431-6

*Skythischer Goldbecher aus
Kul'-Oba (S. 28)*

*Bronzestatuette
eines gallischen
Priesters oder
Druiden (S. 26)*

*Piktischer Silberschmuck
(S. 86)*

Rundturm des Klosters auf Devenish Islands (S. 102)

Inhalt

Dudelsackpfeifer bei einem galicischen Volksfest (S. 138)

Statuette eines Kriegergottes.
Saint-Maur-en-Chausée, Oise,
1. Jh. v. Chr.

Geleitwort

IM JAHRE 1867 organisierte der bretonische Adlige Theodore Hersart de la Villemarqué den ersten interkeltischen Kongress in St. Brieuc, Bretagne. Dazu verschickte er Einladungen an seine »Verwandten« in Wales, seine »Brüder« in Cornwall und seine »Vettern« in Irland und Schottland. La Villemarqué gehörte zu einer Gruppe prominenter Bretonen, die aus Verdruss über die repressive zentralistische Pariser Politik versuchten, die Identität der Bretagne wieder zu beleben. Dreißig Jahre zuvor hatte er seine *Barzas Breiz* veröffentlicht – eine Sammlung volkstümlicher bretonischer Gedichte und Lieder. Und nun drang er in die politische Arena vor, indem er die Bretagne zum Zentrum eines neuen Nationalgefühls machte, das die Keltisch sprechenden Völker entlang der Atlantikküste erfasst hatte. Ihre gemeinsame Sprache und fernen Heimatländer waren für ihn Beweis genug für eine spezifische keltische Identität, die bis zu den Wurzeln der europäischen Gesellschaft zurückverfolgt werden konnte. Sein Ruf wurde gehört, und die von ihm initiierte Bewegung wurde immer stärker.

Heute ist das keltische Erbe im Alltag der Bretagne fest verankert. Das Festival Interceltique de Lorient zieht jedes Jahr Tausende Menschen aus Westeuropa an, die sich an der modernen keltischen Musik von Interpreten wie Alan Stivell erfreuen, der auf Französisch, Bretonisch, Irisch, Schottisch-Gälisch und Walisisch singt. Auch die einzigartigen Klavierkompositionen von Didier Squiban, die mit ihren alten bretonischen Rhythmen das wogende Meer nachahmen, sind heute in vielen Nationen bekannt. Auf lokaler Ebene werden Gemeinschaftsgefühl und Traditionsbewusstsein gestärkt durch die öffentlichen *fest-noz* – ursprünglich eine Art Erntemahl, heute einfach ein Grund zum Feiern – und die jährlichen *fêtes folkloriques*, die die meisten Gemeinden veranstalten, um Geld für Projekte zu sammeln. Beide Traditionen wurden erst in jüngerer Zeit wieder aufgegriffen und heutigen Bedürfnissen etwas angepasst, aber kaum einer, der an einem Sommerabend an einem gemeinsamen Abendessen im Freien teilnimmt und die raue Musik von Bignon und Bombard, den Tanz und die Gedichte erlebt, kann sich der Faszination des Keltentums entziehen.

Was ich über die Bretagne gesagt habe, gilt für alle Keltisch sprechenden Länder; man ist sich wieder seiner keltischen Abstammung bewusst. In den vergangenen zwei Jahrhunderten wurden viele »Traditionen« wieder entdeckt oder auch erfunden, um die eigene Identität zu stärken, um zwischen »uns, den Kelten«, und den »anderen« zu unterscheiden, seien es die Waliser von den Engländern, die Bretonen von den Franzosen oder die Galicier von den Spaniern.

In der turbulenten Geschichte Europas, angefangen mit der Entstehung der Nationalstaaten bis zum Regionalismus und den ethnischen Konflikten der heutigen Zeit, verstand man unter »Keltentum« immer wieder etwas anderes. Manche meinen sogar, wegen der widersprüchlichen Ansichten und Halbwahrheiten sei der Begriff so diffus, dass man besser auf ihn verzichten sollte – eine Meinung, die ich wenig hilfreich finde. Seit griechische Geschichtsschreiber im 6. Jh. v. Chr. zum ersten Mal von den Kelten berichteten, gibt es Menschen, die sich als Kelten verstehen, und andere, die diese mit einer gewissen Distanziertheit betrachten und landläufigen Stereotype zuordnen. Aber gerade diese aus Definition und Neudefinition erwachsende Dynamik macht das Thema ja so spannend.

In diesem Atlas zeichnet John Haywood ein nach neuesten Erkenntnissen breit gefächertes Bild der Kelten, beginnend mit ihrem Ursprung in vorgeschichtlicher Zeit bis in unsere Tage. Es ist ein einzigartiges Quellenwerk, ein unentbehrlicher Reisebegleiter für alle, die sich auf Entdeckungsfahrt in die Welt der Kelten begeben wollen, wo auch immer ihre Reise beginnt.

BARRY CUNLIFFE

Vorwort

Die Geschichte der Kelten, ob real oder erfunden, umfasst eine große Zeitspanne – etwa 3000 Jahre – und ein ebenso riesiges Gebiet – große Teile Europas und in jüngerer Zeit auch Nordamerika und Australasien. Zudem findet man in ihr sämtliche bedeutenden Themen der europäischen Geschichte. Eine solche Geschichte kann am besten mit einem Geschichtsatlas vermittelt werden, in dem sich die großen Wanderungen der Kelten, ihre Siege und Niederlagen sowie die kulturellen Einflüsse grafisch darstellen lassen.

Seit über zwei Jahrhunderten beschäftigen sich die Europäer nun schon mit den Kelten. Lange Zeit galten sie, in den Augen unserer wohl geordneten Gesellschaft, als »edle Wilde«. Sie wurden romantisiert, und man dichtete ihnen übersinnliche Fähigkeiten an. In Wirklichkeit unterschieden sich die Kelten in ihren Wert- und Glaubensvorstellungen wenig von den alten Griechen, Römern und Germanen. Und sicher hätten sie sich auch zu einer urbanisierten und technisierten Gesellschaft entwickelt. Wie würde wohl unser Europa aussehen, wenn die Kelten und nicht die Römer gesiegt hätten? Hätte ein keltisches Europa den amerikanischen Kontinent kolonisiert oder eine industrielle Revolution hervorgebracht? Diese und andere Fragen, die sich mit der Andersartigkeit der Kelten beschäftigen und eine alternative europäische Geschichte zum Thema haben, finde ich faszinierend.

Zweifellos war es auch diese Romantisierung, die akademische Kreise in den letzten Jahren zu einer kritischen Auseinandersetzung mit der keltischen Identität bewogen. Einige Wissenschaftler bezweifeln inzwischen sogar ihre Authentizität. Sie behaupten, es handele sich bloß um ein modernes Konstrukt, das Ordnung in eine chaotische Vergangenheit bringen soll. Solche Argumente sind nicht ohne Wirkung auf das Selbstverständnis von Millionen Menschen und führen zwangsläufig zu heftigen Kontroversen. Das Wiedererwachen keltischer Identität schlägt sich bereits in der europäischen Politik nieder. Und niemand weiß, wohin diese Entwicklung führen wird. Jedenfalls ist die Geschichte der Kelten Teil unserer Alten und Mittleren Geschichte und kann nicht einfach mit der Bemerkung, sie sei für unsere Zeit bedeutungslos, abgetan werden.

Diese Kontroversen spielen hier eine wesentliche Rolle. Ich teile die Definition – und hoffe, dass ich sie nicht unkritisch übernommen habe –, wonach man unter Kelten die Keltisch sprechenden Völker des Altertums und Mittelalters sowie auch jene modernen Völker versteht, die sich auf ihre keltische Abstammung berufen. Die keltische Geschichte lässt sich nicht einfach bruchlos von der Bronzezeit bis ins 21. Jh. verfolgen, und die Diskontinuitäten sind nicht weniger interessant als der kontinuierliche Verlauf ihrer Geschichte. Die Gliederung dieses Buchs versucht dem Rechnung zu tragen. Festlandkelten und Inselkelten, auch wenn sie ähnliche Sprachen und eine gemeinsame Kultur hatten, unterschieden sich wesentlich voneinander. Deshalb werden sie hier gesondert behandelt. Teil 1 und Teil 2 schließen jeweils mit dem Niedergang der unabhängigen Keltisch sprechenden Gemeinschaften, mit der Vereinnahmung der Bretagne durch Frankreich, der Eroberung von Wales durch die Engländer und der Unterdrückung der gälischen Fürstentümer in Irland und Schottland. Die modernen Kelten sind somit auch keine direkten Nachfahren der »historischen« Kelten. Die moderne keltische Identität ist mehr eine kulturelle, d. h. länderübergreifende Identität als eine nationale. Andererseits gibt es in allen modernen keltischen Staaten große Teile der Bevölkerung (in manchen Ländern ist es sogar die Mehrheit), die sich keineswegs als Kelten verstehen. Auch dieser Tatsache wird hier Rechnung getragen, indem die moderne keltische Identität nicht als ein nationales, sondern in erster Linie als ein kulturelles und politisches Phänomen behandelt wird.

JOHN HAYWOOD

Zeittafel

KELTISCHE KULTUREN

Frühe Hallstattkultur (Eisenzeit) um 750–450 v. Chr.
La-Tène-Kultur um 450 v. Chr.–50 n. Chr.

EREIGNISSE

Um 1200 v. Chr.: Nördlich der Alpen entsteht die späte Hallstattkultur (Bronzezeit).

Um 750: Die Hallstattkelten beginnen mit der Eisenverarbeitung.

Um 700–600: Möglicherweise wandern die Kelten in dieser Zeit nach Spanien.

Um 600: Gründung von Massalia; die Griechen treiben mit den Hallstattkelten Handel.

Um 550: Die Hallstattkultur breitet sich in Britannien aus.

Um 500: Früheste schriftliche Form einer keltischen Sprache (Lepontisch).

Um 500: Der griechische Historiograph Hekataios erwähnt zum ersten Mal die Kelten.

Um 450: Die La-Tène-Kultur entsteht in Deutschland und Frankreich.

Um 400: Die La-Tène-Kultur breitet sich in Britannien und Transdanubien (Ostösterreich und Ungarn) aus.

Um 400: Kelten fallen in Italien ein.

390 (oder 387): Gallier plündern Rom.

380: Kelten überfallen Illyrien.

369–368: Keltische Söldner werden von griechischen Armeen rekrutiert.

335: Feldzug Alexanders d.G. gegen die Kelten an der Donau.

323: Keltische Gesandte besuchen Alexander d.G. in Babylon.

Um 320: Kelten siedeln in den Karpaten.

Um 310: Pytheas von Massalia besucht Britannien.

Um 300: Keltische Siedlungen im Süden der Ukraine

Um 300–um 100: Beginn der Staatenbildung in Süd- und Mittelgallien.

298: Vorstoß der Kelten nach Thrakien, wo sie im Haimos-Gebirge geschlagen werden.

295: Sieg der Römer über die Senonen bei Sentinum.

281: Die Kelten (Galatoi) besiegen und töten den Makedonenkönig Ptolemaios Keraunos.

279: Die Galater fallen in Griechenland ein, werden vor Delphi zurückgeschlagen.

278: Galater kommen nach Anatolien, um als Söldner unter Nikomedes von Bithynien zu dienen.

Um 278: Kelten gründen das Königreich Tylis (im heutigen Bulgarien).

274: Keltische Söldner werden von Ptolemaios I. von Ägypten angeworben.

Um 240: Attalos I. von Pergamon schlägt die Galater an den Quellen des Kaikos.

237: Die Karthager beginnen mit der Unterwerfung der Keltiberer.

Um 225: Früheste, uns bekannte keltische Münzen.

225: Die Römer besiegen die Gallier in der Schlacht von Telamon.

218: Kelten unterstützen Hannibals Einfall in Italien.

212: Untergang des Königreichs Tylis.

206: Die Keltiberer erlangen nach dem Sieg Roms über die Karthager bei Ilipa ihre Unabhängigkeit zurück.

200–100: Im keltischen Europa entstehen befestigte, stadtähnliche Siedlungen (Oppida).

Um 200 v. Chr.–um 200 n. Chr.: Blütezeit der schottischen Brochs.

191: Die Römer erobern Bononia, das letzte Bollwerk der Gallier in Italien.

186: Die Noriker aus Österreich werden Verbündete Roms.

139: Der lusitanische Feldherr Viriathus wird ermordet.

133: Die Römer schlagen die Keltiberer bei Numantia.

Um 123: Die Römer annektieren Südgallien.

122–121: Die Römer besiegen die Arverner und Allobroger.

113–101: Kimbern und Teutonen ziehen durch das keltische Europa.

106: Tolosa (Toulouse) wird von den Römern erobert.

Um 100: Der griechische Historiker Poseidonios schreibt nach seinen Reisen durch Spanien, Gallien und Britannien einen Bericht über die Kelten.

Um 90: In Virunum, der Hauptstadt der Noriker, wird eine römische Handelskolonie gegründet.

88: Mithridates IV. von Pontos metzelt die galatische Aristokratie nieder.

65: Galatien wird zum Klientelkönigreich des Römischen Reichs.

Um 60: König Burebista von Dakien besiegt die keltischen Stämme der Skordisker, Taurisker und Boier.

58: Julius Cäsar beginnt mit der Eroberung Galliens, nachdem die Helvetier in das Gebiet der Arverner vorzudringen versuchten.

55–54: Julius Cäsars Expeditionen nach Britannien.

52: Mit der Belagerung Alesias endet der gallische Widerstand gegen die römische Herrschaft.

25: Galatien wird römische Provinz.

19–15: Die Kelten an der oberen Donau werden von den Römern geschlagen.

19: Die Römer brechen den Widerstand der Keltiberer in Nordwestspanien.

Um 10 n. Chr.: In Britannien vereinigt Cunobelinus die Trinovanten und Catuvellauni.

20: Gallischer Aufstand unter Florus und Sacrovir.

41–54: Kaiser Claudius gestattet Galliern die Mitgliedschaft im römischen Senat.

43: Claudius befiehlt die Eroberung Britanniens.

51: Ende des Widerstands im südlichen Britannien nach der Gefangennahme des Caratacus.

54–55: Brief des Paulus an die Galater.

60: Vernichtung der Druiden von Anglesey durch die Römer.

60: Boadicea, Königin der Ikener, führt einen britannischen Aufstand gegen die römische Herrschaft an.

61: Boadicea begeht Selbstmord nach der Niederlage gegen die Römer.

69: Julius Civilis erhebt sich gegen Rom und versucht ein unabhängiges »Reich der Gallier« zu errichten.

84: Die Römer besiegen die Kaledonier am Mons Graupius in Nordschottland.

87: Die Römer geben Pläne auf, ganz Britannien zu erobern.

122: In Nordbritannien entsteht der Hadrianswall.

142: Der Antoniuswall entsteht in Nordbritannien (163 wieder aufgegeben).

211: Kaiser Septimius Severus stirbt während des Feldzugs gegen die Kaledonier.

212: Allen freien Bewohnern des Römischen Reichs werden Bürgerrechte gewährt.

260–274: Marcus Postumus vereinigt Britannien und Gallien im unabhängigen »Gallischen Reich«.

286–296: Britannien wird unter Carausius unabhängig.

297: Erste Berichte über die Pikten in Nordbritannien.

Um 300: Erste britannische Siedlungen in der Bretagne.

358: Franken siedeln in Gallien.

367: Pikten, Skoten und Sachsen verwüsten Britannien.

Um 400: Der irische König Niall of the Nine Hostages überfällt Britannien.

Um 400: In Irland wird das Christentum eingeführt.

Um 410: Ende der römischen Herrschaft in Britannien.

431: Palladius wird zum ersten Bischof der Iren ernannt.

Um 435: Der Hl. Patrick beginnt seine Mission in Irland.

Um 440: Cunedda schlägt irische Eindringlinge in Wales.

Um 450: Britannische Kelten wandern vor der angelsächsischen Eroberung in die Bretagne aus.

455: Der Gallier Avitus wird weströmischer Kaiser.

486: Frankenkönig Chlodwig I. besiegt Syagrius, den letzten römischen Befehlshaber Galliens.

DIE KELTEN VOM MITTELALTER BIS HEUTE
500–2000

Um 500: Die irische Dál Riata-Dynastie herrscht über Argyll in Schottland.

Um 500: Schlacht von Mount Badon; die Britannier bringen die angelsächsische Expansion zum Stillstand.

501: Tod des Königs Fergus MacErc von Dál Riata.

563: Kolumban der Ältere gründet das Kloster von Iona.

577: Nach der Schlacht von Dyrham erobern die Angelsachsen Bath, Gloucester und Cirencester.

Um 590: Urien of Rheged fällt bei Bamburgh.

Um 600: Sieg der Angelsachsen über die Gododdin bei Catterick.

Um 600–um 800: Irlands »Goldenes Zeitalter«.

635: Aidan beginnt mit der Christianisierung der Northumbrier.

635: Die Bretonen erkennen die fränkische Oberherrschaft an.

637: Irisch- und Schottisch-Dál Riata werden voneinander unabhängig.

685: Ein northumbrischer Eroberungsversuch wird von den Pikten bei Nechtansmere nahe Dunnichen Moss zurückgeschlagen.

691: Die Bretonen erringen die volle Unabhängigkeit.

Um 790: Der Schutzwall Offa's Dyke befestigt die Grenze zu Wales.

795: Wikinger plündern Iona und fallen zum ersten Mal in Irland ein.

798: Wikinger überfallen die Insel Man.

Um 800: Irische Mönche besuchen erstmals Färöer und Island.

841: Die Wikinger gründen den Stützpunkt Dublin.

843: Kenneth MacAlpin von Dál Riata unterwirft die Pikten.

844: Rhodri Mawr wird König von Gwynedd.

851: Frankenkönig Karl der Kahle erkennt Erispoë als König der Bretagne an.

867: Karl der Kahle tritt Cotentin an Salomon, König der Bretagne, ab.

870: Wikinger plündern Dumbarton, Hauptstadt von Strathclyde.

878: Der letzte unabhängige König von Cornwall, Doniert, stirbt.

888–891: Alanus d. G. schlägt Wikingerangriffe auf die Bretagne zurück.

889: Donald II. führt als Erster den Titel »König von Schottland«.

919: Wikinger besetzen die Bretagne.

927: Hywel Dda und andere walisische Könige unterwerfen sich der Oberherrschaft Athelstans von England.

936–939: Alain Barbetorte vertreibt die Wikinger aus der Bretagne.

973: König Edgar von England tritt Lothian an Schottland ab.

1002: Brian Boru wird Hochkönig Irlands.

1014: Brian Boru fällt in der Schlacht von Clontarf.

1018: Owain the Bald, der letzte britannische König von Strathclyde, fällt in der Schlacht von Carham.

1057: Malcolm Canmore tötet Macbeth und wird König von Schottland.

1093: Beginn der anglonormannischen Eroberung von Wales.

1110: Flamen und Engländer siedeln in Pembrokeshire, Südwales.

1156: Somerled regiert in Argyll und den südlichen Hebriden.

1169: Anglonormannische Söldner setzen Diarmit MacMurchada wieder als König von Leinster ein.

1170: Richard FitzGilbert (»Strongbow«) erobert Waterford und Dublin.

1171: Irische Könige unterwerfen sich Heinrich II. von England.

1183: Rory O'Connor, letzter Hochkönig von Irland, dankt ab.

1194–1240: Herrschaft Llywelyns des Großen (Llywelyn Fawr), Fürst von Gwynedd.

1266: Norwegen tritt die Hebriden an Schottland ab.

1267: Vertrag von Montgomery: Heinrich III. erkennt Llywelyn ap Gruffydd als »Prince of Wales« an.

1282: Eduard I. schlägt einen Aufstand Llywelyn ap Gruffydds nieder; Ende der walisischen Unabhängigkeit.

1290: Die Insel Man fällt an die englische Krone.

1296–1328: Schottische Unabhängigkeitskriege.

1301: Eduard I. ernennt seinen Sohn zum »Prince of Wales«.

1315–1318: England wehrt die schottische Invasion Irlands ab.

1354: John of Islay nimmt den Titel »Lord of the Isles« an.

1366: Erlasse von Kilkenny verbieten es englischen Siedlern, irische Lebensgewohnheiten anzunehmen.

1400–1410: Owain Glyndŵrs Aufstand in Wales.

1485: Heinrich VII. aus der walisischen Tudor-Familie wird König von England.

1487: Nach der Schlacht von St.-Aubin-du-Cormier fällt die Bretagne an Frankreich.

1491: Anne de Bretagne heiratet König Karl VIII. von Frankreich.

1493: Das »Reich der Inseln« wird aufgelöst.

1497: Kornische Rebellenarmee wird vor London geschlagen.

1532: Die Bretagne wird Frankreich eingegliedert.

1536: Das Reformationsparlament führt in Irland den Protestantismus ein.

1536–1542: Durch die Unionsgesetze wird Wales mit England vereinigt.

1545: Donald Dubh versucht das »Reich der Inseln« wiederherzustellen.

1546: Das erste Buch in keltischer Sprache (Walisisch) wird gedruckt.

1549: Einwohner Cornwalls wehren sich gegen englischsprachigen Gottesdienst.

1556: Erste *Plantations* protestantischer Siedler in Irland.

1593–1603: Neunjähriger Krieg in Irland.

1601: In der Schlacht von Kinsale gewinnt England gegen die Aufständischen die Oberhand.

1603: Jakob VI. von Schottland wird König (Jakob I.) von England.

1607: Die »Flucht der Grafen«; das Ende des gälischen Irlands.

1609: Das Ansiedlungsgesetz sieht die Zwangsumsiedlung der Iren in ausgewählte Staatsgebiete vor.

1641: Katholisch-gälischer Aufstand in Irland.

1649–1653: Cromwell erobert Irland.

1688: Die »Glorreiche Revolution«; der katholische König Jakob II./VII. wird ins Exil geschickt und durch Wilhelm von Oranien abgelöst.

1692: Massaker von Glencoe.

1707: Unionsvertrag zwischen England und Schottland.

1707: Edward Lhuyd veröffentlicht seine *Archaeologia Britannica*, eine Untersuchung über die keltischen Sprachen.

1717: Gründung des Ordens The Order of Bards, *Ovates and Druids* zur Wiederbelebung des Druidentums.

1745: »Bonnie Prince Charlie« landet in Schottland und führt den letzten Jakobitenaufstand an.

1746: Schlacht von Culloden; Repressionen in den Highlands setzen ein.

1760–1763: James Macpherson veröffentlicht die *Ossianischen Verse*.

1763–1886: Vertreibungen aus den Highlands.

1777: Dolly Pentreath, die letzte monoglotte Muttersprachlerin Cornwalls, stirbt.

1789: Erstes modernes *Eisteddfod* in Corwen.

1790: Bretonisches Parlament wird abgeschafft.

1801: Unionsvertrag mit Großbritannien; Auflösung des irischen Parlaments.

1805: Gründung der *Académie Celtique* in Paris.

1822: Schottland-Besuch Georgs IV. führt zur Popularisierung der Highland-Tracht.

1845: Infolge der Kartoffelfäule bricht in Irland, den schottischen Highlands und auf der Insel Man eine Hungersnot aus.

1858: Gründung der *Irish Republican Brotherhood* (Fenier-Bewegung).

1860–1865: Napoleon III. finanziert Grabungen in Alesia und Bibracte.

1861: Erstes *National Eisteddfod* in Aberdare.

1865: Walisische Kolonisten treffen in Patagonien ein.

1867: Erster interkeltischer Kongress in St. Brieuc, Bretagne.

1882–1886: Bauernkrieg in den Highlands.

1893: Gründung der *Gaelic League* zur Förderung der irischen Sprache.

1900: In Stonehenge finden zur Sonnenwende erstmals moderne Druidenrituale statt.

1916: Osteraufstand in Dublin.

1922: Irland wird Freistaat. Die *Gaeltachts* werden unter staatlichen Schutz gestellt.

1925: Gründung der walisischen Nationalpartei *Plaid Cymru*.

1941: Die Vichy-Regierung gliedert Nantes aus der Bretagne aus.

1948: Irland wird unabhängige Republik und tritt aus dem Commonwealth aus.

1951: Gründung der kornischen Nationalpartei *Mebyon Kernow*.

1974: Tod des letzten monoglotten Muttersprachlers auf der Insel Man.

1992: Walisisch wird neben Englisch als zweite Amtssprache anerkannt.

1998: Karfreitagsabkommen stellt Gälisch und Englisch in Nordirland gleich.

1999: Devolutionspolitik der britischen Regierung.

Heute sind die Kelten ein Volk, das vor allem den westlichen Rand Europas bewohnt,
aber es gibt nur wenige Länder innerhalb Europas, die kein keltisches Erbe aufweisen.
Als erstmals im 6. Jh. v. Chr. von den Kelten berichtet wurde,
waren sie schon das dominierende Volk in West- und Mitteleuropa.

Bronzener Spiegel aus Desborough, Northamptonshire, England; spätes 1. Jh. v. Chr. Die komplexen geometrischen Muster wurden mit Hilfe eines Zirkels gezogen. Polierte Bronzespiegel waren eine Spezialität keltischer Kunsthandwerker in Britannien.

(Links) Stummer Zeuge turbulenter Zeiten: Hunderte solcher Steintürme (Brochs) wurden in der Eisenzeit in Nordschottland errichtet. Der Turm steht auf der Shetlandinsel Mousa und hat als einziger noch seine ursprüngliche Höhe von über 13 Metern.

Die keltische Identität

IHRE GROSSEN WANDERUNGEN führten die Kelten nach Italien, auf den Balkan, nach Griechenland, in die ukrainische Steppe und über den Bosporus nach Kleinasien. Kleinere Gruppen dienten unter griechischen Herrschern in Italien, Syrien und auch in Ägypten als Söldner. Obwohl die Kelten sehr unterschiedlichen Volksstämmen angehörten und ein riesiges Gebiet besiedelten, verband sie eine gemeinsame Kultur und Religion.

In den letzten Jahrhunderten vor Christus zeichnete sich bei den Kelten, die Bauern und hervorragende Metallhandwerker waren, ein Wandel hin zu Urbanisierung und Eigenstaatlichkeit ab. Diese Entwicklung kam zu einem abrupten Ende, als sie von ihren Nachbarn, den Dakern, Germanen und vor allem den Römern, unterworfen wurden. Ende des I. Jh.s n. Chr. lebten nur noch in Irland und im äußersten Norden Britanniens unabhängige Kelten. Mit dem Zusammenbruch Roms formierten sich in Britannien und der Bretagne wieder unabhängige keltische Länder. Und so konnten die christianisierten Kelten eine bedeutende Rolle im kulturellen Leben des frühmittelalterlichen Europas spielen, wurden aber immer von den Franken und Angelsachsen bedrängt. Das Ende der Unabhängigkeit der Kelten fällt in die Neuzeit (16.–18. Jh.). Als aber die Kelten völlig in Vergessenheit zu geraten schienen, begann man sich in Europa für ihre Geschichte und Kultur zu interessieren. Verklärt von Schriftstellern, Dichtern, Musikern und Patrioten, erhielt keltisches Selbstverständnis neuen Auftrieb, der heute noch anhält. Die Auswanderung der Iren, Schotten und Waliser im 19. Jh. in die Vereinigten Staaten und das British Empire verhalf keltischer Identität zu größerer Bekanntheit in der Welt. Die keltische Geschichte ist nicht nur eine Reise durch die historische Zeit, sie ist auch eine Reise durch den geographischen Raum – der passende Gegenstand für einen historischen Atlas!

Die keltische Identität

Angesichts eines so großen Zeitraums ist es nicht einfach, genau zu definieren, wer die Kelten sind, zumal derzeit einige Aspekte keltischer Identität – was vor allem die britannischen Kelten anbelangt – unter Gelehrten sehr kontrovers diskutiert werden. Manche behaupten, die frühen Kelten seien ein Hirngespinst, andere halten dagegen, dass die heutigen Kelten reine Erfindung seien. Diese beiden Argumente, mögen sie auch die extremen Positionen der Kontroverse bezeichnen, darf man nicht einfach ignorieren, auch wenn man die allgemein anerkannte Version der keltischen Geschichte vertritt. Wir wissen, dass es in der Eisenzeit einige Völker gab, die sich selbst als Kelten bezeichneten, aber gewiss taten das nicht all jene Völker, die wir heute zu den Kelten zählen. Historiker und Archäologen fanden Ähnlichkeiten in ihrer Kultur, Religion und Sprache und revidierten damit die übliche Vorstellung von ihrer Andersartigkeit. Wenn es in der Eisenzeit in Europa ein keltisches Selbstverständnis gegeben hat, so war dieses nach der Eroberung durch die Römer wieder verschwunden. Das Argument, dass das heutige keltische Selbstverständnis eine Erfindung oder zumindest eine Wiederentdeckung ist, lässt sich also nicht ganz von der Hand weisen.

Solche Fragen sind vor allem Thema der gegenwärtigen Diskussion über die keltische Identität in Britannien und Irland. Vor dem 18. Jh. hat sich keiner der Keltisch sprechenden Bewohner der Britischen Inseln jemals als Kelte bezeichnet. Römische Geschichtsschreiber fanden zwar Ähnlichkeiten in der Sprache und Kultur der Britannier und Gallier, sahen in ihnen aber zwei verschiedene Völker. Und die Britannier selbst betrachteten sich ebenfalls als eigenständiges Volk und als die Ureinwohner ihrer Insel, wobei Letzteres eher unwahrscheinlich scheint. Jedenfalls weisen archäologische Funde darauf hin, dass es ein großes Maß an ethnischer und kultureller Kontinuität in der britannischen und irischen Vorgeschichte gab. Obwohl die Britannier und

Bei der Wahl des Standorts für ihre Klöster ließen sich die keltischen Mönche von den Wüstenvätern leiten und nicht von der römischen Kirche – wie hier im Falle der Insel Inishmurray vor der Westküste Irlands.

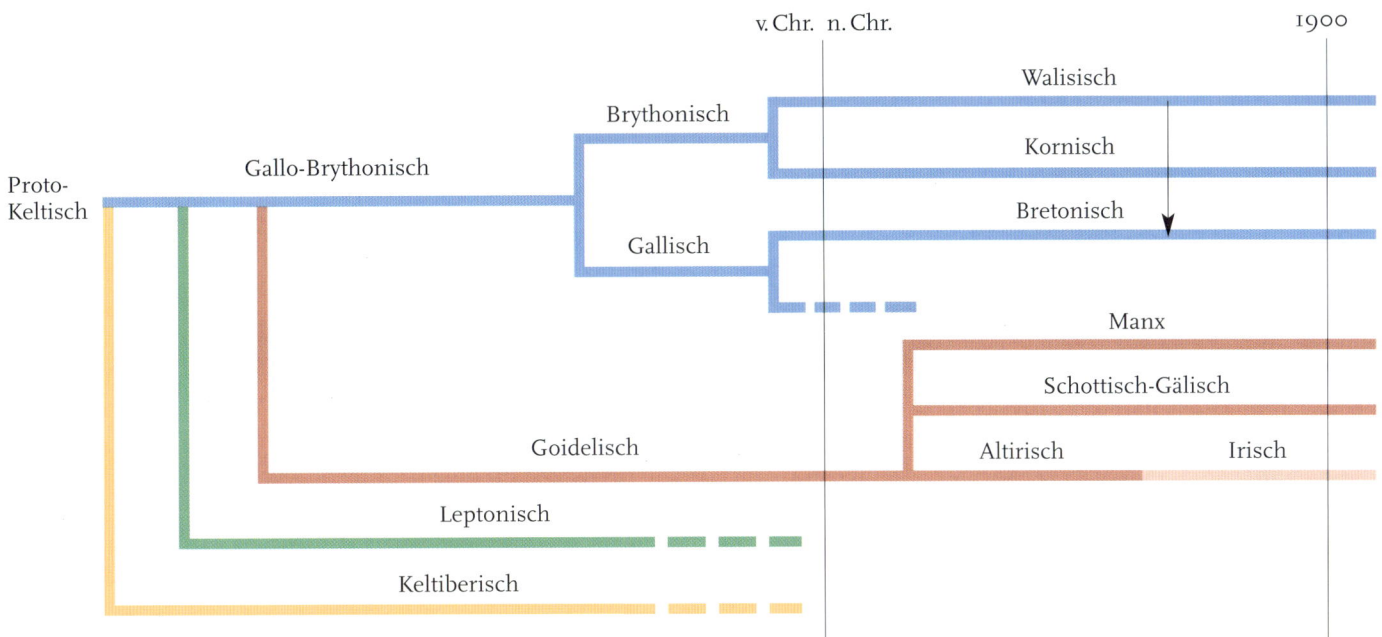

Wahrscheinliche Entwicklung der keltischen Sprachgruppe

Iren von den Festlandkelten stark beeinflusst wurden, blieb ihre Kultur doch eigenständig. Es gibt Belege dafür, dass es zwischen Britannien und dem Festland einen gewissen Bevölkerungsaustausch gab, es scheint aber sicher, dass die Festlandkelten nicht in großer Zahl nach Britannien auswanderten.

Deshalb wollen viele Archäologen im Zusammenhang mit der britischen und irischen Eisenzeit nicht von Kelten sprechen, weshalb die keltische Identität eines der umstrittensten Themen in der britischen Archäologie ist. Viele moderne Kelten wollen nicht wahrhaben, dass ein Volk, das sie als ihre Vorfahren ansehen, einfach aus der (Vor-)Geschichte gestrichen wird. Einige vermuten dahinter sogar ein englisches Komplott, das darauf abzielt, das keltische Selbstverständnis, eben weil es als Nationalgefühl wieder auflebt, zu unterminieren und demgegenüber die angelsächsische Tradition besonders herauszustreichen. Aber solche Überreaktionen scheinen ebenso paranoid, wie die Archäologen naiv erscheinen, die da glauben, dass ihre Angriffe auf die keltische Identität der frühen Inselbewohner das Selbstverständnis der modernen Kelten unberührt lasse, das doch gerade deshalb so fasziniert, weil es sich weit zurückreichender historischer Wurzeln verdankt.

Keltische Sprachen

All diese Fragen zeigen, dass es viel sinnvoller ist, die Kelten anhand sprachlicher Kriterien zu definieren, also als eine Gruppe von Keltisch sprechenden Völkern, statt danach zu fragen, als was sie sich selbst bezeichnet haben. Eine solche Definition schließt die Festlandkelten und die Keltisch sprechenden Völker Britanniens und Irlands ein und wird von den heutigen Keltisch sprechenden Völkern weitgehend ge-

teilt. Wenngleich eine Identifizierung mit dem Keltentum weder verbreitet noch durchgängig war, so beweist doch das Überleben der keltischen Sprachen von der Vorgeschichte bis in die heutige Zeit durchaus die historische Kontinuität. Dieser sprachliche Aspekt war es auch, der Ende des 18. Jh.s zur Entstehung des modernen keltischen Selbstverständnisses führte, und vielleicht wird es eines Tages andere Möglichkeiten geben, die Kelten präziser zu definieren. Schon heute zeichnet sich ab, dass sich die keltische Identität unabhängig von ihren linguistischen Wurzeln entwickelt, da es Millionen Menschen gibt, die sich, ohne Keltisch zu sprechen, als Kelten verstehen.

Im heutigen Europa werden noch vier keltische Sprachen gesprochen: Walisisch, Bretonisch, Irisch-Gälisch und Schottisch-Gälisch (nicht zu verwechseln mit Schottisch, einem englischen Dialekt). Zwei weitere – Kornisch und Manx-Gälisch – überdauerten bis in neuere Zeit, konnten aber trotz einiger Kampagnen nicht wieder belebt werden. Die modernen keltischen Sprachen werden in zwei Gruppen unterteilt: Q-Keltisch oder Goidelisch, was Irisch, Schottisch und Manx-Gälisch einschließt, und P-Keltisch oder Brythonisch, was Walisisch, Bretonisch und Kornisch umfasst. Die Unterteilung in P- und Q-Keltisch basiert auf phonologischen Unterschieden, z. B. heißt »Sohn« im Gälischen *mac* und auf Walisisch *map*.

Von Inschriften auf keltischen Münzen und Denkmälern weiß man, dass es früher noch andere keltische Sprachen gab. Die älteste belegte Sprache ist Lepontisch, das im 6. Jh. v. Chr. in der Poebene gesprochen wurde. In Gallien wurde Gallisch gesprochen, im Donauraum und in Mitteleuropa das wenig bekannte Ostkeltisch. Brythonisch wurde in Britannien, südlich der Landenge zwischen Forth und Clyde, gesprochen und Piktisch in Nordbritannien. Der früheste

Der vergoldete Helm aus Bronze und Eisen zeigt die Vorliebe keltischer Krieger für Prunk. Agris, Frankreich; 4. Jh. v. Chr.

etabliert hatte, bildeten sich im Mittelalter Schottisch und Manx heraus. Piktisch starb aus, nachdem die Pikten im 9. Jh. von den Gälisch sprechenden Schotten besiegt worden waren.

Kelten oder Gallier?

Der Begriff »Kelte« (griechisch *keltoi*) taucht erstmals im 6. Jh. v. Chr. in schriftlicher Überlieferung auf. Er bezeichnete die Völker, die nördlich der griechischen Kolonie Massalia (Marseille) lebten. Später, als die Griechen Ähnlichkeiten zwischen diesen Völkern und jenen aus Mitteleuropa feststellten, bezeichneten sie mit »Kelten« die Barbaren nördlich der Alpen. So wurde der Begriff zum Synonym für »Barbar« und auf Völker angewandt, die wir heute als germanisch ansehen, wie z. B. die Franken. Aber den Begriff benutzten auch Keltisch sprechende Völker, sei es als Volksbezeichnung – Cäsar berichtet, dass sich die Gallier *Celtae* nannten –, sei es als Stammesbezeichnung (z. B. *Celtici*) oder als Vor- oder Familienname *(Celtius)*. Es gibt unterschiedliche, aber wenig überzeugende Deutungen des ursprünglichen Begriffsinhalts. Die Griechen nannten die Keltisch sprechenden Völker, die im 3. Jh. v. Chr. von Mitteleuropa kamen und in Griechenland und Anatolien einfielen, »Galater« *(Galatoi)*. Die Römer hatten einen ähnlichen Namen für die Keltisch sprechenden Völker des Festlands, nämlich »Gallier« *(Galli)*. Ob diese Begriffe aber von den Griechen und Römern geprägt wurden oder keltische Eigenbezeichnungen waren, ist unklar, wenngleich einige Keltenstämme ähnlich klingende Namen hatten (z. B. *Gallaeci)*.

Die moderne Wortbedeutung von »Kelte« zur Bezeichnung aller Keltisch sprechenden Völker, früherer wie auch heutiger, sowohl auf dem Festland als auch auf den Britischen Inseln, datiert aus dem 18. Jh. Der schottische Gelehrte George Buchanan (1506–1582) war mit seiner These, die alten Britannier seien Gallier gewesen, der Wegbereiter. 1704 behauptete Paul-Yves Pezron, dass die Gallier in der römischen Literatur dieselben seien wie die Kelten in der griechischen Literatur; und 1707 beschrieb der walisische Sprachforscher Edward Lhuyd die keltische Sprachgruppe. Er hätte diese natürlich genauso gut als »gallische« Sprachen bezeichnen können, aber damit assoziierte man damals zu sehr die Franzosen – mit denen sich die Engländer gerade im Krieg befanden. Schon Mitte des 18. Jh.s bezeichnete man mit »keltisch« nicht nur die Sprache, sondern auch die Völker, die so sprachen.

Ein Klischee entsteht

Was wir über die Glaubens- und Wertvorstellungen der frühen Kelten und über typisch keltische Lebensformen wissen, stammt zum größten Teil aus griechischen und römischen Quellen. Sie vermitteln ein recht einheitliches Bild: Die Kelten galten als abergläubisch und sollen grausame religiöse Rituale ausgeübt haben (Menschenopfer). Sie hatten eine geheimnisvolle Priesterschaft, die Druiden, die

Nachweis von Gälisch in Irland datiert aus dem frühen Mittelalter, aber eine gälische Variante gab es dort gewiss schon früher. Die Keltiberer, die in Mittel-, Nord- und Westspanien siedelten, sprachen Keltiberisch. Wie die ausgestorbenen Formen des Keltischen zusammenhingen, ist aufgrund der spärlichen Quellen ungeklärt. Lepontisch, Gallisch und Ostkeltisch sind wohl mit P-Keltisch, Keltiberisch eher mit Q-Keltisch verwandt. Piktisch, eine Form des Brythonischen, scheint auch Elemente einer unbekannten nicht-indoeuropäischen Sprache zu haben.

Die meisten keltischen Sprachen auf dem Festland starben während der römischen Herrschaft aus; an ihre Stelle traten lokale lateinische Dialekte, aus denen die modernen romanischen Sprachen hervorgingen. Wahrscheinlich hat eine Form des Gallischen in Armorica (Bretagne) überlebt. Als im 5. Jh. n. Chr. britannische Siedler dorthin kamen, entwickelte sich vermutlich aus ihrer brythonischen Sprache das Bretonische. Da Britannien weniger romanisiert wurde als die keltischen Länder auf dem Festland, gab es auf den Britischen Inseln immer unabhängige Kelten. Die britannische Sprache wurde zwar vom Lateinischen beeinflusst, überlebte aber als Walisisch und Kornisch und beeinflusste ihrerseits im Mittelalter das Bretonische. Nachdem sich Irisch-Gälisch in Nordbritannien und auf der Insel Man

in Hainen und an anderen Orten in freier Natur die Götter anriefen. Barden und Dichter genossen bei ihnen hohes Ansehen. Sie tranken, waren streitsüchtig und wurden schnell gewalttätig; aber die Gastfreundschaft war ihnen heilig (was die Römer arglistig ausnutzten). Man sagte den Kelten Prahlsucht und Eitelkeiten nach; nichts ging den Männern über ihre Ehre, für die sie auch in den Tod gingen. Sie galten als kriegslüstern, aggressiv und unzuverlässige Verbündete. Keltische Krieger kämpften nackt und stürzten sich in wilden Horden auf den Feind, aber wenn sie auf Widerstand stießen, verloren sie allen Mut und rannten in Panik auseinander. Selbst die keltischen Frauen galten als angriffslustig. Solche Charakterisierungen spiegeln wider, was die klassischen Geschichtsschreiber von den Barbaren hielten; die Germanen haben sie ähnlich beschrieben. Aber ihre wenn auch stereotype Sicht scheint glaubwürdig.

Die griechischen und römischen Geschichtsschreiber waren alles andere als objektive Beobachter der Kelten, sahen sie in ihnen doch nur eine Bedrohung und mokierten sich über das vergleichsweise niedrige kulturelle Niveau. Sie strichen die Unterschiede zwischen der keltischen und mediterranen Zivilisation heraus und verschwiegen die vielen kulturellen Ähnlichkeiten. Mancher Autor wird gewiss seine Gründe gehabt haben, warum er die Kelten als derart grausam schilderte: Julius Cäsar führte Krieg gegen Gallien, weil das seiner politischen Karriere dienlich war, und deshalb beschwor er die Gefahr, die den Römern angeblich von den Kelten drohte. Und den Heldenmut und das kämpferische Geschick der Kelten pries Cäsar deshalb, weil dadurch sein eigener Sieg bedeutender erscheinen musste. Die antiken Autoren, die von den Kelten vermutlich nicht viel hielten, stellten diese doch als ebenbürtige Kriegsgegner dar, weil das

den eigenen überlegenen Helden schmeichelte. Römische Geschichtsschreiber haben ihre Vorurteile gegenüber den Kelten nie verbergen können, und nur wenn diese besiegt und befriedet waren, mäßigten sie ihren Ton und zollten den Barbaren etwas Respekt. Der römische Autor Tacitus legte dem kaledonischen König Calgacus eine Rede in den Mund, die dieser vor der Schlacht am Mons Graupius 84 n. Chr. gehalten haben soll und die als eine der berühmtesten Anklagen gegen das Römische Reich und den Imperialismus im Allgemeinen gilt: »Sie, die Plünderer der ganzen Welt, durchsuchen nunmehr das Meer, seit ihnen, die alles verwüsteten, dazu die Länder fehlen. ... Stehlen, Morden, Plündern nennen sie fälschlicherweise Herrschen, und wenn sie eine Wüste geschaffen haben, heißt das bei ihnen Befriedung.« Es gibt nicht den geringsten Hinweis, dass Calgacus tatsächlich diese Rede gehalten hat, und sicher hatte Tacitus sich bloß vorgestellt, wie dieser seine Truppen vor einer Schlacht angespornt haben könnte. Tacitus berichtete in dieser Weise von den Kelten, um damit seine Sorge über die Entwicklung der römischen Gesellschaft zum Ausdruck zu bringen, wie er es auch tat, wenn er über andere barbarische Völker wie die Germanen schrieb. Antike Quellen sollte man immer kritisch lesen, nur so wird man sie nicht missverstehen.

Rekonstruiertes Wagengrab aus Tübingen, 6. Jh. v. Chr. Die flache Kammer im Innern enthielt die Gräber eines keltischen Kriegers und einer Frau. Prunkvolle Gräber wie dieses waren hochrangigen Personen vorbehalten.

Bronzeschild mit den für die inselkeltische La-Tène-Kunst typischen Schneckenverzierungen und Glaseinfassungen, 3.–1. Jh. v. Chr. Der Schild wurde in der Themse bei Battersea in London entdeckt, wo er wohl einst als Opfergabe versenkt wurde.

Die Romantisierung der Kelten

Die stereotype Darstellung der Kelten seitens der antiken Autoren war mitnichten als Schmeichelei gedacht. Und obwohl weniger schmeichelhafte Klischees, die voreingenommene Autoren anderen historischen Völkern angedichtet haben, längst widerlegt wurden – ein gutes Beispiel ist das Bild von den Wikingern: einst grausame Piraten, jetzt friedliche Bauern, Handwerker und Händler –, hat das klassische Keltenklischee bis heute überlebt. Und das liegt sicher an seiner Attraktivität. Die Romantik hat für eine positive Aufwertung dieses Bildes gesorgt: Die Kelten waren nun die edlen, von der korrupten und dekadenten Gesellschaft noch

nicht verdorbenen Wilden. In unserer Zeit mit ihrem beispiellosen materiellen Reichtum, ihrer mangelnden Spiritualität und der rücksichtslosen Ausbeutung der Naturschätze durch den Menschen ist der edle Kelte in der wilden Natur eine faszinierende Figur. Heute stehen die Kelten für jene Werte, die wir in unserer Gesellschaft vermissen – vor allem Spiritualität und Achtung vor der Natur. Heute, wo Kriege, Eroberungen und Weltreiche keine erstrebenswerten Ziele mehr sind, gewinnen die Kelten als Europas »schöne Verlierer« an Attraktivität. Eigentlich machen wir es wie Tacitus, indem wir über die Kelten unsere Sorge um unsere Gesellschaft ausdrücken, weshalb dieses Klischee fortbesteht. In Wirklichkeit waren die Kelten ihren Nachbarvölkern viel ähnlicher, als wir wahrhaben wollen.

Die Wirklichkeit

Zweifellos waren die Kelten ein kriegerisches Volk. Soweit stimmt das Bild. Kriege waren die Voraussetzung für eine Gesellschaftsordnung, die von einer Kriegerelite geführt wurde. In dieser Hinsicht unterschieden sich die Kelten nicht von den germanischen oder nordischen Völkern, die ebenfalls von einem Kriegeradel geleitet wurden. Für alle war Krieg der sicherste Weg zu Ruhm und Reichtum, und dieses Kalkül – nicht blinde Raserei – war es, das sie schnell zu den Waffen greifen ließ. Das galt ebenso für die Römer. Die Ideale keltischer Krieger waren denen, die wir aus den Heldengedichten und Sagen germanischer und nordischer Völker kennen, nicht unähnlich; alle liebten Feste, Gelage und den Ruhm. Aber z.B. die Kopfjagd und ihre ungestümen Attacken, mit denen sie die feindlichen Linien zu durchbrechen hofften, waren typisch für die keltischen Draufgänger. Bei ihnen kämpfte jeder für sich und den eigenen Ruhm; militärische Disziplin kannten sie nicht. Scheiterten die Krieger mit ihrer ersten furiosen Attacke am entschlossenen Widerstand des Gegners, rannten sie in Panik davon und die keltische Armee löste sich auf. Aber mit ihrer Taktik waren sie oft genug erfolgreich, um an ihr festzuhalten: Highland-Armeen gewannen auf diese Weise Schlachten noch während des Jakobitenaufstands 1745/46.

Und was ihre Glaubensvorstellungen betraf, so waren die Kelten ihren Nachbarvölkern viel ähnlicher, als es die antiken Autoren oder modernen Romantiker uns glauben machen wollen. Wie ihre Nachbarn verehrten sie viele Götter, kannten aber, soweit wir wissen, kein Pantheon wie die Griechen und Römer. Letzteren erschienen die keltischen Gottheiten jedenfalls nicht so fremd wie die ägyptischen mit ihren seltsamen Tierköpfen, ja, in vielen Keltengöttern erkannten sie die eigenen wieder. Heute wird uns am Beispiel der Kelten gern ökologisches Bewusstsein demonstriert; wir bewundern ihre Naturverbundenheit als etwas Besonderes und glauben, dass ihre Lebensweise – um einen modernen Begriff zu gebrauchen – »umweltschonend« war. Aber das heißt, die Kelten durch eine grün gefärbte Brille zu betrachten. Die frühen, heidnischen Kelten sahen in den Jahreszeiten nicht etwas, dem man besondere Ehrerbietung oder Dank schulde; sie huldigten zwar Göttern, die mit Orten in

der Natur in Verbindung standen, wie Haine, Quellen und Flüsse, aber das taten die Römer, Griechen und Germanen auch. Alle frühen Ackerbauvölker waren naturverbunden – notwendigerweise. Selbstredend war die Lebensweise der Kelten umweltschonender als die unsrige heute, gleichwohl forderte sie ihren Preis an der Natur. Der Reichtum und die Macht der Kelten beruhten wie bei allen alten Kulturen auf intensivem Ackerbau und menschlicher Arbeitskraft. Bereits im I. Jh. v. Chr. waren bestimmte Gebiete des keltischen Europas fast so dicht besiedelt und gerodet wie heute.

Die geistigen Errungenschaften der alten Griechen und Römer beeinflussen unser Leben noch in einem Maß, dass sie uns zeitgemäßer und auch rationaler erscheinen, als sie es tatsächlich waren. Denn weder Griechen noch Römer und auch nicht die Kelten (eigentlich kein Volk der damaligen Zeit) unterschieden klar zwischen der irdischen und überirdischen Welt. In der griechisch-römischen wie in der keltischen Mythologie wanderten die Sterblichen zwischen diesen Welten. Die griechische und die römische Religion waren zwar formeller als die keltische, aber der Bau von Tempeln in der späten Eisenzeit in Gallien zeigt, dass Letz-

tere sich in gleicher Richtung entwickelte. Ebenso war das keltische Menschenopfer auch bei den frühen Germanen ein verbreiteter Ritus. Und schenkt man den römischen Geschichtsschreibern Glauben, so ging, wie von Cäsar überliefert, die Zahl der Menschenopfer im I. Jh. v. Chr. in Gallien zurück, ebenfalls ein Zeichen dafür, dass sich die Kelten ihren Nachbarn im Mittelmeerraum anglichen.

Das Druidentum ist der interessanteste und zugleich der charakteristischste Aspekt der keltischen Religion. Die Druiden waren eine gelehrte Priesterkaste, und jeder Druide hatte eine etwa 20 Jahre dauernde Lehre zu absolvieren über Recht, Geschichte, Magie, Heil- und Dichtkunst, Astronomie und Weissagung. Griechen, Römer oder Germanen kannten nichts Vergleichbares. Druiden waren jedenfalls nicht die Art asketischer Mönche, wie sie gelegentlich dargestellt werden. Wegen ihres geheimen Wissens und ihres besonderen Rangs genossen sie hohes Ansehen, waren aber sonst völlig in die keltische Gesellschaft integriert und kleideten sich vermutlich nicht anders als ihr Volk. Nur eine Quelle berichtet, dass sie bei Opferhandlungen weiße Gewänder trugen. Antiker Überlieferung zufolge soll es das Druidentum nur in Britannien und Gallien gegeben haben, obgleich gewisse Ortsnamen eine größere Verbreitung nahe legen. Ob das Druidentum also ein lokales oder allgemeines Phänomen des keltischen Europa ist, wissen wir nicht.

Trotz der Bedeutung, die die Kelten der Religion beimaßen, erfreuten sie sich auch an den materiellen Dingen dieser Welt und am Prestige, das Besitz und Zurschaustellung von Kostbarkeiten versprachen. Besitz bedeutete – wie überall – Ansehen und Macht. Schon immer hatten die Kelten nach dem Luxus der Mittelmeerländer getrachtet. In Noricum (Österreich) und Südgallien pflegte die keltische Oberschicht schon vor der römischen Eroberung einen romanisierten Lebensstil. Sie waren ein erfinderisches Volk mit besonderem Blick für die praktische Nutzanwendung. Die Römer, die gern Erfindungen aufgriffen, auch wenn sie

von ihren Feinden stammten, übernahmen von den Kelten den Kettenpanzer, bestimmte Schiffsbautechniken, das Fass und die Form ihrer Legionärshelme.

Auch in ihren politischen Institutionen begannen sich die Kelten in den letzten Jahrhunderten v. Chr. der mediterranen Welt anzugleichen. Es entstanden Monarchien, beratende Versammlungen (senates), gewählte Magistrate und Verwaltungseinrichtungen. Die keltische Gesellschaft wurde durch ein Klientelwesen zusammengehalten, das dem der römischen Aristokratie erstaunlich ähnlich war. Selbst die Machtkämpfe innerhalb des Adels fortschrittlicher gallischer Stämme, wie etwa der Helvetier, glichen denen des republikanischen Roms. Frauen genossen in der keltischen Gesellschaft mehr Ansehen, Einfluss und Freizügigkeit als in Griechenland oder Rom und waren in der Ehe fast gleichberechtigt. Aber durch nichts lässt sich die Annahme stützen, die Kelten seien eine matrilineare Gesellschaft gewesen. Wie ihre Nachbarvölker auch waren sie eine von Männern dominierte Gesellschaft.

Die alten Kelten waren zwar ein kriegerisches, aber, im Unterschied zum Klischee, kein grausames Volk. Sie waren geschickte Handwerker, praktisch und erfinderisch. Wie ihre Nachbarvölker verehrten sie Götter, und sie waren ebenso materialistisch wie diese.

Der »ökologische Kelte« ist eine Erfindung unserer Zeit. Im 2. und 1. Jh. v. Chr. entwickelte die keltische Gesellschaft politische und wirtschaftliche Strukturen, die denen der griechischen und römischen Antike kaum nachstanden. Keltisches Schrift- und Münzwesen, nach griechischem und römischem Vorbild, verbreiteten sich rasch, ebenso entwickelte sich überall städtisches Leben – für die Griechen und Römer der Inbegriff einer Zivilisation. Zweifellos hätte sich auch bei den Kelten eine urbane Kultur herausgebildet, wenn die römische Eroberung das nicht verhindert hätte. Wenn die siegreichen Kelten 390 v. Chr. in Rom geblieben wären, statt sich zurückzuziehen, wäre die Geschichte Europas und der europäischen Zivilisation gewiss anders verlaufen. Der Kultur der Kelten war es leider nicht bestimmt, zur Blüte zu kommen, und so verdanken die heutigen Zivilisationen Westeuropas den Griechen und Römern viel mehr als den Völkern, die den Kontinent so lange Zeit beherrschten.

Das keltische Erbe

Dessen ungeachtet haben uns die alten Kelten ein einzigartiges künstlerisches, handwerkliches und literarisches Erbe hinterlassen. Keltische Mythen und Legenden begeistern nach wie vor Kelten und Nichtkelten, und Neodruidentum sowie die anderen neuheidnischen Religionen berufen sich auf keltisches Heidentum. Keltischer Einfluss zeigt sich

ebenso in zahlreichen europäischen Volksfesten und Bräuchen, aber solches vom Volk überliefertes Erbe lässt sich in alten Quellen schwer belegen.

Am eindrucksvollsten zeigt sich heute das keltische Erbe in seiner Wirkung auf das irische, walisische, schottische, bretonische, manxsche und kornische Selbstverständnis. Von den Wurzeln dieser Identitäten wird das vorliegende Buch ausführlich berichten. Über den Einfluss des keltischen Erbes auf das französische und englische Selbstverständnis lässt sich dies sagen: Beide Völker, Franzosen und Engländer, leiten ihren Namen von germanischen Stämmen her, von den Franken bzw. den Angeln, die im 5. Jh. n. Chr. in die römischen Provinzen einfielen und sie eroberten. In beiden Fällen waren die Angreifer in der Minderzahl. Obwohl die französische und die englische Bevölkerung zum Großteil keltischer Abstammung sind, haben sich beide Völker niemals als Kelten verstanden. Gleichwohl gedenken die Franzosen ihrer keltischen Vergangenheit und betrachten die Gallier als ihre Vorfahren. Dagegen sehen die Engländer ganz allgemein in den Britanniern nicht unbedingt ihre Ahnen. Während die Franken die galloromanische Sprache und Kultur annahmen und

Georg IV. in Highland-Tracht während seines Besuchs 1822 in Edinburgh. Organisiert hatte diesen Besuch der romantische Schriftsteller Sir Walter Scott; von ihm kam die Idee, Kilt und Tartan als die Tracht der Schotten zu propagieren. Gemälde von David Wilkie.

Auch wenn sie gelegentlich die Klischees von den Kelten zeigen, so haben Volksfeste wie das Welsh National Eisteddfod doch den Sinn, in unserer modernen Zeit die keltische Kultur zu pflegen und zu fördern.

sich damit identifizierten, hatten die besiegten Britannier Kultur, Sprache und Selbstverständnis der Angelsachsen angenommen. Und für die Britannier, für ihre jahrhundertelangen Feinde, haben die Engländer eben keinen schmeichelhaften Platz in ihrer nationalen Mythologie gefunden. Einziger Aspekt des keltischen Erbes, den die Engländer begeistert aufgriffen, war die Artussage. Als angeblicher Herrscher über ganz Britannien war König Artus das Ideal der englischen Könige des Mittelalters, die ähnliche Herrscherambitionen hatten. Heute, da man mehr über den Ursprung der Artussage weiß, gilt der sagenhafte König mehr denn je als Held der Kelten.

Die keltische Kultur heute

Die moderne keltische Kultur, vor allem die Musik und Literatur, erfreut sich einer weltweiten Popularität, die in keinem Verhältnis zur Größe der keltischen Bevölkerung steht. Die großen keltischen Kulturfeste, z. B. das interkeltische Festival in der Bretagne und das National Eisteddfod in Wales, ziehen ein internationales Publikum an. Auch wenn die Wurzeln der keltischen Kultur in vorgeschichtliche Zeit zurückreichen, heißt das nicht, dass sie uns heute altertümlich erscheint; ursprünglich war diese Kultur nicht einmal rein keltisch. Nehmen wir z. B. die drei Ikonen des schottischen Keltentums: Dudelsack, Tartan und Kilt. Den Dudelsack gab es schon in grauer Vorzeit im Orient, und im Mittelalter war er in ganz Europa beliebt, kam dort aber im 18. Jh. aus der Mode. Dass er in Schottland überlebte, ist vor allem der britischen Armee zu verdanken, die den Dudelsack in die Musikkapellen ihrer Highland-Regimenter aufnahm. Seit über 3000 Jahren weben und tragen viele Völker Europas und Asiens Tartan; es ist das einfachste Muster, das sich auf einem einfachen Webstuhl herstellen lässt, und ist deshalb so weit verbreitet. So genannte Clan-Tartans, karierte Muster in den Farben des Clans, haben geschäftstüchtige schottische Textilhersteller aus den Lowlands im 19. Jh. erfunden. Den Kilt, der gemeinhin als die traditionelle Tracht der Highland-Schotten gilt, ließ um 1727 der englische Eisenhüttenbesitzer Thomas Rawlinson für seine Arbeiter in Invergarry anfertigen, weil er festgestellt hatte, dass ihre traditionelle Kleidung, ein gegürteter Umhang, sie bei der Arbeit behinderte. Der Kilt verdankt seine Popularität schottischen Aristokraten aus dem 19. Jh., deren Vorfahren im 18. Jh. Tartan-Breeches *(trews)* getragen hatten.

Die keltische Kultur – auch wenn sie aufgrund ihrer langen politischen und wirtschaftlichen Marginalisierung in mancher Hinsicht etwas konservativ erscheint – ist kein museales Relikt; vielmehr hat sie sich wie andere Kulturen auch im Laufe der Zeit verändert und den Gegebenheiten angepasst und wird das auch künftig tun, wenn sie eine lebendige Kultur bleiben will.

Die Kelten, mögen ihre Wurzeln auch in vorgeschichtlicher Zeit liegen,
werden in den Werken griechischer Autoren erstmals für das 6. und 5. Jh. v. Chr. bezeugt.
Bis vor kurzem datierte man den Ursprung der Kelten auf die späte Bronzezeit
oder die jüngere Eisenzeit in Mitteleuropa, von wo aus diese nach Frankreich, Spanien,
Britannien, Irland, Italien und im 3. Jh. v. Chr. bis nach Anatolien wanderten.

Teil I

Die ehemalige Hügelfestung auf dem Ipf bei Bopfingen, Baden-Württemberg, beherrschte einst die umliegende Landschaft. Sie diente wahrscheinlich im späten 6. Jh. v. Chr. als keltischer Fürstensitz.

Die Festland-kelten

ES GIBT ZUVERLÄSSIGE SCHRIFTLICHE BELEGE für keltische Wanderungen nach Italien, Osteuropa und Anatolien. Die Verbreitung der mitteleuropäischen Hallstatt- und La-Tène-Kultur kann als Hinweis auf ähnliche, wenngleich nicht belegte Wanderungen innerhalb Westeuropas gewertet werden. In jüngster Zeit änderte sich das Bild. Archäologische Untersuchungen und DNA-Analysen haben Beweise für die kulturelle und genetische Kontinuität in Westeuropa zu Tage gefördert und somit die geltende Migrationsthese in Frage gestellt. Es scheint sicher, dass Keltisch sprechende Völker weitaus größere Teile Mittel- und Westeuropas besiedelt hatten, als bisher angenommen, und wohl viel früher, nämlich schon im Neolithikum um 6000–2000 v. Chr. Mitteleuropa, Frankreich und die Britischen Inseln könnten Teil dieses frühen, keltisch-sprachigen Gebiets gewesen sein.

Sollte dies zutreffen, könnte die Verbreitung von Kulturen im prähistorischen Westeuropa statt durch große Wanderungen durch den alltäglichen Kontakt zwischen Völkern

Die Gravur auf einer Schwertscheide aus Eisen und Bronze zeigt keltische Krieger. Grabbeigabe, 6. Jh. v. Chr.; Hallstatt, Österreich.

erfolgt sein, die bereits einige Gemeinsamkeiten aufwiesen, u.a. eine gemeinsame Sprache. Dieser von vielen Archäologen vertretenen These über den Ursprung der keltischen Sprachen stimmen die wenigsten Sprachforscher zu. Wissenschaftliche Aussagen über die Sprachen in vorgeschichtlicher Zeit kann man nicht beweisen oder belegen, da dazu jede Quelle fehlt; wir können also lediglich festhalten, dass nach wie vor ungewiss ist, wo die Kelten ursprünglich herkommen.

Fürstensitze und Handelswege

Die Kelten, von denen die griechischen Geschichtsschreiber berichten, sind die mitteleuropäischen Hallstattkelten. Während der frühen Hallstattzeit, um 700 v. Chr., gab es in Mittel- und Nordeuropa keine größeren zentral organisierten Gesellschaften. Machtzentren waren die kleinen Hügelfestungen regionaler Stammesführer. Es gab jedoch schon Fernhandelswege für den Austausch wichtiger Güter wie Zinn und Kupfer (zur Herstellung von Bronze) und Salz (zum Konservieren).

Im 8. Jh. v. Chr. begannen sich in Mittel- und Westeuropa aristokratisch organisierte Gesellschaften herauszubilden.

Erstmals tauchten vereinzelt sehr reich ausgestattete Grabmale auf, was auf das Aufkommen einer Schicht schließen lässt, die sich auch nach dem Leben noch durch ihren Reichtum hervorheben wollte.

In den folgenden zwei Jahrhunderten entstanden nördlich der Alpen zahlreiche Hügelfestungen, und im Westen gab es immer mehr kostbar ausgestattete Gräber. Allein schon durch ihre Form unterschieden sich die Hügelgräber der Oberschicht deutlich von den Gräbern der übrigen Bevölkerung. Gefördert von dieser gesellschaftlichen Elite entstand ein Kunsthandwerk – hauptsächlich Bronzearbeiten –, für das die frühen Kelten berühmt sind. Möglicherweise führte die Beherrschung der Metallverarbeitung zu dieser gesellschaftlichen Differenzierung.

Im letzten Jahrhundert der Hallstattzeit konzentrierten sich Macht und Reichtum mehr in Südwestdeutschland, im Rheinland und in Ostfrankreich. Prächtige Gräber, ausgestattet mit kostbaren Importen aus dem Mittelmeerraum und wertvollen Metallarbeiten der Gegend, gruppierten sich um weithin sichtbare Hügelfestungen, vermutlich die Sitze mächtiger Stammesführer. Diese Verlagerung könnte eine Folge der um 600 v. Chr. gegründeten griechischen Kolonie Massalia (Marseille) gewesen sein; von dort führte nun eine neue Handelsstraße an der Rhône entlang, und die alten transalpinen Handelswege verloren ihre Bedeutung.

Eine Kriegerkultur

Die Hallstatt-Fürstensitze verschwanden um 450 v. Chr. Dies mag zum einen an dem rückläufigen Handel mit Massalia gelegen haben, weshalb sich die Stammesfürsten nicht mehr mit den Luxusgütern versorgen konnten, die ihr Status erforderte. Ein weiterer Faktor war die Entstehung der La-Tène-Kultur im Norden. Ihr künstlerisches Charakteristikum sind die erstaunlich komplexen, kreisförmigen, geometrischen Muster. Dieser Stil wurde prägend für die nächsten 1000 Jahre und wurde in jüngster Zeit von Juwelieren wieder aufgegriffen. Wie die Hallstattkultur war auch die La-Tène-Kultur das Produkt einer aristokratischen Gesellschaft, und wahrscheinlich hat die Konkurrenz der La-Tène-Fürstensitze den Machtverlust der Hallstattfürsten bewirkt.

Mit der Entstehung der La-Tène-Kultur haben auch die Kelten ihren ersten großen Auftritt in der Geschichte: Detailliert berichten nun griechische und römische Autoren über das Leben der Kelten. Die Geschichtsschreiber nennen die Kelten oft auch Galater und Gallier; alle drei Namen stammen vermutlich von den Keltisch sprechenden Völkern selbst und sind nicht Bezeichnungen, die andere ihnen gaben. Griechen und Römer hatten eigentlich kein besonderes Interesse an den barbarischen Völkern Nordeuropas, aber die La-Tène-Kelten konnten sie nicht ignorieren: Die Barbaren standen schon vor ihrer Haustür. Um 400 v. Chr., als mehrere Stämme über die Alpen kamen und in Italien einfielen, begannen die großen Wanderungen der mitteleuropäischen Kelten, die sie bis in den Mittelmeerraum führten. 390 v. Chr. plünderten die Kelten Rom und zogen

Goldener Armreif aus Rodenbach bei Kaiserslautern, spätes 5. Jh. v. Chr. Den oberen Kopf krönen Beeren der von den Kelten verehrten Eibe.

Die Kelten und die hellenistische Welt

Im selben Jahrhundert wanderten Kelten entlang der Donau nach Osten und drangen bis in die Ausläufer der Karpaten und des Balkangebirges vor. 336 v. Chr. hatten sie die nördliche Grenze Makedoniens erreicht, wo die denkwürdige Begegnung mit Alexander dem Großen stattfand. Als dieser fragte, was sie am meisten fürchteten, war er ganz betreten, als die Kelten antworteten: dass der Himmel ihnen auf den Kopf fallen könnte. Alexander hatte sich eingebildet, sie würden sagen, dass er es sei, den sie am meisten fürchten. Der frühe Tod Alexanders stürzte die griechische Welt ins Chaos. Seine Heerführer kämpften untereinander um die Aufteilung des riesigen Reichs, und diese Situation nutzten die Kelten. 298 v. Chr. griffen sie Makedonien an und 281 v. Chr. töteten sie den makedonischen König Ptolemaios Keraunos im Kampf und stellten – da zur keltischen Kriegsführung die Kopfjagd gehörte – dessen Kopf auf einer Speerspitze zur Schau.

Dies war der Auftakt zu der am besten dokumentierten Keltenwanderung. Durch ihren Sieg über Ptolemaios ermutigt, begannen die Kelten 279 v. Chr. mit der Invasion Griechenlands. Ihr Ziel war die heilige Stadt Delphi, wo viele griechische Staaten ihre Schätze aufbewahrten. Aber schlechtes Wetter, die Hinterhalte der Griechen und das Eingreifen Apollons zwangen sie kurz vor ihrem Ziel zur Umkehr. Die Griechen, die seit ihrer Niederlage gegen Makedonien 60 Jahre zuvor keine Triumphe mehr feiern konnten, verglichen diesen Erfolg mit ihrem Sieg über Xerxes und die Perser 480/479 v. Chr. Die Kelten erlitten schwere Verluste, zogen sich aber nicht alle aus dem Balkan zurück. Einige ließen sich an der mittleren Donau nieder, andere gründeten einen Räuberstaat an der Schwarzmeerküste und manche siedelten in den Steppen der südlichen Ukraine. Die größte Gruppe folgte dem Ruf Königs Nikomedes von Bithynien und verdingten sich als Söldner in seiner Armee. Um 275 v. Chr. ließen sich die Kelten in Zent-

erst ab, nachdem die Römer ihnen ihre Schätze übergeben hatten. Für den kleinen Stadtstaat, der gerade die Herrschaft der benachbarten Etrusker abgeschüttelt hatte, war das eine traumatische Erfahrung und machte die Römer zu unerbittlichen Feinden der Kelten.

Sterbender Gallier. Römische Nachbildung eines griechischen Bronzeoriginals aus dem 3. Jh. v. Chr. Die Plastik verherrlicht den Sieg von Attalos von Pergamon über die Galater. Details wie Haartracht und Halsreifen (Torques) sind durch zeitgenössische Quellen und archäologische Funde belegt.

Sitzende Gottheit aus Bronze, mit gekreuzten Beinen und behuften Tierfüßen. Bouray-sur-Juine, Essonne, Frankreich; 1. Jh. v. Chr.–1. Jh. n. Chr.

ralanatolien nieder, in Galatien, benannt nach der griechischen Bezeichnung für die Kelten. Übrigens führte keine der Keltenwanderungen zur Gründung eines »keltischen Reiches«. Zwar schlossen sich einzelne Keltenstämme zur Eroberung eines Gebiets zusammen, aber davon abgesehen waren die Kelten zu keiner Zeit ein geeintes Volk, das zu groß angelegten Eroberungen in der Lage gewesen wäre. Ihre Wanderungen waren vielmehr eine Reaktion auf die starken Spannungen innerhalb der La-Tène-Gesellschaft. Beutezüge waren in der keltischen Welt an der Tagesordnung. Der Kriegeradel brauchte den Krieg, um sein Bedürfnis nach Reichtum und Ruhm zu befriedigen. Die Beute und die Köpfe der besiegten Feinde dienten ihm zur Festigung seines Rangs. Die Kelten befanden sich in einem Teufelskreis von Raubzügen und Vergeltungsschlägen. Es gab nicht nur konkurrierende Stämme unter den Kelten, sondern auch innerhalb der Stämme rivalisierende Krieger. Zweifellos liegt ein Funken Wahrheit im Klischee der trunkenen, prahlenden Krieger, die sich bei einem Gelage wegen ihres Beuteanteils in die Haare geraten und gegenseitig umbringen. In Mitteleuropa verschärfte das Bevölkerungswachstum die Rivalitäten und Streitigkeiten, die oft erst endeten, wenn ein Teil des Stamms oder der ganze Stamm wegzog.

Der allmähliche Untergang

Die Besiedlung Galatiens war der Höhepunkt der keltischen Expansion. In Europa entstanden neue Mächte, die die Vorherrschaft der Kelten auf dem Kontinent bedrohten. Die Römer hatten bereits mit der Unterwerfung der italienischen Kelten begonnen, und in den folgenden zwei Jahrhunderten tauchten mit den Germanen und den Dakern im Norden und Osten weitere expandierende Mächte auf. Zur Zeit Christi Geburt hatten andere Völker die Festlandkelten unterworfen. Aber in den letzten drei Jahrhunderten ihrer Unabhängigkeit hatten die Kelten Großartiges auf künstlerischem, handwerklichem und technischem Gebiet geleistet. Die Landwirtschaft florierte, und die Bevölkerung wuchs. Neben ihrem engen Kontakt zur mediterranen Welt war dies die Basis für die Entwicklung urbaner Kultur und staatlicher Souveränität. Im 1. Jh. v. Chr. hatten sich viele

Stämme als Monarchien organisiert oder wurden von Räten und gewählten Magistraten regiert. Zweifellos hätte auch die keltische Gesellschaft eine gebildete, städtische Zivilisation entwickelt, vergleichbar der griechischen oder römischen. Aber die Ironie des Schicksals wollte es, dass gerade ihre wachsende Kultiviertheit den Kelten zum Verhängnis wurde.

Ein Staat vermag Ressourcen effizienter zu mobilisieren als unorganisierte Gesellschaften; das zahlt sich im Kriegsfall aus. Andererseits ist er gerade aufgrund seiner Institutionen angreifbar, sollte er von einem mächtigeren Staat bedroht werden. Gelingt es dem Angreifer, die herrschende Elite zu ersetzen oder sie zur Kooperation zu zwingen, hat er mit der unterworfenen Bevölkerung leichtes Spiel. So war es im Fall der von den Römern beherrschten Kelten, deren Institutionen den römischen ähnlich waren. Ganz anders bei einfachen unorganisierten Gesellschaften, da es keine zentrale Führung für Verhandlungen gibt und keine Institutionen, die die Sieger übernehmen könnten. Eine Befrie-

Bronzestatuette eines gallischen Priesters oder Druiden aus Neuvy-en-Sullias, Frankreich, 1. Jh. v. Chr. Der Mann hält einen eiförmigen Gegenstand in der Hand, möglicherweise ein Schlangenei-Talisman, auf den sich der römische Geschichtsschreiber Plinius bezieht und der seinem Träger bei Rechtsstreitigkeiten zu seinem Recht verhelfen sollte.

dung der unterjochten Bevölkerung grenzt dann oft an Genozid. Das erklärt, warum die Römer die Kelten erfolgreich unterwerfen konnten, an den weniger zivilisierten Germanen aber scheiterten. Die Geschichte kennt viele solche Beispiele. Die Römer haben die Kelten aber nicht deshalb unterworfen, weil sie dazu in der Lage waren, sondern weil es sich finanziell für sie lohnte. Außerdem konnten sie nach den Ereignissen von 390 v. Chr. niemals mehr sicher sein, dass sich nicht etwas Ähnliches wiederholen würde, solange die Kelten nicht bezwungen waren.

Man könnte fragen, warum sich die Kelten nicht gegen einen gemeinsamen Gegner zusammenschlossen. Die Antwort ist einfach: Die Kelten konnten in den Römern keinen gemeinsamen Feind erkennen, da sie untereinander kein Gemeinschaftsgefühl kannten. Sie konnten auch nicht erkennen, dass es im Interesse eines jeden Stammes wäre, wenn alle rivalisierenden keltischen Stämme Seite an Seite kämpften. Auch Vercingetorix, dem größten keltischen Feldherrn, gelang es nicht, alle Gallier gegen Cäsars Legionen zu mobilisieren. Den mächtigeren Stämmen mochte ihre Unabhängigkeit Vorteile bringen, aber für die schwächeren – deren Köpfe die Speere der mächtigeren schmückten – war die römische Herrschaft ein Garant für den Status und Besitz der Oberschicht, und für die abhängigen Bauern machte es sowieso keinen Unterschied. Im Nachteil waren die keltischen Krieger aber auch wegen ihres undisziplinierten Draufgängertums. Römische Heerführer gierten genauso wie die keltischen Krieger nach Ruhm und Ehre, aber der einfache Legionär kämpfte, weil er dafür bezahlt wurde. Mit ihren verwegenen, ungestümen Attacken konnten die Kelten einen überraschten Gegner überwältigen, aber sobald sie es mit einem straff geführten Feind zu tun hatten, lösten sie sich in einen chaotischen Haufen undisziplinierter Einzelkämpfer auf.

Die Romanisierung der Kelten

Die Römer hatten nicht die Absicht, die Kultur und Identität der Kelten zu zerstören; solange ihnen Gehorsam entgegengebracht wurde, übten sie gegenüber kultureller und religiöser Andersartigkeit Toleranz. Aber da sie von der Überlegenheit ihrer eigenen Kultur überzeugt waren, sahen sie es gerne, wenn diese auch in den römischen Provinzen übernommen wurde. Die keltische Oberschicht liebäugelte ohnehin mit der römischen Lebensweise; schließlich galt es bei ihr schon seit Jahrhunderten als ein Statussymbol, wenn man es sich leisten konnte, wie die Römer Wein zu trinken. Nach der Eroberung richtete sich die keltische Oberschicht in ihrer Lebensweise nach den Römern. Und um den romanisierten Geschmack der Oberschicht zu befriedigen, orientierten sich die keltischen Kunsthandwerker an den klassischen Vorbildern. Die Oberschicht lernte rasch Latein, aber noch im 3. Jh. n. Chr. gab es viele Zweisprachige. Schließlich übernahm auch das Landvolk lokale lateinische Dialekte, so dass etwa um 400 n. Chr. die keltischen Sprachen in Mitteleuropa – mit Ausnahme von Armorica (Bretagne) – ausgestorben waren. Dass sich die Glaubensvor-

König Artus und seine Ritter vor Schloss Camelot. Illustration aus einer flämischen Handschrift, 15. Jh. Das keltische Fürstentum Bretagne hatte bedeutenden Anteil an der Verbreitung der Artussage im mittelalterlichen Europa.

stellungen der Kelten und Römer sehr ähnlich waren, verschleiert der moderne Keltenmythos, denn die keltische Religion existierte unter römischer Herrschaft fort. Ausgerottet wurde sie erst durch eine östliche Mysterienreligion, nämlich das Christentum. Und was sonst noch von der keltischen Identität überdauert hatte, löschten die Germaneneinfälle aus, die im 5. Jh. zum Zusammenbruch des Weströmischen Reiches führten.

Die im frühen Mittelalter entstandenen Monarchien im germanischen Europa orientierten sich dann am Christentum und am Römischen Reich, wobei die Errungenschaften der Kelten in den folgenden Jahrhunderten in Vergessenheit gerieten. Nur in der Bretagne hat sich eine kleine keltische Volksgemeinschaft bis in neuere Zeit erhalten. Im 5. Jh. wuchs die Keltisch sprechende Bevölkerung dieser Region durch den Zustrom von Britanniern. Diese waren wohl vor den in Britannien eingefallenen Angelsachsen geflohen oder nutzten das Ende der römischen Herrschaft in Gallien, um sich dort Land anzueignen. Obwohl sie mit dem Königreich Frankreich einen mächtigen, expandierenden Nachbarn hatte, bestand die Bretagne als unabhängiges Fürstentum bis Ende des 15. Jh.s. Von der Bretagne aus verbreiteten sich die keltischen Legenden um König Artus und seine Tafelrunde in ganz Frankreich und beeinflussten das Rittertum und die höfische Literatur des mittelalterlichen Europas.

Der Ursprung der keltischen Sprachen

Unter den Kelten verstehen wir hier eine Sprachgruppe. Es scheint sicher, dass der Ursprung der keltischen Sprachen gut 2000 Jahre früher liegt als der Zeitpunkt, den historische Quellen für das erstmalige Auftauchen der Kelten nennen. Aber Thesen über die Sprachentwicklung in der Vorgeschichte sind äußerst schwierig zu untermauern.

DIE KELTISCHEN SPRACHEN sind ein Zweig der indoeuropäischen Sprachfamilie, der größten und am weitesten verbreiteten Sprachfamilie der Welt. Wenngleich das Keltische heute die geringste Zahl von Sprechern in der indoeuropäischen Sprachfamilie aufweist, war es um 300 v. Chr. vermutlich die verbreitetste Sprachgruppe Europas. Keltisch unterteilt man in Q-Keltisch, das einst Keltiberisch und Goidelisch (Vorläufer des modernen Irisch und Schottisch-Gälisch) einschloss, und P-Keltisch mit Gallisch, Ostkeltisch, Lepontisch und Brythonisch (Vorläufer des modernen Walisisch und Bretonisch).

Indoeuropäische Sprachen sind keine originär europäischen Sprachen. Einige der ersten Sprachen Europas, wie gesagt nicht-indoeuropäische, kennen wir aufgrund von Inschriften, wie z.B. Etruskisch und Iberisch. Dass es noch andere gegeben hat, zeigen bestimmte Ortsnamen und Elemente in späteren Sprachen wie dem Piktischen, einer früheren keltischen Sprache in Schottland. Allein im modernen Baskisch scheint eine einzige dieser Sprachen bis heute überdauert zu haben.

Im Allgemeinen gilt die These, dass die indoeuropäischen Sprachen aus dem westlichen Zentralasien kamen und um 4000 v. Chr. nach Europa gelangten, wo sich frühe Formen der heutigen europäischen Sprachen herausbildeten. Keltisch, in Mitteleuropa entstanden, gelangte mit wandernden Stämmen nach Westeuropa, Britannien und Irland, die dort die Ureinwohner vertrieben oder integrierten.

Eine andere, sehr umstrittene These sieht den Ursprung des Indoeuro-

Skythischer Goldbecher aus dem Kurgan Kul'-Oba, einem Hügelgrab in Südrussland. Die Skythen, ein indoeuropäisches Nomadenvolk, beherrschten in den letzten beiden Jahrtausenden v. Chr. die eurasischen Steppen.

Die Landwirtschaft entwickelte sich seit etwa 7000 v. Chr. in Südosteuropa. Für ihre Ausbreitung sorgten wahrscheinlich abwandernde Bauern sowie Jäger und Sammler, deren Jagdreviere nicht mehr ausreichten.

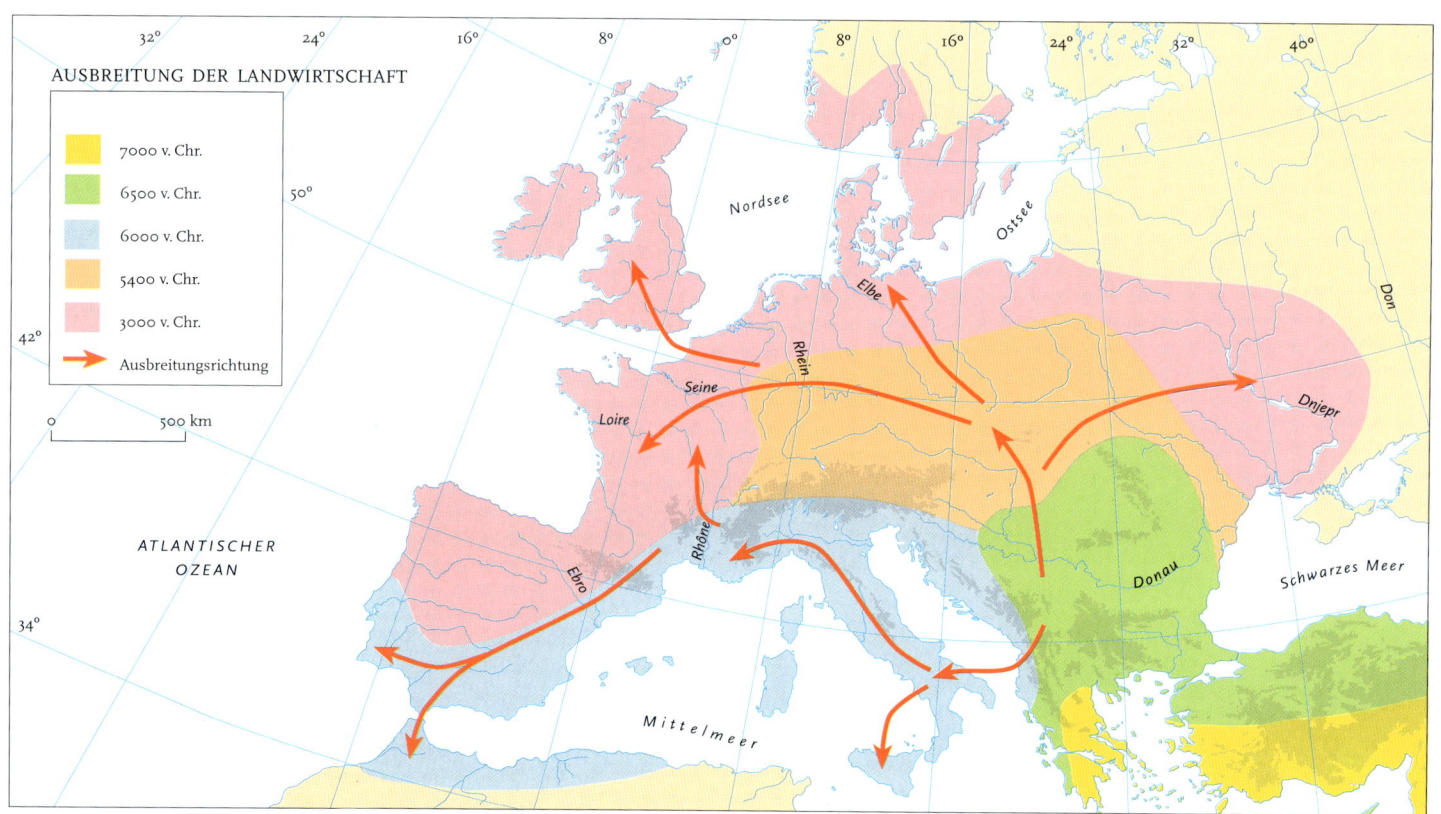

AUSBREITUNG DER LANDWIRTSCHAFT

- 7000 v. Chr.
- 6500 v. Chr.
- 6000 v. Chr.
- 5400 v. Chr.
- 3000 v. Chr.

→ Ausbreitungsrichtung

0   500 km

ATLANTISCHER OZEAN

Nordsee
Ostsee
Elbe
Rhein
Seine
Loire
Rhône
Ebro
Don
Dnjepr
Donau
Schwarzes Meer
Mittelmeer

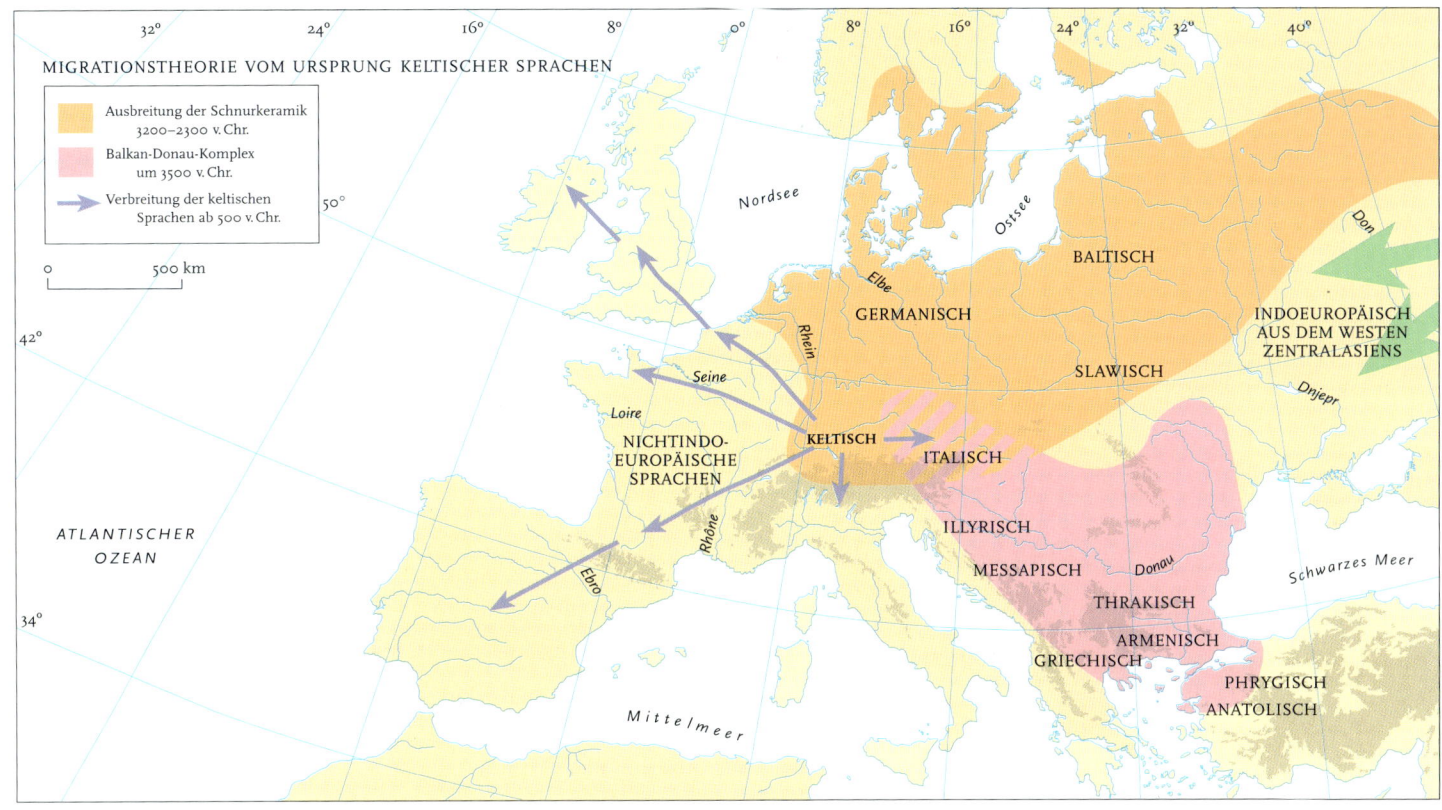

MIGRATIONSTHEORIE VOM URSPRUNG KELTISCHER SPRACHEN

Ausbreitung der Schnurkeramik
3200–2300 v. Chr.

Balkan-Donau-Komplex
um 3500 v. Chr.

Verbreitung der keltischen
Sprachen ab 500 v. Chr.

0   500 km

päischen in Anatolien; ihr zufolge haben die ersten Bauern, die um 7000 v. Chr. aus Anatolien nach Europa kamen, das Indoeuropäische mitgebracht, das sich dann mit der Verbreitung des Ackerbaus um 4000 v. Chr. in ganz Westeuropa ausgedehnt hatte. Und dort entwickelten sich später die keltischen Sprachen. Diese These über den Ursprung der keltischen Sprachen ist insofern plausibel, als sie von keiner Migration ausgeht, für die es ohnehin kaum archäologische Beweise gibt.

(Oben) Man geht davon aus, dass sich die keltischen Sprachen Mitteleuropas aus einer Form des Indoeuropäischen Zentralasiens entwickelt und durch Migration verbreitet haben.
(Unten) Nach Colin Renfrews umstrittener These gelangten die indoeuropäischen Sprachen viel früher, nämlich mit der Verbreitung des Ackerbaus, nach Europa.

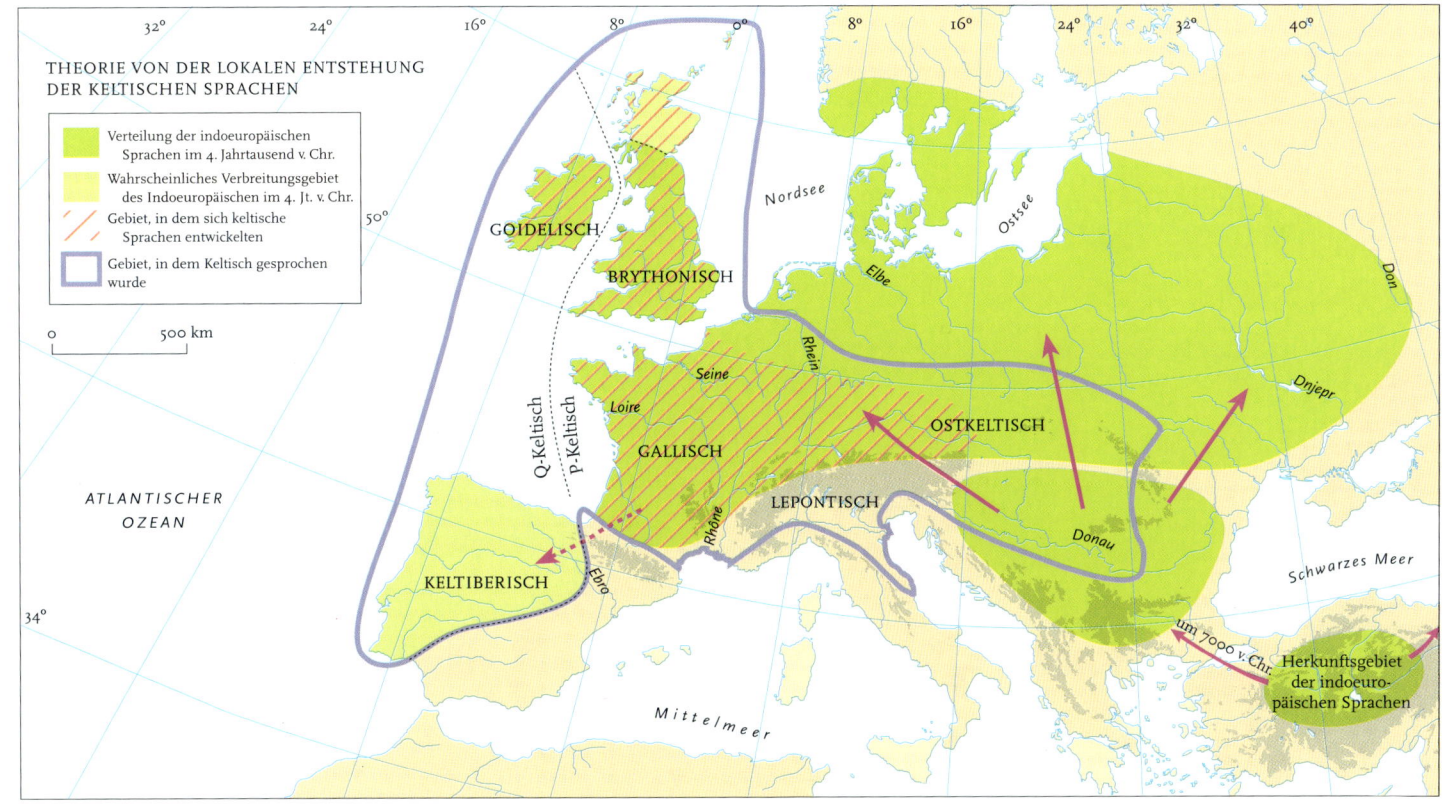

**THEORIE VON DER LOKALEN ENTSTEHUNG
DER KELTISCHEN SPRACHEN**

Verteilung der indoeuropäischen
Sprachen im 4. Jahrtausend v. Chr.

Wahrscheinliches Verbreitungsgebiet
des Indoeuropäischen im 4. Jt. v. Chr.

Gebiet, in dem sich keltische
Sprachen entwickelten

Gebiet, in dem Keltisch gesprochen
wurde

0   500 km

Urnenfelderkultur und jüngere Bronzezeit in Europa   2000–750 v. Chr.

Keltische Sprachen wurden vermutlich schon seit Beginn der Bronzezeit in weiten Teilen Europas gesprochen, aber die Hallstattkultur, mit der man die Kelten sicher identifizieren kann, entstand erst am Ende dieser vorgeschichtlichen Zeit. Jedenfalls bildete sich in Europa schon in der Bronzezeit jener Typ einer aristokratischen Gesellschaft heraus, der typisch für die Kelten in geschichtlicher Zeit ist.

GOLD UND KUPFER wurden schon vor 6000 Jahren in Europa zur Herstellung von Schmuck verwendet. Diese Metalle waren für Werkzeuge zu weich, und erst mit der Bronze, einer Legierung aus Kupfer und Zinn, konnten Steinwerkzeuge durch metallene ersetzt werden. Die erste Kultur in Europa, die Bronze verwendete, war die Aunjetitzer Kultur (nach Aunjetitz bei Prag), die um 2500 v. Chr. entlang der Elbe und Oder entstand. In den nächsten 1000 Jahren verbreitete sich die Bronzeherstellung in ganz Europa, und damit nahm der Fernhandel einen enormen Aufschwung. Stein, aus dem sich Werkzeuge herstellen ließen, gab es praktisch überall, aber Kupfer- und vor allem Zinnvorkommen waren selten. Wer Metallwerkzeuge haben wollte, musste Handel treiben.

Reger Handel schuf die Voraussetzung für den Wissensaustausch und begünstigte große einheitliche Kulturräume in Europa. Die charakteristischen Kulturen der frühen Bronzezeit wurden in der späten Bronzezeit von den nach ihren Bestattungsriten benannten Urnenfelderkulturen abgelöst (Beisetzung der Asche der verbrannten Toten in Tonurnen in zum Teil großen Urnenfeldern).

(Rechts) Amphore aus der mittleren Bronzezeit, verziert mit einem Streitwagen. Aus einem Urnenfeld bei Veľké Raškovce, Slowakei, um 1300 v. Chr.

(Links) Goldener Halsschmuck aus der späten Bronzezeit, Shannongrove, County Limerick, Irland, 7. Jh. v. Chr. Südwestirland gehörte schon Mitte des 3. Jahrtausends v. Chr. zu den ersten Metallurgiezentren auf den Britischen Inseln.

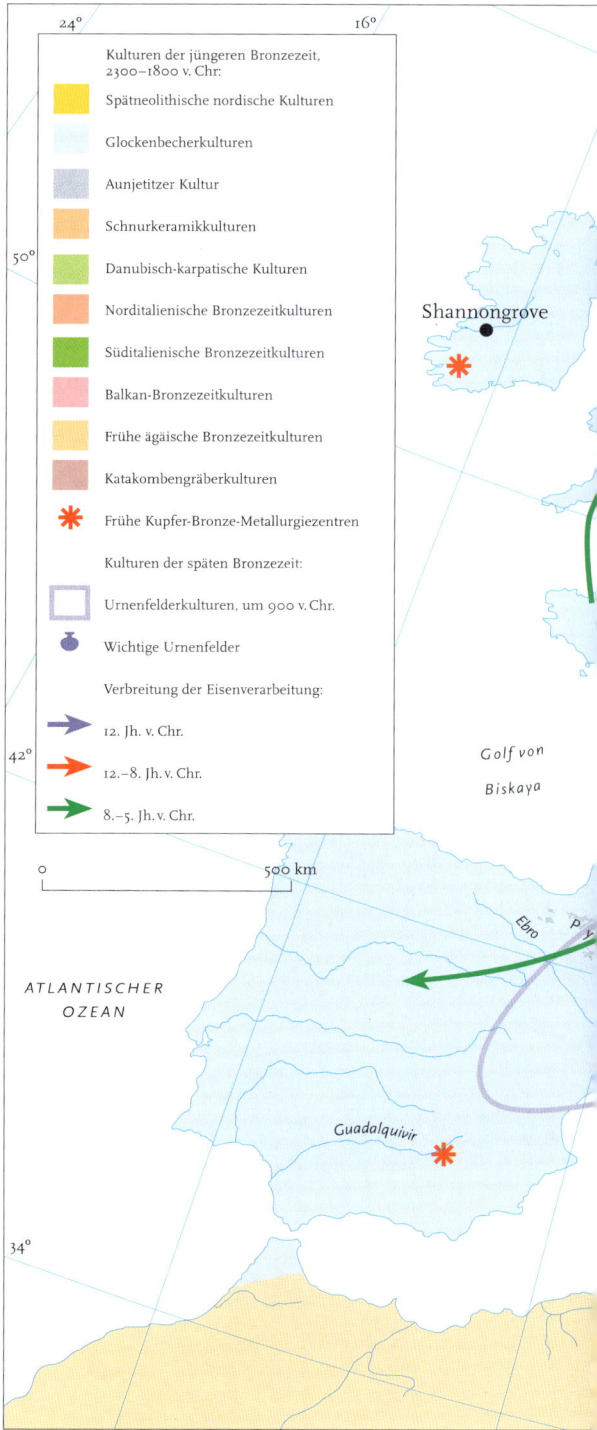

Kulturen der jüngeren Bronzezeit, 2300–1800 v. Chr.:
Spätneolithische nordische Kulturen
Glockenbecherkulturen
Aunjetitzer Kultur
Schnurkeramikkulturen
Danubisch-karpatische Kulturen
Norditalienische Bronzezeitkulturen
Süditalienische Bronzezeitkulturen
Balkan-Bronzezeitkulturen
Frühe ägäische Bronzezeitkulturen
Katakombengräberkulturen
Frühe Kupfer-Bronze-Metallurgiezentren

Kulturen der späten Bronzezeit:
Urnenfelderkulturen, um 900 v. Chr.
Wichtige Urnenfelder

Verbreitung der Eisenverarbeitung:
12. Jh. v. Chr.
12.–8. Jh. v. Chr.
8.–5. Jh. v. Chr.

0   500 km

Shannongrove

Golf von Biskaya

Ebro

ATLANTISCHER OZEAN

Guadalquivir

Kontrolle des Handels sowie Herstellung und Nutzung von Metallwerkzeugen und -waffen verschafften der Oberschicht zu mehr Machtfülle und Autorität. Folge waren eine zunehmende Hierarchisierung der Bronzezeitgesellschaften, die Bildung eines Kriegeradels und die Errichtung von Hügelfestungen. Dieser Wandel lässt sich vor allem an den Bestattungsbräuchen ablesen: Nur wenige Gräber waren reich ausgestattet, während in den meisten, in denen des Volkes, keine oder allenfalls bescheidene Grabbeigaben lagen. Die Bedürfnisse der herrschenden Schicht förderten das Kunsthandwerk. Schmuck, fein gearbeitete Waffen und Panzer, Kultgegenstände und kostbares Geschirr aus Bronze, Gold oder Silber waren Statussymbole ihres Reichtums und Rangs. Viele Aspekte, die die keltische Gesellschaft in der folgenden Eisenzeit kennzeichnen – Hügelfestungen, Fürstengräber und Prunk –, kündigen sich in der Bronzezeit an.

Werkzeuge und Ziergegenstände aus Bronze und Gold; Weihegaben aus Dieskau bei Halle.

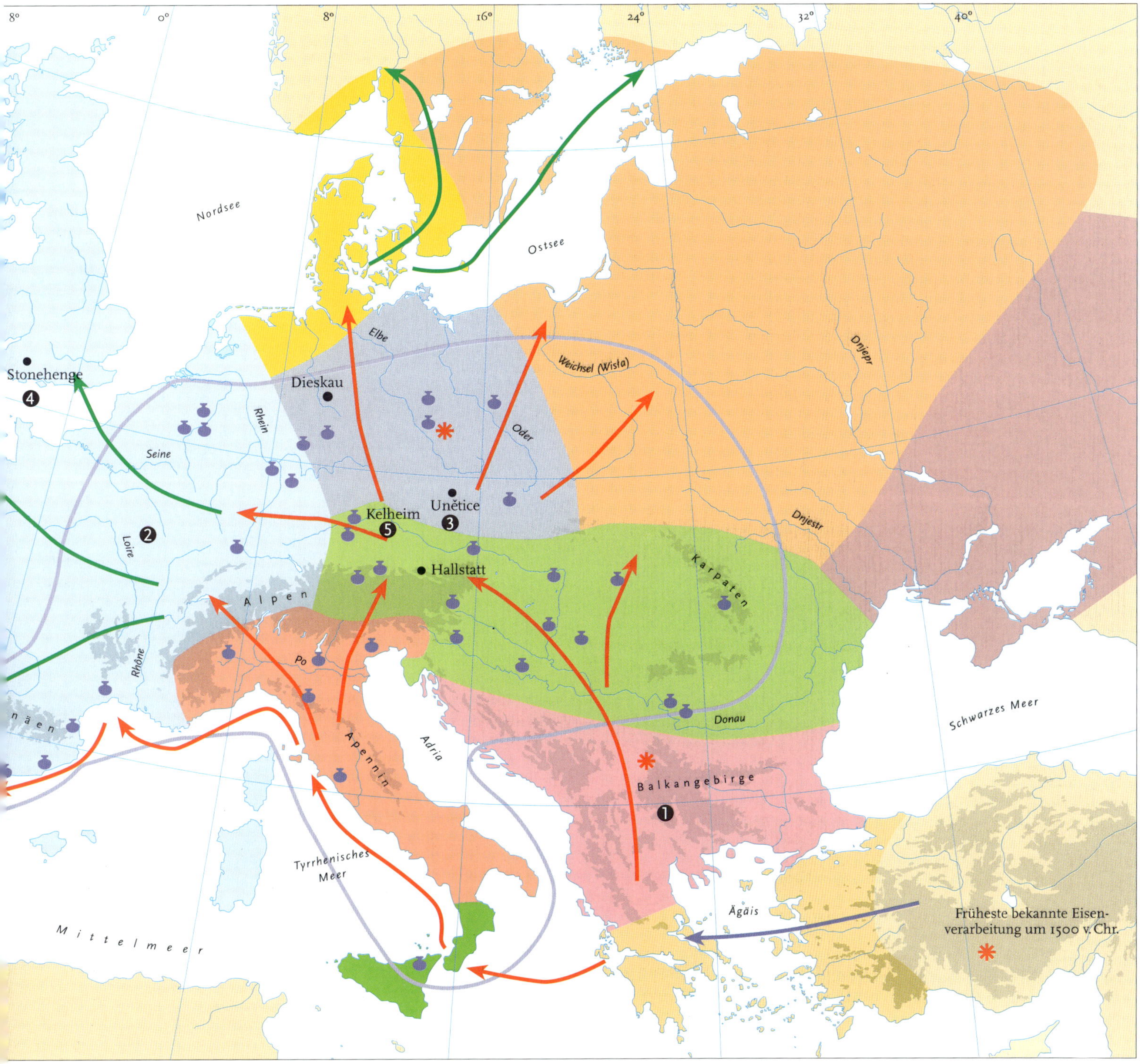

Die Hallstattkultur in Mitteleuropa

700–450 v. Chr.

Imposante Hügelfestungen, erlesene Geräte und Schmuckstücke, exotische Waren vom Mittelmeer und reich ausgestattete Fürstengräber charakterisieren die Hallstattkultur in Mitteleuropa als die früheste, typisch keltische Kultur.

DIE EINDRUCKSVOLLSTEN ERRUNGENSCHAFTEN der Hallstattkultur fallen zwar erst in die frühe Eisenzeit, die Kultur selbst ging aber schon in der späten Bronzezeit aus der Urnenfelderkultur hervor. Man unterscheidet vier Perioden: Hallstatt A (1200–1000 v. Chr.), Hallstatt B (1000–800 v. Chr.), die beide der Bronzezeit zugehören, Hallstatt C (800–600 v. Chr.) und Hallstatt D (600–450 v. Chr.), die in die frühe Eisenzeit fallen. Auch wenn man mit der Hallstattkultur erstmals die Kelten identifizieren kann, so waren doch beide nicht identisch. Keltische Sprachen gab es in West- und Mitteleuropa sicherlich schon lange bevor die Hallstattkultur in der Bronzezeit entstand. Und auch als diese im 6. Jh. v. Chr. ihre größte Verbreitung hatte, gab es Keltisch sprechende Völker, die nicht im Einflussbereich der Hallstattkultur lebten.

Die frühe Hallstattkultur war ähnlich organisiert wie die übrigen europäischen Kulturen der späten Bronzezeit: Lokale Oberhäupter herrschten in ihren Festen über die in ihren Höfen und Dörfern lebenden Stammesmitglieder. Erst mit dem Aufkommen des Eisens in Mitteleuropa im 8. Jh. v. Chr. kam es zu größeren Veränderungen. In einem Gebiet, welches Böhmen, Süddeutschland und den Norden Österreichs umfasste, entstanden überall Hügelfestungen und um diese herum prunkvolle Hügelgräber, von denen einige sogar vierrädrige Totenwagen enthielten. Diese Entwicklung ist ein Indiz für den gesellschaftlichen Wandel zu hierarchisch und zentral organisierten wohlhabenden Fürstentümern. Als Quelle des Reichtums wird häufig der

Goldener Halsring aus dem Grab einer Adligen bei Vix, Frankreich, Ende 6. Jh. v. Chr. Die kleinen geflügelten Pferde an den Enden deuten darauf hin, dass der Torques aus dem Mittelmeerraum eingeführt wurde.

Die Sandsteinstele aus Hirschlanden, Neckar, Ende 6. Jh. v. Chr., stellt einen nackten Krieger dar, der einst ein Fürstengrab schmückte. Schwert und Torques galten in der Hallstattzeit als Symbole der Macht.

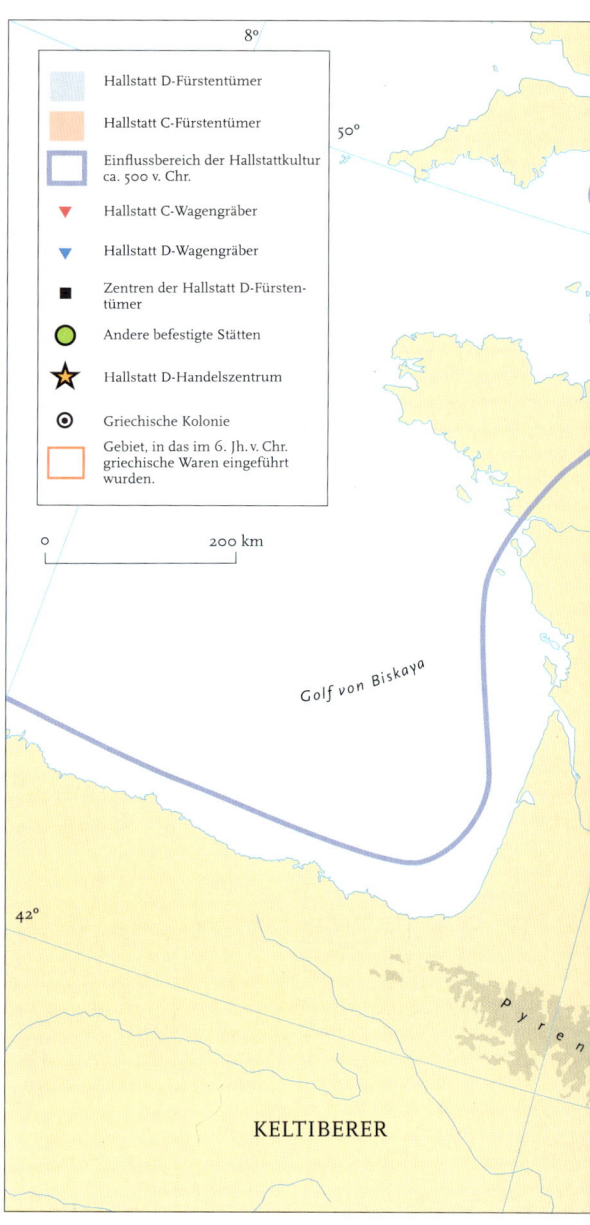

Hallstatt D-Fürstentümer

Hallstatt C-Fürstentümer

Einflussbereich der Hallstattkultur ca. 500 v. Chr.

Hallstatt C-Wagengräber

Hallstatt D-Wagengräber

Zentren der Hallstatt D-Fürstentümer

Andere befestigte Stätten

Hallstatt D-Handelszentrum

Griechische Kolonie

Gebiet, in das im 6. Jh. v. Chr. griechische Waren eingeführt wurden.

0   200 km

Golf von Biskaya

Pyren...

KELTIBERER

Erläuterungen zur Karte

❶ *Die Hallstattkultur hat ihren Namen von Hallstatt, Österreich, wo sich die großen Salzminen der Eisenzeit befinden.*

❷ *Das prunkvolle Fürstengrab (Hallstatt D) bei Eberdingen-Hochdorf enthielt einen vierrädrigen Wagen, eine bronzene Liege, Trinkhörner und einen griechischen Bronzekessel.*

❸ *Bragny-sur-Saône war während der späten Hallstatt- und frühen La-Tène-Zeit ein bedeutender Umschlagplatz für mediterrane Waren (Wein, Glas, Keramik).*

❹ *Die Hügelfestung auf dem Mont Lassois kontrollierte die Handelsroute durch das Seinetal. In der Nähe ist das berühmte Fürstinnengrab von Vix.*

❺ *Die eindrucksvolle Hügelfestung Heuneburg (Hallstatt D) an der Donau umgab im 6. Jh. v. Chr. eine Mauer aus luftgetrockneten Ziegeln, vermutlich von einem griechischen Baumeister konstruiert.*

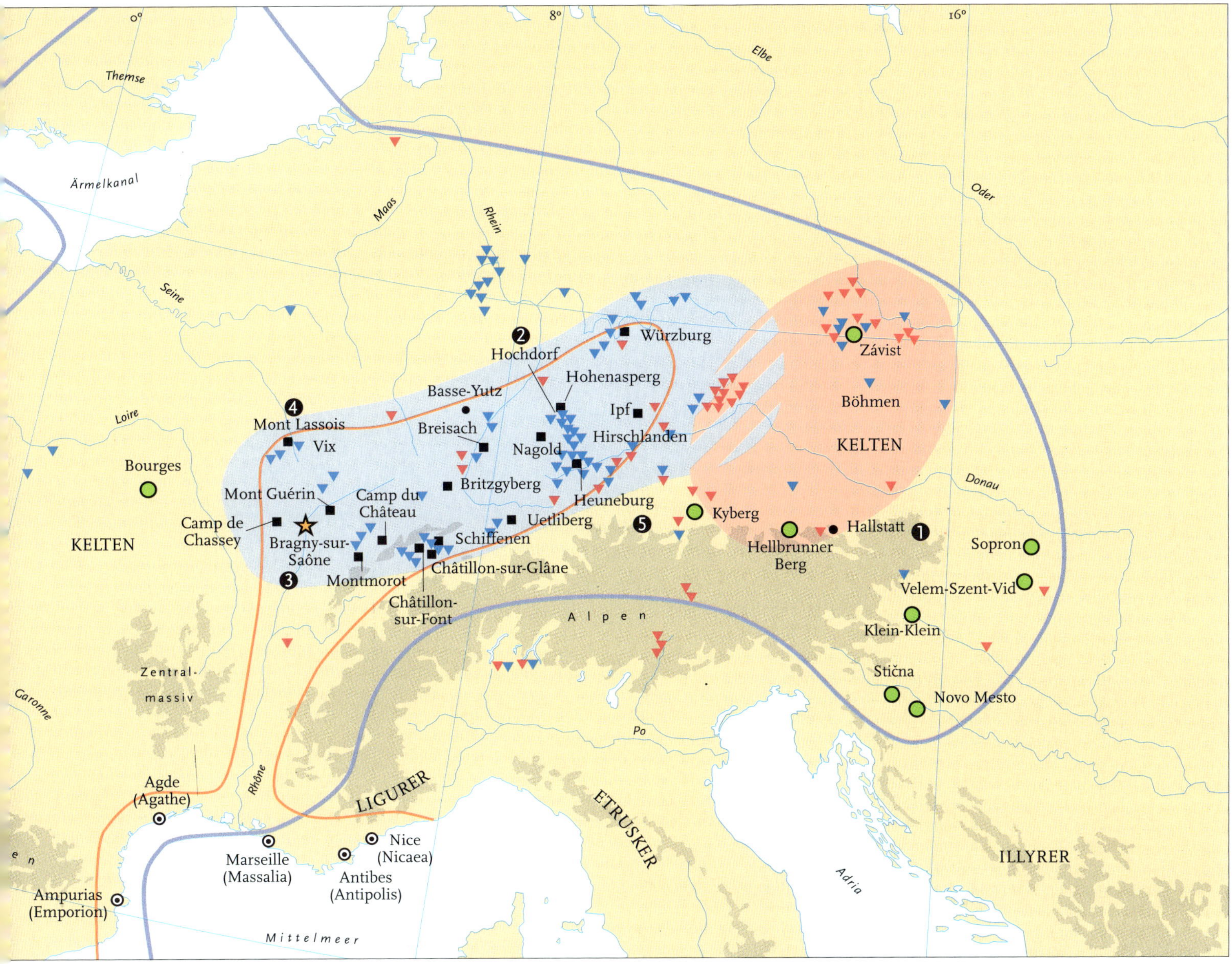

Themse

Ärmelkanal

Maas

Rhein

Elbe

Oder

Seine

Loire

2 Hochdorf

Würzburg

Basse-Yutz

Hohenasperg

Ipf

Závist

Böhmen

4 Mont Lassois

Breisach

Vix

Nagold

Hirschlanden

KELTEN

Donau

Bourges

Mont Guérin

Camp du Château

Britzgyberg

Heuneburg

Kyberg

Hallstatt **1**

Sopron

Camp de Chassey

Bragny-sur-Saône

Uetliberg

5

Hellbrunner Berg

Velem-Szent-Vid

KELTEN

Schiffenen

3 Montmorot

Châtillon-sur-Glâne

Klein-Klein

Châtillon-sur-Font

Zentral-massiv

Alpen

Stična

Novo Mesto

Garonne

Rhône

Po

Agde (Agathe)

LIGURER

ETRUSKER

Adria

ILLYRER

Marseille (Massalia)

Nice (Nicaea)

Antibes (Antipolis)

Ampurias (Emporion)

Mittelmeer

rege Fernhandel genannt, aber wahrscheinlicher scheinen eher interne Gründe, etwa der von der wachsenden Bevölkerung erwirtschaftete Überschuss an landwirtschaftlicher Produktion.

In der Hallstatt-D-Periode verlagerte sich das Zentrum dieser Kultur nach Westen, an die obere Donau, den Oberrhein und nach Ostfrankreich. Die vielen kleineren Hügelfestungen wurden aufgegeben, während gleichzeitig einige wenige große entstanden, vermutlich die Sitze einflussreicher Stammesführer oder »Fürsten«, in deren Umgebung die reich ausgestatteten Gräber verstreut lagen. Die Verlagerung nach Westen hängt zweifellos mit der um 600 v. Chr. gegründeten griechischen Kolonie Massalia (Marseille) zusammen, da die meisten dieser großen Fürstensitze an den Handelswegen entstanden, die die Seine, den Rhein und die Donau mit der Rhône verbanden. Dieser neue Rhône-Handelsweg mehrte den Reichtum der westlichen Hallstattfürsten und führte ihnen die neuen Luxusgüter zu, vor allem Wein. Die Kontrolle über die Verteilung dieser Waren stärkte die Macht der Oberschicht. Abgesehen von den Grabbeigaben in den Fürstengräbern gab es mediterrane Luxusgüter außerhalb der Hügelfestungen äußerst selten; sie waren der herrschenden Elite vorbehalten. Vielleicht berichteten Händler von diesen Fürstensitzen und so erfuhren die Mittelmeervölker erstmals von der Existenz der *Keltoi*.

Bronzeweinkrug aus Basse-Yutz, Moselle, Frankreich, um 450 v. Chr. Der Krug entspricht etruskischem Vorbild, zeigt aber die Handwerkskunst und Motive der Kelten.

Die La-Tène-Kultur in Mitteleuropa

450–50 v. Chr.

Die zweite große Kultur der Festlandkelten entstand um 450 v. Chr. in dem Gebiet zwischen Marne und Rheinland. Die La-Tène-Kultur ist nach einer 1857 entdeckten Schweizer Fundstätte am Neuenburger See benannt.

DIE LA-TÈNE-KULTUR war um 300 v. Chr. die bedeutendste europäische Kultur. Sie erstreckte sich von der französischen Atlantikküste bis zu den Karpaten und beeinflusste auch Spanien und das zisalpine Gallien, im 1. Jh. v. Chr. sogar die Britischen Inseln, wo sich ihr charakteristischer Kunststil weiter entfaltete. Bald nach der Eroberung durch die Römer verschwand die La-Tène-Kultur vom Festland und aus Britannien, ihr Stil überdauerte aber in Irland und gelangte im frühen Mittelalter wieder nach Britannien.

Die La-Tène-Kultur zeichnet sich durch ihren charakteristischen Kunststil mit seinen kurvilinearen Motiven aus, dessen gelungenste Ausprägungen sich auf Waffen und kostbaren Metallarbeiten finden. Dieser Stil entwickelte sich aus einer Verschmelzung des geometrisch-dekorativen Stils der Hallstattkultur mit den dekorativen Pflanzenstilen der Griechen und Etrusker, wie sie mit den importierten Trinkgefäßen nach Mitteleuropa kamen. Der mediterrane Einfluss zeigt sich auch in den handwerklichen Techniken, insbesondere in der Verbreitung bemalter Keramik. Obgleich von den Traditionen der Hallstattkultur beeinflusst, entwickelte sich die La-Tène-Kultur am nördlichen und westlichen Rand des Hallstatt-Kernlands, am Mittel- und Oberrhein sowie in Gebieten an der Marne und in Böhmen. Hervorstechendes Merkmal der frühen La-Tène-Kultur ist ihr aristokratischer kriegerischer Charakter, wie ihn die prunkvoll ausgestatteten Kriegergräber zeigen. In manchen fand man Streitwagen, einst eine Neuheit der keltischen Kriegsführung. In Hallstattgräbern fand sich selten Kriegsgerät. Die La-Tène-Kunst war Ausdruck der Selbstdarstellung der Oberschicht, die sich gern mit Schmuck, Waffen, Panzer und sonstigem Prunk zeigte.

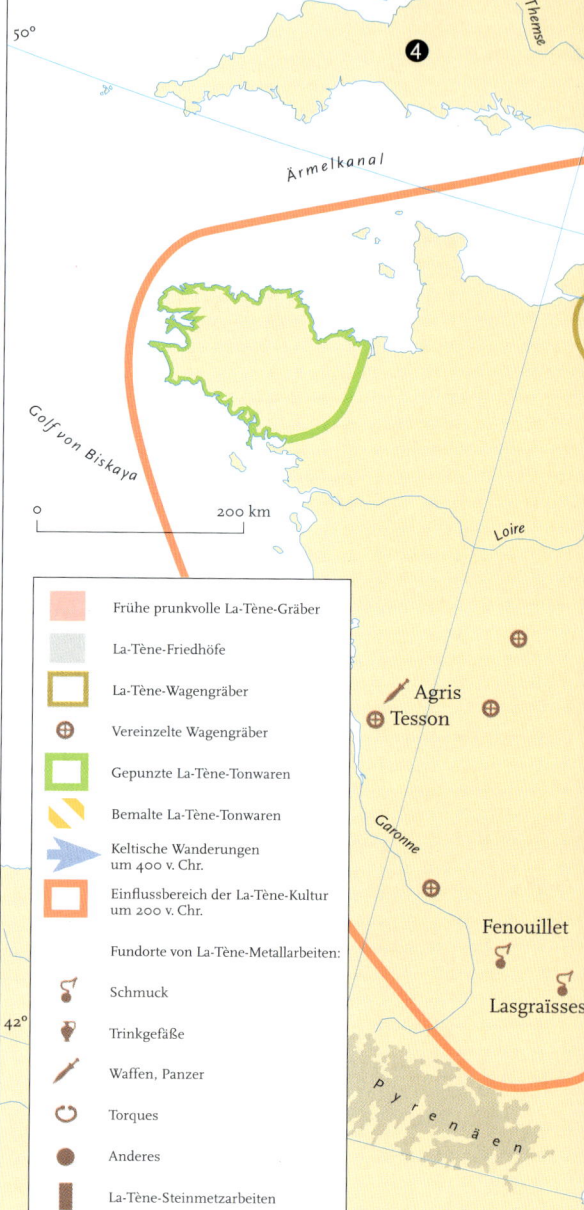

![]	Frühe prunkvolle La-Tène-Gräber
![]	La-Tène-Friedhöfe
![]	La-Tène-Wagengräber
![]	Vereinzelte Wagengräber
![]	Gepunzte La-Tène-Tonwaren
![]	Bemalte La-Tène-Tonwaren
![]	Keltische Wanderungen um 400 v. Chr.
![]	Einflussbereich der La-Tène-Kultur um 200 v. Chr.

Fundorte von La-Tène-Metallarbeiten:

- Schmuck
- Trinkgefäße
- Waffen, Panzer
- Torques
- Anderes
- La-Tène-Steinmetzarbeiten

(Links) Der Steinkopf, um 100 v. Chr., stellt einen keltischen Mann oder Gott dar. Er wurde außerhalb eines umfriedeten Heiligtums bei Mšecké Žehrovice in Böhmen entdeckt. Torques, Schnurrbart und Haartracht entsprechen dem Erscheinungsbild keltischer Männer, wie es sich aus archäologischen Funden und der schriftlichen Überlieferung ergibt.

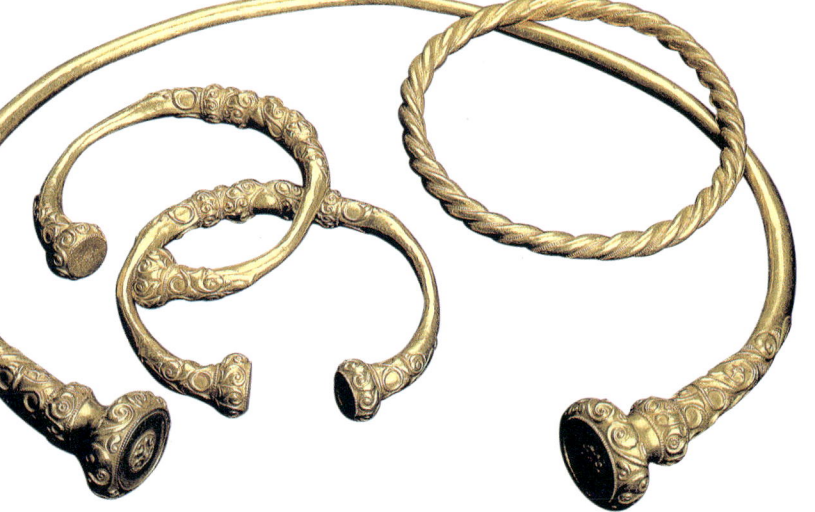

Torques und Armreife aus dem prunkvollen »Fürstinnen«-Grab von Waldalgesheim bei Bingen, um 350–325 v. Chr. Der Schmuck ist im klassischen Pflanzenstil verziert, aus dem die La-Tène-Kunst hervorging.

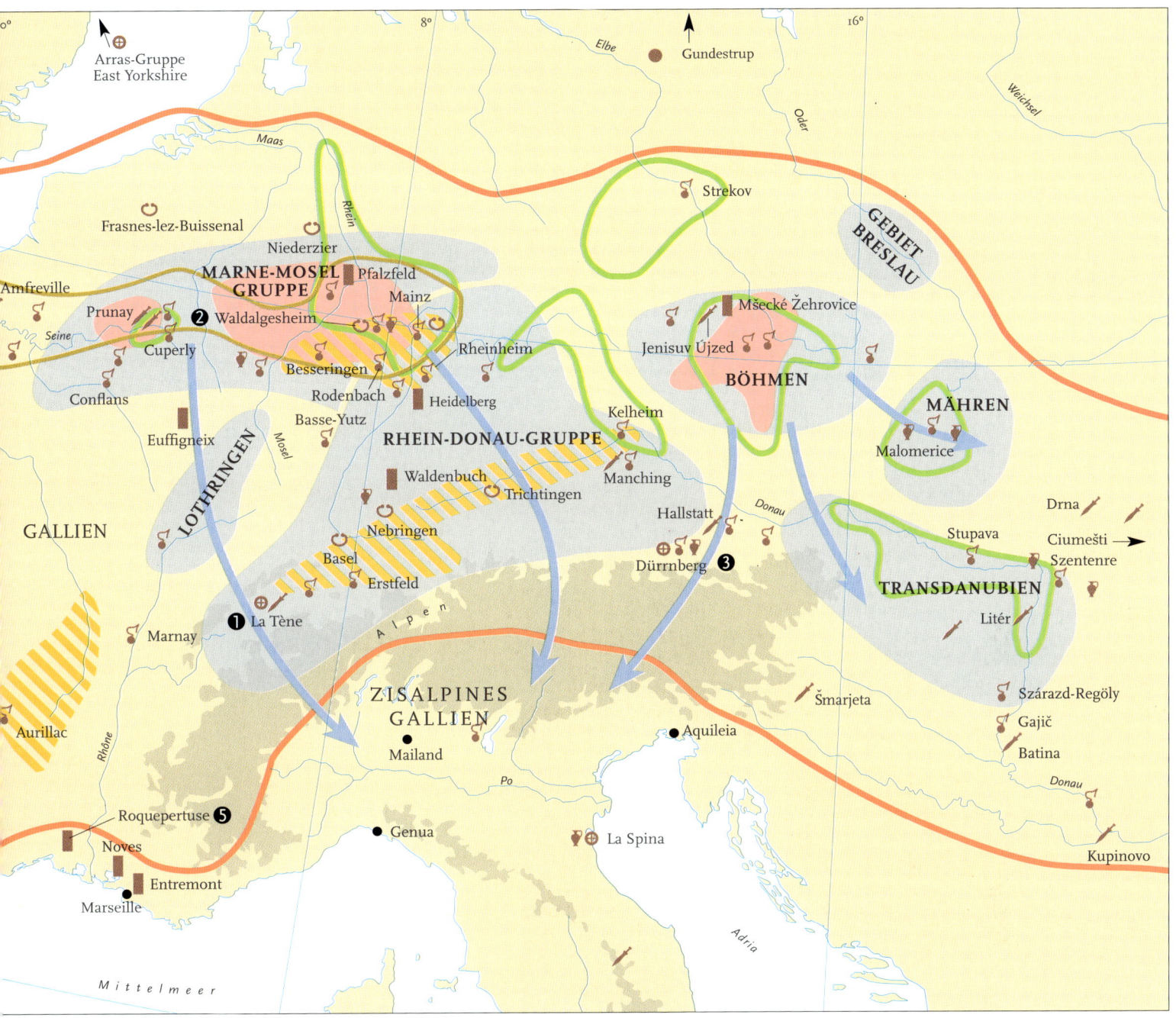

Der Aufstieg der La-Tène-Kultur ging einher mit dem Niedergang der Hallstattfürstentümer im Süden, die möglicherweise von den aufstrebenden La-Tène-Kriegereliten zerstört oder von den neuen Handelswegen abgeschnitten worden waren. Um 400 v. Chr. gelangte die La-Tène-Kultur im Zuge einer Migrationswelle über Mitteleuropa nach Italien. Vermutlich gingen diese Wanderungen von den ursprünglichen La-Tène-Zentren aus, aber es gibt dafür keine Beweise. Die Boier z.B. gehörten zu diesen Invasoren Italiens, aber es ist nicht bekannt, ob sie bereits im 5. Jh. v. Chr. Böhmen besetzt hielten. Archäologische Fundstätten und Gräber in Böhmen weisen auf einen Bevölkerungsrückgang um 400 v. Chr. hin, vielleicht bedingt durch Abwanderung der Kriegergesellschaften wegen der zunehmenden Spannungen aufgrund der Bevölkerungszunahme. Da aber in Gallien und Britannien nichts auf größere Wanderbewegungen in den letzten Jahrhunderten v. Chr. hinweist, muss es hier andere Gründe für die Ausbreitung der La-Tène-Kultur gegeben haben.

Erläuterungen zur Karte

❶ *Die 1857 entdeckte Fundstätte, nach der die La-Tène-Kultur benannt wurde. 1907–1917 förderten Ausgrabungen einen riesigen Hort an Votivgaben zutage: kunstvolle Werkzeuge aus Bronze und Eisen sowie Überreste von Menschenopfern.*

❷ *Waldalgesheim: Wagengrab einer keltischen »Fürstin« mit kostbarem Goldschmuck aus dem 4. Jh. v. Chr.*

❸ *Im 5. Jh. v. Chr. wurde Hallstatt als Zentrum der Salzgewinnung und des Handels von Dürrnberg abgelöst*

❹ *Im 1. Jh. v. Chr. entwickelten sich insulare La-Tène-Kunsttraditionen.*

❺ *Steinskulpturen bei Roquepertuse, Noves und Entremont vereinen klassische griechische Elemente mit keltischen Bildmotiven.*

Keltenwanderungen

Zu Beginn der Eisenzeit um 750 v. Chr. lebten Keltisch sprechende Völker wahrscheinlich in einem Gebiet, das sich von Österreich bis zur Biskaya und über Britannien bis Irland erstreckte. Schon im 3. Jh. v. Chr. waren die Kelten bis Spanien, Italien, Osteuropa und Anatolien vorgedrungen.

GROSSE WANDERUNGEN waren ein wesentlicher Aspekt der keltischen Geschichte, auch wenn jüngste Forschungsergebnisse dies relativieren. Die keltische Gesellschaft kennzeichnete ein ausgeprägtes Konkurrenzdenken, und Auswanderung war wohl der beste Weg, den durch Bevölkerungswachstum und Landmangel steigenden inneren Spannungen zu entkommen. Die früheste Keltenwanderung, für die es einige Belege gibt, erfolgte im 7. oder 6. Jh. v. Chr. über die Pyrenäen. Typische Elemente der keltischen Kultur – der Stil der Hallstattkunst, Hügelfestungen sowie die keltische Sprache – verbreiteten sich auf der Iberischen Halbinsel. Die Kelten vermischten sich mit den Iberern und schufen die spezifische keltiberische Kultur, die aber immer noch durch ihren keltischen Charakter geprägt ist.

Die großen Keltenwanderungen begannen Anfang der La-Tène-Zeit. Die wachsende Zahl von Waffen in den Gräbern zeigt, dass die La-Tène-Gesellschaft kriegerischer war als die Hallstattkultur und eher bestrebt zu expandieren. Die ersten Wanderungen der La-Tène-Kelten führten über die Alpen nach Italien, wo diese die Poebene überrannten und die geschwächten Etrusker dem römischen Expansionsdrang auslieferten. 390 v. Chr. plünderten die Kelten Rom, damals ein unbedeutender Stadtstaat, und einige Gruppen gelangten bis Süditalien, wo sie sich als Söldner lokaler griechischer Herrscher verdingten.

Um 400 v. Chr. begannen die ersten Wanderungen der Kelten nach Osten, die im 3. Jh. v. Chr. die

(Oben) Keltischer Holzschild aus der Faijum-Oase in Ägypten, wo im 3. Jh. v. Chr. keltische Söldner siedelten. Aufgrund des Wüstenklimas ist er gut erhalten.

Silberne Schmuckplatte mit thrakischem Reiter aus Letnica, Bulgarien, 400–350 v. Chr. Im 3. Jh. v. Chr. wurden die Thraker von einfallenden Kelten überrannt.

Mit einem Adler verzierter Eisenhelm aus dem Grab eines Stammesführers bei Ciumešti, 3. Jh. v. Chr. Die beweglichen Flügel schlugen eindrucksvoll und drohend, wenn der Träger rannte.

Karte (Legende):

- Vermutetes keltischsprachiges Gebiet im 6. Jh. v. Chr.
- Ausdehnung um 500 v. Chr.
- Ausdehnung um 300 v. Chr.
- Größte Ausdehnung um 275 v. Chr.
- Einflussbereich der Hallstattkultur um 500 v. Chr.
- Einflussbereich der La-Tène-Kultur um 300 v. Chr.
- Kernland der Hallstattkultur
- Kernland der La-Tène-Kultur
- Keltische Wanderungen
- Schlacht

Bekannte Völker frühgeschichtlicher Zeit:

BOIER   keltische Völker

BALTEN   nicht-keltische Völker

0   500 km

IERNE

SILURER

DUMNONIER

Ärmelkanal

VENETER

PICTONEN

AQUITANIER

ATLANTISCHER OZEAN

Golf von Biskaya

GALLAECI

GALLI

Duero

Vor 500 v. Chr.

VASCONEN

Pyre

LUSITANIER

KELTIBERER

Ebro

KELTIKER

Guadalquivir

IBERER

TARTESSIER

Cadiz

Karpaten erreichten. Um 300 v. Chr. siedelten Kelten am Dnjepr. Eine Inschrift erwähnt den keltischen und skythischen Angriff der Kelten und Skyten auf das Bosporianische Reich. La-Tène-Funde in den südlichen Steppen belegen, dass Kelten bis zum Don vorgedrungen waren. Die am besten dokumentierte Wanderung der Kelten war ihr gescheiterter Einfall in Griechenland 279 v. Chr. Die Überlebenden gründeten einen Räuberstaat bei Tylis am Schwarzen Meer, andere überquerten das Meer und siedelten in Anatolien, und der Rest verdingte sich in Syrien und Ägypten als Söldner – womit die keltische Welt ihre größte Ausdehnung erreichte. Zuvor hatten die Römer bei Sentinum ihren ersten entscheidenden Sieg über die Kelten errungen und eroberten in den nächsten drei Jahrhunderten den größten Teil der keltischen Welt.

Erläuterungen zur Karte

❶ *Böhmen (Boiohaemum: »Boierheim«) und Bologna (Bononia) sind nach den Boiern benannt.*

❷ *Gräber und La-Tène-Gegenstände bezeugen keltische Siedlungen am Dnjepr.*

❸ *Galatien blieb bis ins 4. Jh. n. Chr. keltisch.*

❹ *Auch wenn es keine großen Wanderungen nach Britannien gab, belegen Stammesnamen wie Parisier (Parisii) und Belger (Belgae) einen Bevölkerungsaustausch mit dem Kontinent.*

❺ *Ein Tektosagenstamm war wohl, bevor er in Anatolien siedelte, an der keltischen Invasion Griechenlands beteiligt. Die Beute wurde offenbar zu einem Stammesheiligtum bei Toulouse gebracht.*

Die keltische Invasion Griechenlands

300–278 v. Chr.

Alexander der Große. Vor der Eroberung Persiens sicherte er die Nordgrenze seines Reiches mit einem Feldzug gegen die Kelten.

Die in Griechenland einfallenden Kelten verbreiteten Angst und Schrecken, aber die Invasoren erlitten eine schwere Niederlage. Die Griechen vereinten sich gegen die Galatoi, wie sie die Kelten nannten, und schlugen die Angreifer zurück. Die Überlebenden zogen nach Thrakien und Anatolien.

Mit der Invasion Griechenlands erreichten die Keltenwanderungen ihren Höhepunkt. Im 4. Jh. v. Chr. hatten sich die Kelten an der mittleren Donau niedergelassen, und um 300 v. Chr. waren keltische Stämme auf dem Balkan gegen die Illyrer, Päonier und Triballer ins Feld gezogen. Zunächst waren die Beziehungen zwischen Griechen und Kelten freundlich. Die Kelten schickten Gesandte zu Alexander dem Großen und einer wurde 323 v. Chr. sogar am Hof in Babylon empfangen. Das politische Chaos nach Alexanders Tod ermutigte die Kelten, 298 v. Chr., in Thrakien und Makedonien einzufallen. Die Plünderungen hielten sich in Grenzen, bis Bolgios 281 v. Chr. den makedonischen König Ptolemaios Keraunos im Kampf tötete.

Dieser Erfolg verleitete die Kelten dazu, 279 v. Chr. unter Brennus (wohl ein legendärer Name) und Acichorius Griechenland zu überfallen. Aber schon vor dem Einfall spalteten sich die uneinigen Keltenstämme. Ein größerer Verband unter Leonorios und Lutorios zog Richtung Thrakien und weiter nach Anatolien. Die anderen stießen in Griechenland zunächst auf wenig Widerstand, da sich die Einheimischen hinter ihren für die Kelten uneinnehmbaren Stadtmauern verschanzten. Wie die Perser 200 Jahre zuvor umgingen die Kelten die griechische Armee am Thermopylenpass und rückten durch die Berge vor, mit dem Ziel, das reiche Delphi einzunehmen. Was dann passierte, ist aufgrund widersprüchlicher Quellen unklar. Griechischen Geschichtsschreibern zufolge wurde Delphi durch das Eingreifen der Götter gerettet, durch Schneestürme und herabstürzende Felsen. Nach einer anderen Quelle haben die Kelten Delphi geplündert und Teile der Schätze nach Gallien gebracht, wo diese später den Römern in die Hände fielen.

Wie es auch immer gewesen sein mag,

Erläuterungen zur Karte

❶ Grab mit keltischem Streitwagen, vielleicht eines Keltenfürsten oder eines adligen Thrakers, der den Wagen erbeutet hatte.

❷ Griechischen Quellen zufolge war die Plünderung Calliums durch die Kelten von Greueltaten und Massenvergewaltigungen begleitet.

❸ Der Tempel der Athene bei Larissa hing voller Schilde der besiegten Kelten.

❹ Byzanz musste im 3. Jh. v. Chr. Tribut an das keltische Königreich Tylis zahlen.

Die »Heilige Straße« in Delphi. Die Schätze der griechischen Stadtstaaten, die man in Schatzhäusern in Delphi verwahrte, waren Ziel des keltischen Überfalls auf Griechenland.

Map labels:

SKORDISKER
TRIBALLER
Donau
Balkan-gebirge
ILLYRER
Cerethreus um 281 v. Chr.
Odessos
Mesembria
KÖNIGREICH TYLIS
Cimbaules um 298 v.Chr.
Brennus und Acichorius um 281 v.Chr.
THRAKIEN
Apollonia
Schwarzes Meer
Bolgios 281 v.Chr.
PÄONIER
Rhodope-Gebirge
❶ Mezek
Commontorios 278–277 v. Chr.
Epidamnos
Brennus und Acichorius 279 v.Chr.
Leonorios und Lutorios 279 v.Chr.
Leonorios 278–277 v. Chr.
❹ Byzanz
Apollonia
Acichorius 279 v. Chr.
Marmarameer
BITHYNIEN
Pella
Lutorios 278–277 v.Chr.
Gallipoli
MAKEDONIEN
Prespa-See
Lysimacheia 278–277 v. Chr.
Olymp
Ägäis
Ilium 278–277 v. Chr.
REICH DER SELEUKIDEN
EPIRUS
THESSALIEN
Pindus
ANATOLIEN
❸ Larissa
Thermopylen 279 v. Chr.
Herakleia
KÖNIGREICH PERGAMON
Pergamon
Ionisches Meer
❷ Callium
Parnass
ÄTOLIEN
PHOKIS
Delphi 279 v. Chr.
Theben
Athen
Korinth
Olympia
Argos
Miletos
0   150 km
Sparta

Legend:
→ Keltische Wanderungen und Raubzüge
● La-Tène-Fundstätte
▨ Von Kelten besiedeltes Gebiet
▨ Griechische und hellenisierte Staaten um 280 v. Chr.
— Grenzen der griechischen und helleni-sierten Staaten um 280 v. Chr.
✕ Schlacht

Delphi hatte keinen allzu großen Schaden genommen. Ständig bedrängt von den Griechen, zogen sich die Kelten zurück, und Brennus, in einen Hinterhalt geraten, erlag seinen Wunden.

Von den Überlebenden verdingten sich einige als Söldner bei dem makedonischen König Antigonos; andere zogen zur Donau, wo sie sich den Skordiskern anschlossen, oder nach Thrakien, wo sie das Königreich Tylis gründeten. Jahrelang terrorisierten die Kelten von Tylis die griechischen Küstenstädte, bis sie 213/212 v. Chr. von den Thrakern besiegt wurden. Der Einfall der Kelten in Griechenland und auf dem Balkan hat keine archäologischen Spuren hinterlassen und wäre ohne die schriftliche Überlieferung wohl in Vergessenheit geraten.

Bronzemünze des bosporiani-schen Königs Leukon II. mit typisch keltischem Schild, möglicherweise ein Hinweis auf den bis-lang nicht belegten Ein-fall der Kelten auf der Krim.

Galatien: Die Kelten in Anatolien

278 v. Chr.–400 n. Chr.

Die entfernteste keltische Siedlung lag im trockenen Hochland Zentralanatoliens. Anatolien wurde nicht von den Kelten erobert, vielmehr kamen die Kelten als Söldner hellenistischer Herrscher. Aber sobald sie im Land waren, erwiesen sich die keltischen Söldner als unbequeme Gäste.

DIE KELTEN, insgesamt etwa 20 000, folgten dem Ruf Königs Nikomedes von Bithynien nach Anatolien, der sie als Söldner im Krieg gegen den seleukidischen (syrischen) König Antiochos I. brauchte, der einen Großteil Anatoliens beherrschte. Drei Keltenstämme kamen nach Anatolien: die Tolistoboier, die Tektosagen und die Trokmer. Sie wurden von Leonorios und Lutorios angeführt, die sich mit ihren Truppen im Jahr zuvor von der keltischen Armee getrennt hatten. Antiochos besiegte die Kelten 275 v. Chr., die sich dann mit Mithridates I. von Pontos verbündeten, der sie in Phrygien siedeln ließ. Phrygien gehörte aber nicht zu Pontos, sondern zum Seleukiden-Reich, doch die Kelten ließen sich von dort nicht mehr vertreiben und plünderten die reichen Städte entlang der Mittelmeerküste. Wegen ihrer Rituale, Gefangene zu opfern, galten sie als grausame Barbaren. Ihr Siedlungsgebiet nannte man Galatien; *Galatoi* hießen die Kelten bei den Griechen. Nach ihrer Niederlage gegen Attalos von Pergamon 240 v. Chr. hielten sich die Galater mit ihren Plünderungszügen etwas zurück. Nach der nächsten Niederlage, 189 v. Chr. gegen die Römer, richteten die Galater ihr Interesse auf Pontos und Kappadokien im Osten. Die Beziehungen zwischen Galatern und Römern verbesserten sich langsam: Galatien, 64 v. Chr. zum Klientelkönigreich erklärt, durfte expandieren, bis es 25 v. Chr. kampflos von Rom annektiert wurde.

Die Galater waren als lockerer Stammesverband organisiert. Die Stämme, jeder hatte vier Clans, schickten »Senatoren« zu den jährlichen Versammlungen in *Drunemeton*, einem bislang nicht identifizierten Ort. Sein Name wird zwar mit dem Druidentum in Britannien und Gallien in Verbindung gebracht,

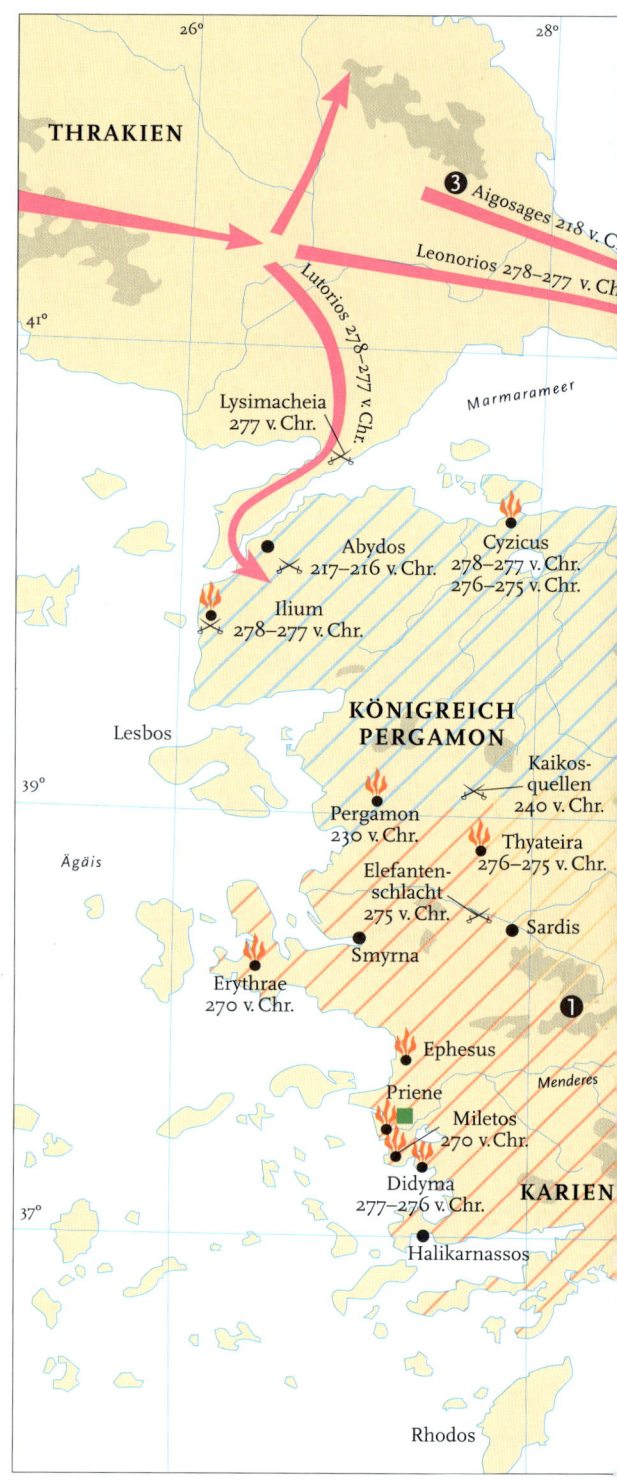

Unter der Dynastie der Attaliden, 282–133 v. Chr., gelangte Pergamon (rechts) zu großer Macht in Anatolien, konnte aber den Ansturm der Galater nur mit Mühe abwehren. Denkmäler erinnern an die Siege über die Galater, wie diese Marmortafel (oben), die erbeutete keltische Waffen zeigt.

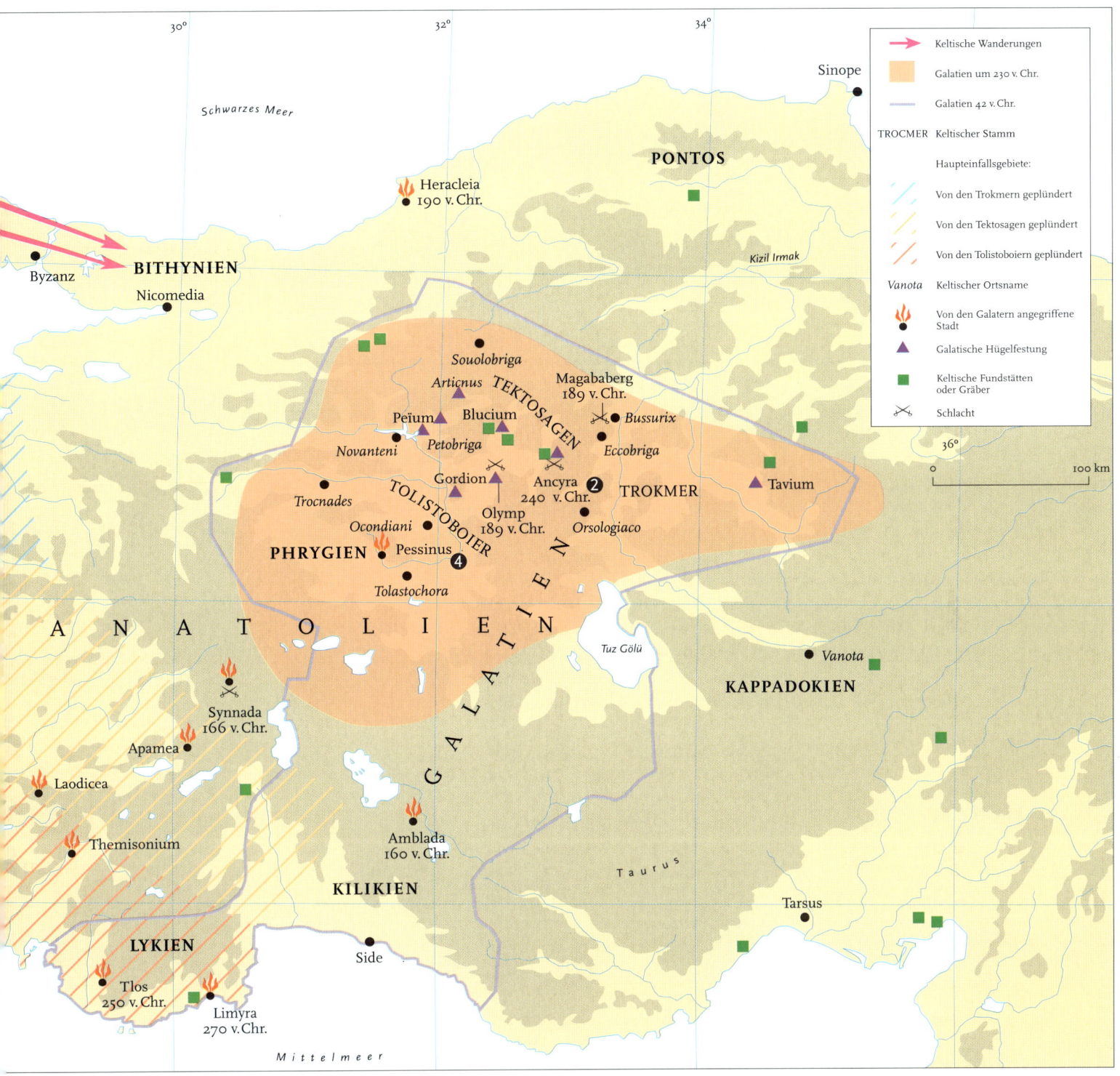

Erläuterungen zur Karte

❶ *Jeder galatische Stamm durfte einen Teil Westanatoliens plündern.*

❷ *Die Galater bauten keine Städte, sondern Hügelfestungen. Ancyra (Ankara) ging aus einer keltischen Hügelfestung hervor.*

❸ *Die Aegosagen wurden von den Bithyniern als Söldner angeworben. Bei einem Aufstand nahe Abydos wurden sie fast ausgerottet.*

❹ *Der einheimische Schrein der »Großen Mutter« bei Pessinus wurde zu einem bedeutenden religiösen Zentrum der Galater.*

aber Hinweise auf keltische Religionsausübung gibt es sonst nicht. Als Mithridates IV. von Pontos 88 v. Chr. die galatische Aristokratie heimtückisch niedermetzeln ließ, übertrugen die Galater die Regierungsgewalt einem Monarchen.

Für die keltischen Siedlungen in Anatolien sprechen nur wenige archäologische Funde, sei es, dass die Region ungenügend erforscht wurde, sei es, dass die galatische Minderheit die Kultur der Einheimischen übernommen hatte. Aber ihre Sprache, wichtigster Aspekt keltischer Identität, hatten die Galater noch lange Zeit gesprochen. Im 4. Jh. n. Chr. bemerkte Hieronymus, dass die Galater dieselbe Sprache wie die Gallier sprachen. Wie lange das noch galt, wissen wir nicht. Jedenfalls war nach dem 8. Jh. von Galatien nicht mehr die Rede.

Die Kelten in Italien

Um 400 v. Chr. überquerten Keltenstämme, von den römischen Geschichtsschreibern Gallier genannt, die Alpen und überfielen in der Poebene und Toskana die etruskischen Städte. 390 (oder 387) v. Chr. wurde Rom in die Kämpfe verwickelt, als es Gesandte nach Clusium (Chiusi) schickte, die zwischen dieser etruskischen Stadt und den gallischen Senonen vermitteln sollten. Weil die römischen Gesandten auf Seiten der Etrusker kämpften und gegen diplomatisches Recht verstießen, übten die Kelten grausame Vergeltung an Rom und zogen erst ab, nachdem die Römer ein hohes Lösegeld gezahlt hatten.

DIE MEISTEN GALLIER siedelten an der Adriaküste und in der Poebene, die folglich bei den Römern *Gallia Cisalpina* (»Gallien diesseits der Alpen«) hieß. Einige zogen bis Apulien, wo sie sich bei griechischen Tyrannen wie Dionysios I. von Syrakus als Söldner verdingten. Im Norden bewahrten z.B. die Cenomanen die La-Tène-Kultur, während die gallischen Stämme im Süden, die Boier und Senonen, von der Kultur ihrer etruskischen Nachbarn beeinflusst wurden, was etwa ihre Bestattungsbräuche zeigen, die sowohl La-Tène- als auch etruskische Elemente enthielten. Im Unterschied zu den übrigen Kelten lebten die zisalpinen Gallier in Städten. Als sie in Norditalien einfielen, gab es hier schon Städte, die wie das etruskische Felsina (Bologna) zu den Zentren der gallischen Einwanderer wurden.

Schon früher wurde in Italien Keltisch gesprochen. Inschriften aus dem 6. Jh. v. Chr. zeigen, dass zur Zeit der Invasion in Nordwestitalien Lepontisch gesprochen wurde, eine Form des Keltischen. Das lepontische Gebiet deckt sich mit der um 1000 v. Chr. entstandenen Golaseccakultur. Entweder sprachen diese Menschen schon immer Keltisch oder wurden aufgrund ihrer Handelsbeziehungen mit den Kelten nördlich der Alpen keltisiert. Die Gola-

(Oben rechts) Grabstele aus Bologna, sie stellt einen etruskischen Reiter im Kampf mit einem nackten keltischen Krieger dar. Trotz des Widerstands der Etrusker wurde Bologna zu einer bedeutenden Kelten-Stadt.

(Rechts) Zweisprachige keltisch-lateinische Inschrift aus Todi, Italien, 2. Jh. v. Chr. Zeugnisse für den Schriftgebrauch Keltisch sprechender Völker in Italien reichen bis ins 6. Jh. v. Chr. zurück. (Unten) Keltische Tempelräuber lassen, in die Flucht geschlagen, ihre Beute fallen. Terrakottarelief aus Civitalba, Italien, 2. Jh. v. Chr.

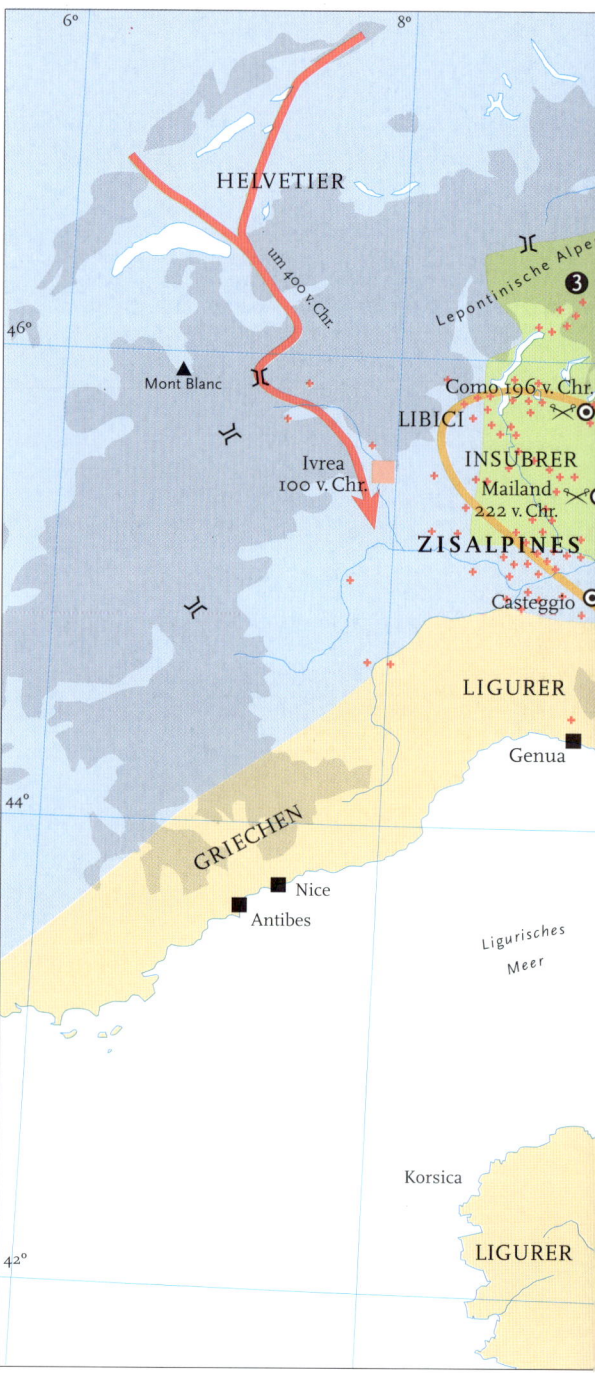

seccakultur rechnet man heute den Insubrern zu, einem der bedeutendsten Keltenvölker in der Poebene zur Römerzeit.

Im Gegensatz zur etruskischen Bevölkerung erholten sich die Römer schnell von den Plünderungen. Aber die Römer hatten die Gallier fürchten gelernt und fühlten sich erst sicher, als ihnen auch der letzte Gallier untertan war. Die Senonen waren die Ersten, die Rom 283 v. Chr. unterwarf. Und nach ihrem Sieg über die Kelten in der Schlacht bei Telamon 225 v. Chr. herrschten die Römer auch in der Poebene. Zwar unterstützten die Gallier Hannibals karthagische Armee, als er 218 v. Chr. in Italien einfiel, aber der Widerstand der Kelten gegen die Römer war 191 v. Chr. endgültig gebrochen. Um die eroberten gallischen Gebiete zu sichern, gründete Rom Kolonien mit römischen Bürgern und seinen italischen Verbündeten. Das zisalpine Gallien wurde romanisiert, und schon 49 v. Chr. erhielten seine Bewohner das römische Bürgerrecht.

Erläuterungen zur Karte

❶ *Nach der Niederlage der Senonen und der verbündeten Etrusker, Umbrier und Sabiner bei Sentinum eroberten die Römer den Ager Gallicus.*

❷ *Der Sieg der Römer über die Boier und Insubrer bei Telamon beendete die keltische Vorherrschaft in Italien.*

❸ *Die ersten Keltisch sprechenden Bewohner Italiens waren die Träger der Golaseccakultur; von ihnen stammen vermutlich die Insubrer ab.*

❹ *Die La-Tène-Kunst wurde durch die Kunst der Etrusker stark beeinflusst, aber die Raubzüge der Kelten führten zum Untergang dieser Zivilisation.*

❺ *Viele Stammesnamen der zisalpinen Gallier – Boier, Lingonen, Senonen, Cenomanen – finden sich auch nördlich der Alpen, was auf ihr Ursprungsgebiet schließen lässt.*

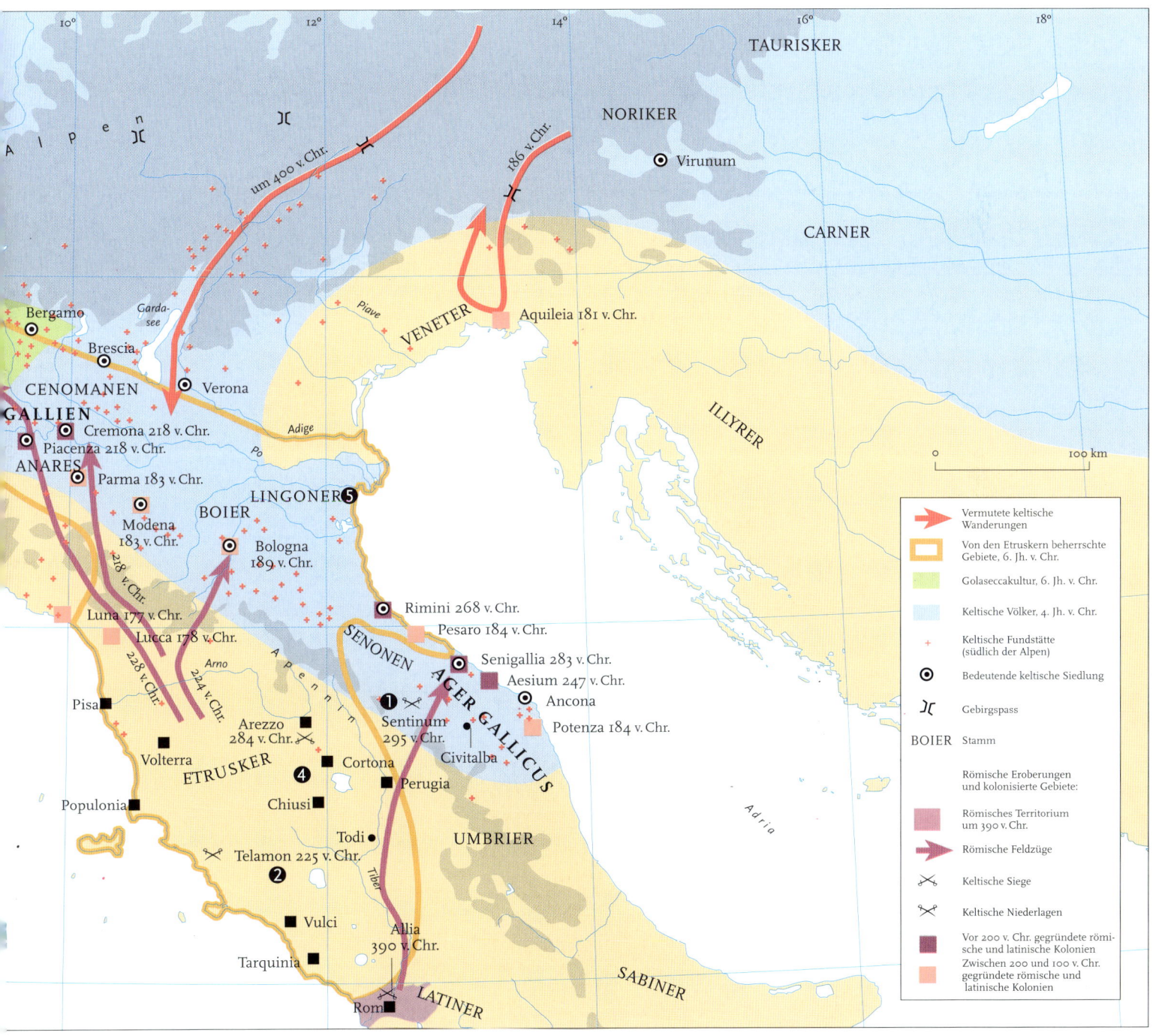

Die Keltiberer   600–19 v. Chr.

Keltische Völker wanderten im 7. oder 6. Jh. v. Chr. auf die Iberische Halbinsel, wo sie mit den einheimischen Völkern eine Kultur hervorbrachten, die in sprachlicher Hinsicht keltisch war, in materieller Hinsicht aber deutlich anders als die Hallstatt- und La-Tène-Kultur nördlich der Pyrenäen.

HERODOT ZUFOLGE lebten Keltisch sprechende Völker schon um 500 v. Chr. auf der Iberischen Halbinsel. Diese Völker nannten sich *Celtiberer* und *Celtici*, *Galli* und *Gallaeci*. Sprachliche Belege – z.B. typisch keltische Elemente in Ortsnamen wie *-briga* (»befestigter Hügel«) oder *Seg-* (»Sieg«) sowie Familiennamen auf Inschriften wie *Celtius* – zeigen keltischen Einfluss in der Mitte und im Westen der Iberischen Halbinsel, nicht aber in den südöstlichen Landesteilen am Mittelmeer.

Die Keltiberer bauten befestigte Höhensiedlungen *(Castros)* – vor allem im oberen Dourotal. Um 400 v. Chr. waren die meisten verlassen, und die noch bewohnten gewannen aufgrund der Kontakte zu den Iberern zunehmend urbanen Charakter. Die befestigte Stadt Numantia, die 133 v. Chr. den Römern in die Hände fiel, hatte bereits ein planmäßig angelegtes Straßennetz. In den runden Häusern hat man immer den keltischen Einfluss gesehen, haben doch die Kelten z.B. in Britannien Rundbauten errichtet. Da aber der Grundriss ihrer Häuser in Gallien rechteckig war, lässt sich mit solchen Argumenten wenig beweisen.

Der Einfluss der Hallstatt- und La-Tène-Kultur reichte zwar über die Pyrenäen, aber die Keltiberer übernahmen nicht sklavisch deren Techniken. Spangen im La-Tène-Stil, z.B. Reiterfibeln, waren sehr geschätzt, hatten aber iberische Sicherungen; und die Torques, ganz typisch für die La-Tène-Kunst, waren im keltiberischen Stil verziert. Ebenso zog man Feuerbestattungen den Bestattungsbräuchen der La-Tène-Kultur vor.

Auch wenn die Keltiberer eine Variante des iberischen Alphabets für ihre Inschriften benutzten, blieben sie von der mediterranen Welt praktisch

Erläuterungen zur Karte

❶ *Da die Römer Viriathus nicht besiegen konnten, beendeten sie den lusitanischen Aufstand, indem sie seine Gefolgsmänner bestachen; sie ermordeten ihren Anführer 139 v. Chr.*

❷ *Iberische Kleidung, Waffen und Skulpturen zeigen keltische Einflüsse. Bei Ullastret weisen Funde darauf hin, dass man hier (und an anderen Orten) den keltischen Ritus des Kopfabschlagens übernommen hatte.*

❸ *133 v. Chr. belagerten die Römer Numantia mit einem Heer von 60 000 Mann, die in sieben Lagern aufgeteilt waren. Sie errichteten einen 10 Kilometer langen Wall um die Festung.*

❹ *In der Meseta war der keltische Einfluss auf der Iberischen Halbinsel am ausgeprägtesten; westlich davon fanden sich nur wenige Aspekte keltischer Zivilisation.*

❺ *Die Keltiberer kämpften bei Ilipa für die Karthager und die Römer, und nach deren Sieg erlangten sie ihre Unabhängigkeit wieder.*

(Oben) Steinrelief aus Osuna, Andalusien. Der keltiberische Krieger trägt einen typischen La-Tène-Schild und ein iberisches Hiebschwert (falcata) mit einschneidiger Klinge.

(Links) Die Luftaufnahme zeigt die fortgeschrittene Urbanisierung der keltiberischen Höhensiedlung Numantia mit dicht zusammenstehenden Häusern und Straßennetz. Die Castros auf der Iberischen Insel sind etwa vergleichbar mit den Oppida in Mittel- und Westeuropa.

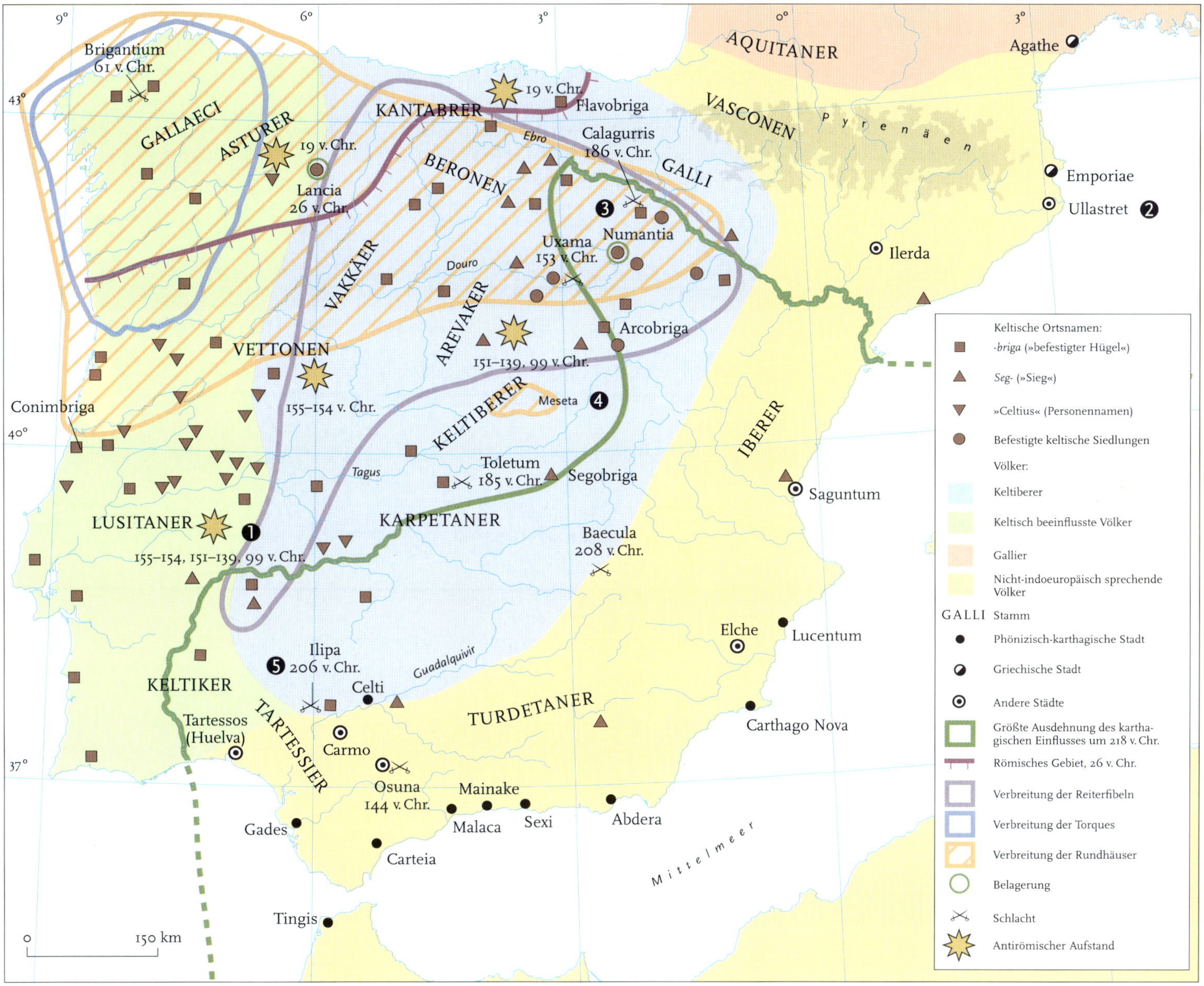

Map labels

AQUITANER

Agathe

VASCONEN

Brigantium
61 v. Chr.

GALLAECI

ASTURER

KANTABRER

19 v. Chr.

Flavobriga

Calagurris
186 v. Chr.

GALLI

Emporiae

Ullastret ❷

19 v. Chr.

BERONEN

Ebro

Lancia
26 v. Chr.

❸

Numantia

Ilerda

VAKKAER

Douro

Uxama
153 v. Chr.

Arcobriga

VETTONEN

AREVAKER

151–139, 99 v. Chr.

Meseta

❹

KELTIBERER

IBERER

Conimbriga

155–154 v. Chr.

Tagus

Toletum
185 v. Chr.

Segobriga

Saguntum

LUSITANER ❶

155–154, 151–139, 99 v. Chr.

KARPETANER

Baecula
208 v. Chr.

Elche

Lucentum

Ilipa
206 v. Chr. ❺

Guadalquivir

Carthago Nova

KELTIKER

Celti

TURDETANER

Tartessos
(Huelva)

TARTESSIER

Carmo

Osuna
144 v. Chr.

Mainake

Gades

Malaca

Sexi

Abdera

Carteia

Mittelmeer

Tingis

0   150 km

Pyrenäen

Legend

Keltische Ortsnamen:

■ -briga (»befestigter Hügel«)

▲ Seg- (»Sieg«)

▼ »Celtius« (Personennamen)

● Befestigte keltische Siedlungen

Völker:

Keltiberer

Keltisch beeinflusste Völker

Gallier

Nicht-indoeuropäisch sprechende Völker

GALLI Stamm

● Phönizisch-karthagische Stadt

◗ Griechische Stadt

◉ Andere Städte

☐ Größte Ausdehnung des karthagischen Einflusses um 218 v. Chr.

— Römisches Gebiet, 26 v. Chr.

☐ Verbreitung der Reiterfibeln

☐ Verbreitung der Torques

☐ Verbreitung der Rundhäuser

○ Belagerung

⚔ Schlacht

✶ Antirömischer Aufstand

Body text

unberührt, bis 237 v. Chr. die Karthager ihr Kolonialreich in Spanien gründeten. Das Gebiet südlich des Guadalquivir kam direkt unter die Herrschaft Karthagos, während auf der restlichen Halbinsel der karthagische Einfluss durch Bündnisse mit den keltiberischen Führern gesichert war. Im 2. Punischen Krieg (219–201 v. Chr.) mit den Römern rekrutierten die Karthager viele Keltiberer. Diese erlangten nach Karthagos Niederlage wieder ihre Unabhängigkeit, während alle Gebiete am Mittelmeer unter die Herrschaft der siegreichen Römer kamen. In den folgenden 200 Jahren unterwarfen die Römer auch die Keltiberer. In den entscheidenden Kriegsjahren 151–133 v. Chr. beendeten die Römer nach 12 Jahren den Aufstand der Lusitanier unter Viriathus und nahmen nach 11-jähriger Belagerung Numantia ein. Aber erst 19 v. Chr. konnten sie den letzten Widerstand der Gallaeci und Asturer brechen. Die Iberische Halbinsel war befriedet. Die keltische Sprache wurde noch im 1. Jh. n. Chr. gesprochen, aber als die römische Herrschaft im 5. Jh. zu Ende ging, war sie ausgestorben.

Wolfskopf aus Ton, geformt wie der Schallbecher eines keltischen Kriegshorns, eines Carnyx. Solche Hörner setzten die Kelten im Kampf ein. Numantia, 2.–1. Jh. v. Chr.

Hügelfestungen und Oppida

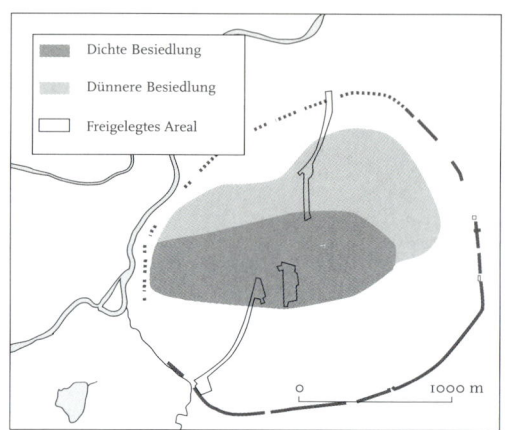

Die weithin sichtbaren Monumente der frühen Kelten waren ihre Hügelfestungen – Zufluchtsorte und Fürstensitze –, die noch heute als markante Zeugen der Vergangenheit die Landschaft prägen. Als sich in der späten Eisenzeit Entwicklungen zu einem Staatswesen zeigten, gaben die Kelten ihre Hügelfestungen zugunsten stadtähnlicher Stammeszentren *(Oppida)* in der Ebene auf.

DIE ERSTEN HÜGELFESTUNGEN entstanden schon in der Bronzezeit, die meisten wurden in die Eisenzeit, vor allem zwischen dem 7. und 1. Jh. v. Chr. gebaut. Sie wurden scheinbar willkürlich angelegt und sind ungleichmäßig über das keltische Europa verteilt: In Nordengland z.B. gibt es viele geeignete Standorte, aber nur wenige Festungen, während im Rhônetal im 2. Jh. v. Chr. offenbar die gesamte Bevölkerung in kleinen Hügelfestungen lebte. Manche scheinen aber nicht ständig bewohnt gewesen zu sein oder dienten nur als Zufluchtsstätte in Kriegszeiten, andere waren prächtig ausgebaute Fürstensitze oder religiöse Stätten. Die Untersuchung der Landschaft Hampshires in Südengland zeigt, dass um die Hügelfestung von Danebury in der Eisenzeit Felder und abhängige Dörfer lagen.

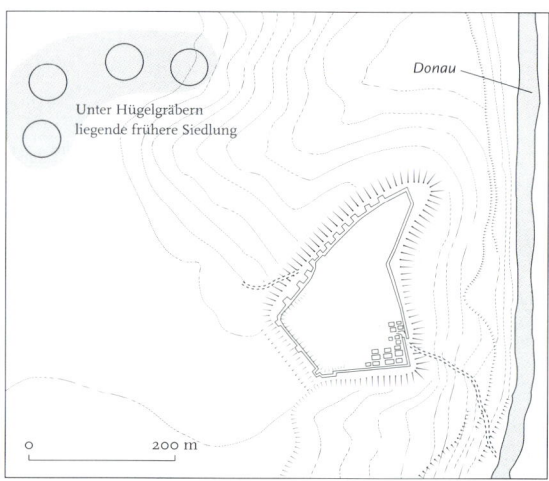

Die einfachste Form einer solchen Festung bestand aus einem Graben, einem Erdwall und Holzpalisaden, die eine Hügelkuppe umgaben. Später wurden die Verteidigungsanlagen um weitere Gräben und Erdwälle sowie befestigte Tore ausgebaut, und zum Stützen der Wälle konstruierte man aus Holz Gerüste oder Rahmen. Mithilfe dieser Techniken konnten Mauern aus Erde und Schotter errichtet werden, die dem Sturmbock standhalten, nicht

(Oben rechts) Das Oppidum *von Manching bei Ingolstadt, 3.–1. Jh. v. Chr., war 380 Hektar groß und umgeben von einem sieben Kilometer langen Schutzwall. Am Rand des Siedlungskerns gab es Weiden.*

(Mitte) Die Heuneburg an der oberen Donau, Baden-Württemberg. Im späten 6. Jh. v. Chr. wurde die Festung mit einer turmbewehrten Mauer aus luftgetrockneten Lehmziegeln umgeben. Später mussten sie durch Materialien ersetzt werden, die für das nördliche Klima geeigneter waren.

(Rechts) Runderberg in der Nähe von Urach, Baden-Württemberg: Strategisch günstig gelegene Hügelfestung aus der Eisenzeit.

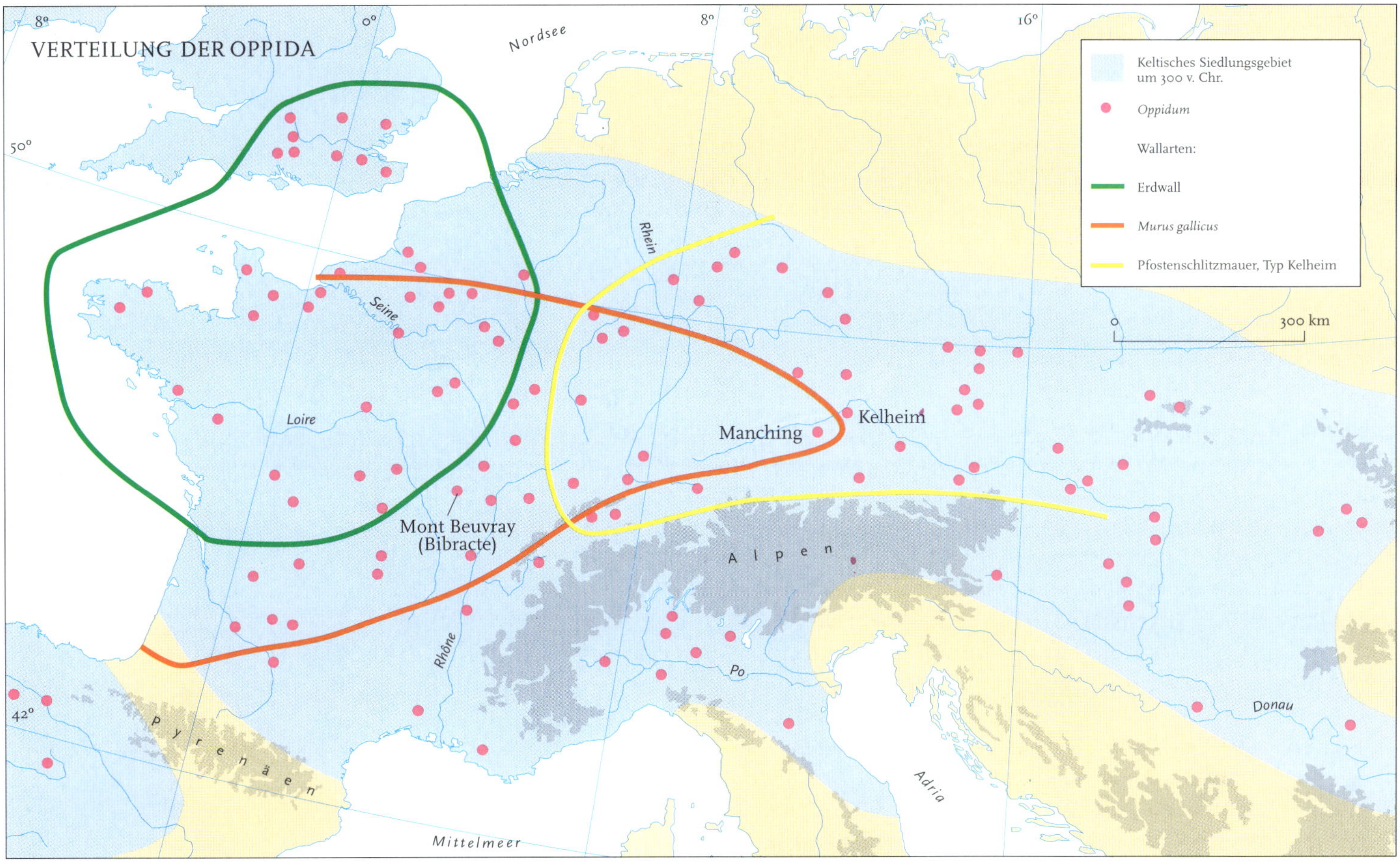

Keltisches Siedlungsgebiet
um 300 v. Chr.

● *Oppidum*

Wallarten:

— Erdwall

— *Murus gallicus*

— Pfostenschlitzmauer, Typ Kelheim

300 km

Nordsee

Rhein

Seine

Loire

Mont Beuvray
(Bibracte)

Manching

Kelheim

Alpen

Rhône

Po

Donau

Adria

Pyrenäen

Mittelmeer

unterhöhlt und nicht so leicht überwunden werden konnten; aber sie ließen sich schnell in Brand stecken. Bei solchen Bränden wurde z. B. in schottischen Festungen das Mauergestein verglast.

Im 1. Jh. v. Chr. hatte man die meisten Hügelfestungen im keltischen Europa zugunsten von bequemeren und weniger beengenden Siedlungen im Flachland aufgegeben. Die Standorte dieser *Oppida* wählte man nach ihren naturgegebenen Verteidigungsmöglichkeiten. Das *Oppidum* bei Kelheim z. B. wurde auf dem Michelsberg am Zusammenfluss der Altmühl und der Donau erbaut. Die gut befestigten *Oppida* mit ihren planmäßig angelegten Straßen waren größer und komplexer als die Hügelfestungen; sie waren Handels- und Industriezentren und Sitz der Stammesregierung. Münzen, meist mit dem Namen des jeweiligen Stammes versehen, wurden hier geprägt. Als vollständig entwickelte Städte verkörperten einige *Oppida* die Blüte der keltischen Welt am Vorabend der römischen Eroberung.

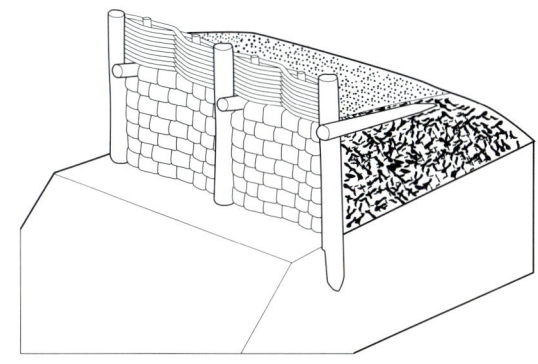

(Oben) Modell eines Kelheimwalls. Der Erdwall wurde mit Holzrahmen gestützt und mit Steinen verkleidet. Horizontale Balken im Damm verhinderten, dass die Mauer unter dem Gewicht der Erde wegbrach.

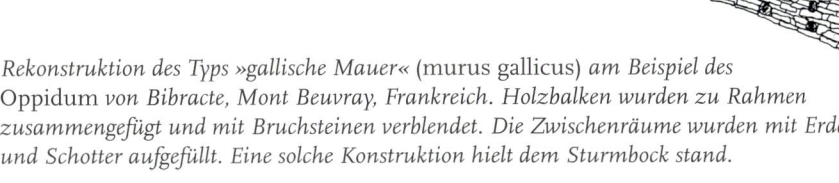

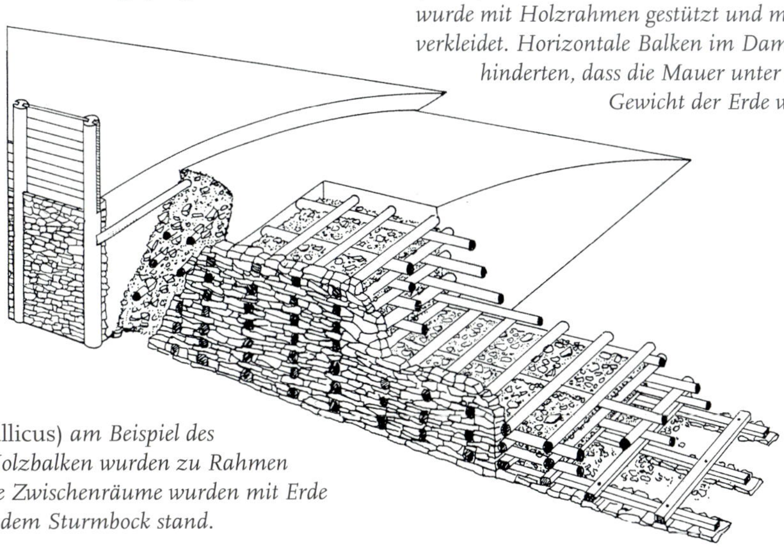

Rekonstruktion des Typs »gallische Mauer« (murus gallicus) am Beispiel des Oppidum *von Bibracte, Mont Beuvray, Frankreich. Holzbalken wurden zu Rahmen zusammengefügt und mit Bruchsteinen verblendet. Die Zwischenräume wurden mit Erde und Schotter aufgefüllt. Eine solche Konstruktion hielt dem Sturmbock stand.*

Dörfer und Gehöfte

Die meisten Kelten lebten jedoch nicht in Hügelfestungen oder Oppida, sondern verstreut in einzeln stehenden Höfen oder in Weilern, möglichst in der Nähe ihrer Felder und Weiden. Die keltischen Häuser sind entsprechend den Bräuchen und verfügbaren Materialien der jeweiligen Gegend gebaut.

IN MITTELEUROPA bauten die Kelten Häuser mit meist rechteckigem Grundriss, in Britannien, Irland und Teilen Spaniens meist Rundhäuser. Holz war das bevorzugte Baumaterial, und in der Regel wurden die Pfähle direkt in den Boden gerammt. Manche Holzbauten hatten zum Schutz vor Feuchtigkeit ein Steinfundament. Überreste keltischer Holzhäuser sind nicht mehr erhalten, aber anhand der noch nachweisbaren Pfahllöcher konnte man ihren Grundriss rekonstruieren. In der Eisenzeit waren schon große Waldflächen gerodet, weshalb Holz immer sparsamer eingesetzt werden musste. Die meisten Häuser hatten eine Holzkonstruktion, nicht tragende Wände bestanden aus lehmverputztem Flechtwerk, und das Dach deckte eine dicke Schicht Stroh. In Spanien, der Bretagne und den höher gelegenen Gebieten der Britischen Inseln bauten die Kelten die Hausmauern aus Stein und ohne Mörtel, und in Italien scheinen sie die dortige Bauweise übernommen zu haben.

Im Innern eines keltischen Hauses war es dunkel, warm und trocken. Der Rauch der Feuerstelle entwich durch das Stroh oder den Dachansatz; ein Kamin durchs Dach hätte nur Wind und Regen hereingelassen. Der Bereich unter dem Dach wurde zum Lagern und Konservieren von Fleisch genutzt, weil er wegen des Rauchs frei von Schädlingen und sauerstoffarm war. Möbel kannte man nicht. Keltische Häuser hatten nur einen Raum; es gab aber schon größere Häuser mit bis zu vier Räumen. In den runden Steinhütten Nordschottlands gab es Alkoven um den Wohnbereich herum.

Gallischer Bauer in kurzem Umhang mit Kapuze – wahrscheinlich beim Pflügen, wie die Haltung seiner Hände vermuten lässt. Bronzestatuette aus Trier.

Lageplan der befestigten Siedlung auf dem Goldberg bei Nördlingen, spätes 6.–5. Jh. v. Chr. Die Siedlung bestand aus einigen gleich großen Behausungen samt Ställen und Vorratslagern sowie einem deutlich größeren Wohnhaus mit eigener Umfriedung am nördlichen Plateaurand, vermutlich das Haus des Oberhaupts.

- • Pfahlloch
- ◉ Feuerstelle
- ▨ Befestigung
- — Fundamentgraben

0   20 m

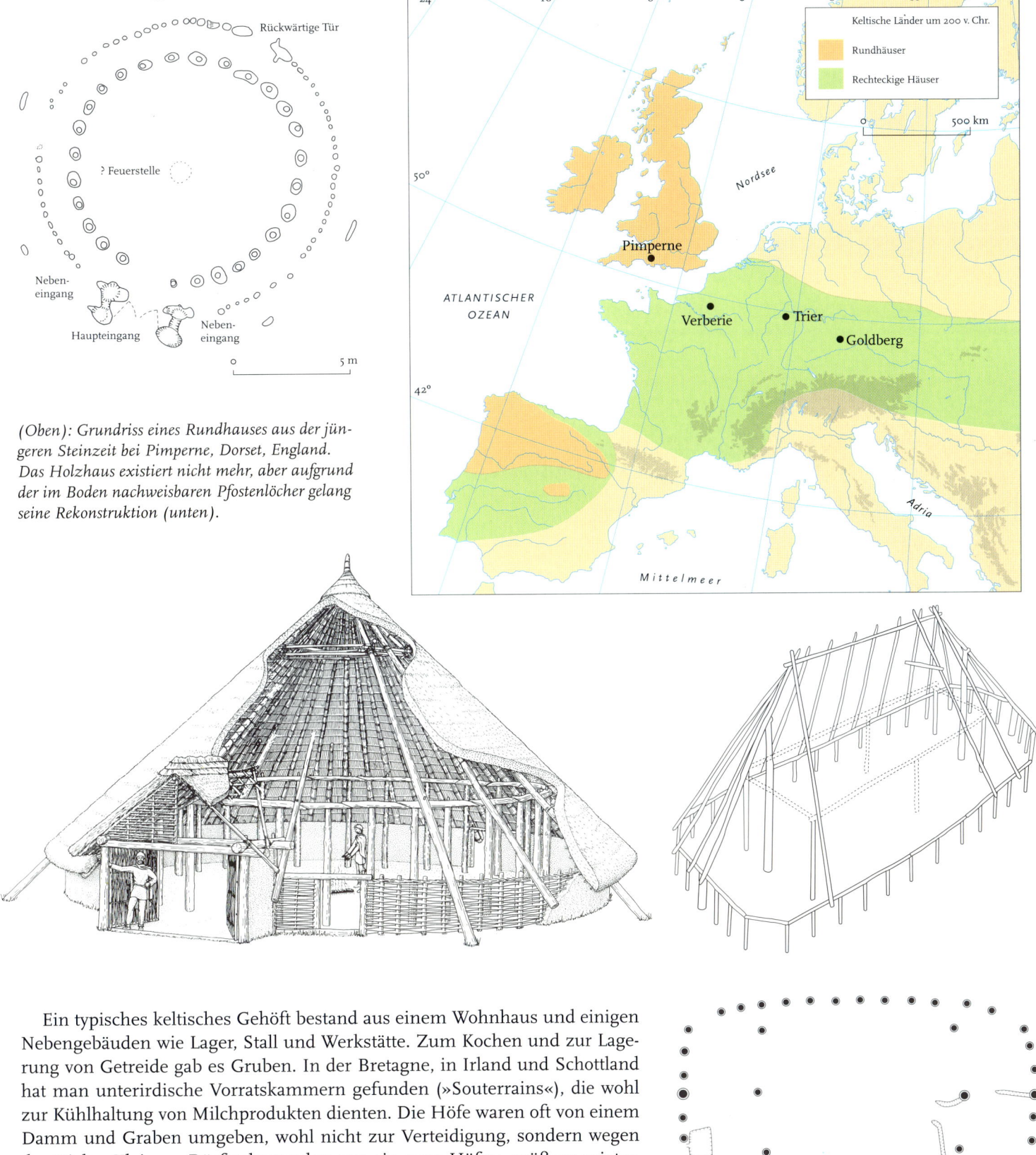

(Oben): Grundriss eines Rundhauses aus der jüngeren Steinzeit bei Pimperne, Dorset, England. Das Holzhaus existiert nicht mehr, aber aufgrund der im Boden nachweisbaren Pfostenlöcher gelang seine Rekonstruktion (unten).

Rückwärtige Tür

? Feuerstelle

Neben-eingang

Haupteingang

Neben-eingang

5 m

Keltische Länder um 200 v. Chr.

Rundhäuser

Rechteckige Häuser

500 km

Nordsee

Pimperne

ATLANTISCHER OZEAN

Verberie

Trier

Goldberg

Adria

Mittelmeer

Ein typisches keltisches Gehöft bestand aus einem Wohnhaus und einigen Nebengebäuden wie Lager, Stall und Werkstätte. Zum Kochen und zur Lagerung von Getreide gab es Gruben. In der Bretagne, in Irland und Schottland hat man unterirdische Vorratskammern gefunden (»Souterrains«), die wohl zur Kühlhaltung von Milchprodukten dienten. Die Höfe waren oft von einem Damm und Graben umgeben, wohl nicht zur Verteidigung, sondern wegen des Viehs. Kleinere Dörfer bestanden aus ein paar Höfen, größere zeigten schon hierarchische Strukturen, was sich in ihrer planvollen Anlage, den großen »Herrenhäusern« und Gemeinschaftsgebäuden ausdrückte.

5 m

Rekonstruktion (oben) und Grundriss (unten) eines Hauses aus Verberie, Oise, Frankreich.

Handelswege im keltischen Europa

Für Handel und Tausch gab es im keltischen Europa nicht die wirtschaftliche Notwendigkeit wie für den Import bestimmter Rohstoffe: Handelswaren versorgten vor allem die Oberschicht mit Luxusgütern, mit denen diese ihren Rang, ihre Macht und ihren Einfluss zur Schau stellen konnte.

WÄHREND DER EISENZEIT war die Wirtschaft im keltischen Europa vorwiegend eine Subsistenzwirtschaft. Die Bauern waren Selbstversorger, die ihren Bedarf an Nahrung, Kleidung und Tonwaren herstellten. Für regen Handel und Tausch sorgten allein die Bedürfnisse der Oberschicht, die über den Mehrertrag der Landbevölkerung verfügte. Indem sie mit ihrem materiellen Reichtum prunkte, mit Schmuck, prächtigen Waffen, Panzern und Luxusgütern, konnte die keltische Elite ihren Rang zur Geltung bringen. Für sie mussten Waren, insbesondere Wein aus den Mittelmeerländern, und Rohstoffe eingeführt werden, die die einheimischen Handwerker verarbeiteten. Der Genuss von Wein verschaffte ein so hohes Prestige, dass die keltische Oberschicht auch die dazugehörenden mediterranen Gefäße besitzen wollte – etruskische Weinkrüge aus Bronze und griechische Keramikbecher. Die keltische Oberschicht in Germanien, Gallien und Südbritannien pflegte schon vor der römischen Eroberung einen romanisierten Lebensstil.

Die wichtigsten Handelszentren waren die Hügelfestungen und später die *Oppida*, denn hier lebte die Oberschicht, die an den exotischen Gütern interessiert war. Und das Schicksal der Handelswege hing von diesen Zentren ab. In der jüngeren Eisenzeit betrieben vor allem die westlichen Hallstattfürstentümer über die Rhône-Route einen florierenden Handel mit Marseille. Mit ihrem Niedergang um 500 v. Chr. und dem zunehmenden Einfluss der La-Tène-Fürstensitze im Norden und Osten gewannen die transalpinen Routen von Italien an Bedeutung. Der Fernhandel wurde von Zwischenhändlern abgewickelt. Z. B. ging der im 1. Jh. v. Chr. in Britannien eingeführte italienische Wein durch die Hände mehrerer römischer und keltischer Händler.

Der blühende Handel mit dem Mittelmeerraum führte in der späten Eisenzeit zur Verbreitung des Münzwesens. Nach der Eroberung durch die Römer verloren die alten Handelsrouten ihre Bedeutung; so verlagerte sich die wichtigste Handelsroute nach Britannien vom Atlantik zur südlichen Nordsee. Den-noch nahm der Wohlstand der keltischen Länder unter römischer Herrschaft zu.

Fässer, eine Erfindung der Kelten, waren stabiler als Tonamphoren und hatten auch mehr Fassungsvermögen. Das abgebildete Fass stammt aus römischer Zeit und wurde im Rheinland entdeckt.

Goldenes Bootsmodell aus Broighter in Nordirland, 1. Jh. v. Chr. Die ersten Segelschiffe in Nordeuropa setzten die Kelten ein. Dieses Modell verfügt zusätzlich über sieben Ruderpaare.

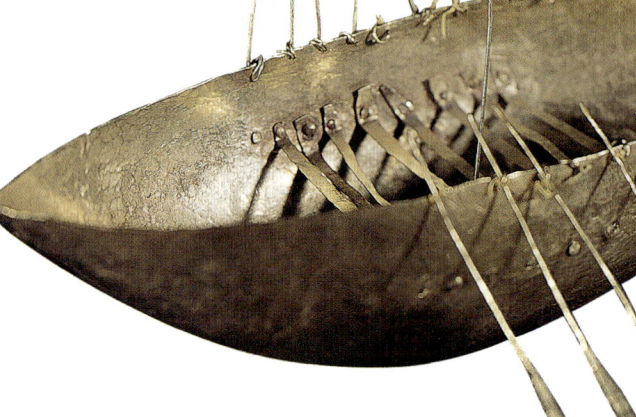

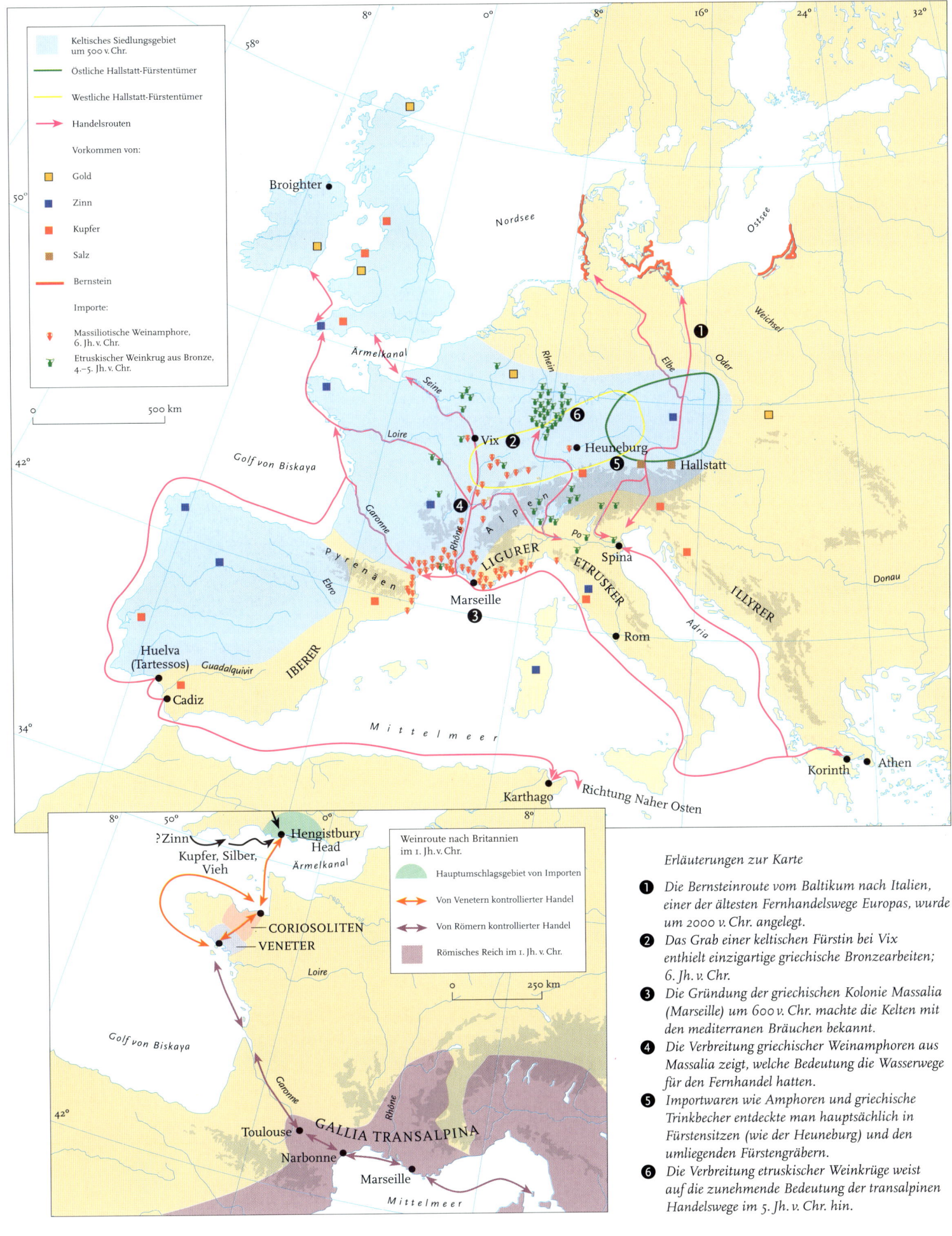

Legend (top left)

Keltisches Siedlungsgebiet um 500 v. Chr.

Östliche Hallstatt-Fürstentümer

Westliche Hallstatt-Fürstentümer

Handelsrouten

Vorkommen von:

Gold

Zinn

Kupfer

Salz

Bernstein

Importe:

Massiliotische Weinamphore, 6. Jh. v. Chr.

Etruskischer Weinkrug aus Bronze, 4.–5. Jh. v. Chr.

500 km

Map labels

Broighter

Nordsee

Ostsee

Weichsel

Ärmelkanal

Seine

Rhein

Elbe

Oder

Loire

Vix

Heuneburg

Hallstatt

Golf von Biskaya

Garonne

Rhône

Alpen

LIGURER

ETRUSKER

Po

Spina

Donau

ILLYRER

Adria

Pyrenäen

Ebro

Marseille

Rom

Huelva (Tartessos)

Guadalquivir

IBERER

Cadiz

Mittelmeer

Karthago

Richtung Naher Osten

Korinth

Athen

Inset map (bottom left)

?Zinn

Kupfer, Silber, Vieh

Hengistbury Head

Ärmelkanal

CORIOSOLITEN

VENETER

Loire

Golf von Biskaya

Garonne

Rhône

GALLIA TRANSALPINA

Toulouse

Narbonne

Marseille

Mittelmeer

Weinroute nach Britannien im 1. Jh. v. Chr.

Hauptumschlagsgebiet von Importen

Von Venetern kontrollierter Handel

Von Römern kontrollierter Handel

Römisches Reich im 1. Jh. v. Chr.

250 km

Erläuterungen zur Karte

❶ Die Bernsteinroute vom Baltikum nach Italien, einer der ältesten Fernhandelswege Europas, wurde um 2000 v. Chr. angelegt.

❷ Das Grab einer keltischen Fürstin bei Vix enthielt einzigartige griechische Bronzearbeiten; 6. Jh. v. Chr.

❸ Die Gründung der griechischen Kolonie Massalia (Marseille) um 600 v. Chr. machte die Kelten mit den mediterranen Bräuchen bekannt.

❹ Die Verbreitung griechischer Weinamphoren aus Massalia zeigt, welche Bedeutung die Wasserwege für den Fernhandel hatten.

❺ Importwaren wie Amphoren und griechische Trinkbecher entdeckte man hauptsächlich in Fürstensitzen (wie der Heuneburg) und den umliegenden Fürstengräbern.

❻ Die Verbreitung etruskischer Weinkrüge weist auf die zunehmende Bedeutung der transalpinen Handelswege im 5. Jh. v. Chr. hin.

Keltenstaaten in Gallien, späte Eisenzeit

200–58 v. Chr.

Zur Zeit Cäsars unterteilten die Römer Gallien in zwei große Regionen: im Süden die romanisierte, d.h. »zivilisierte« Provincia Romana, nördlich davon Gallia Comata, das barbarische »langhaarige« Gallien, wie es die Römer abfällig nannten. In Wirklichkeit hatte Gallia Comata eine blühende Landwirtschaft und seine Stämme begannen sich als Staaten zu organisieren. Aber die römische Eroberung verhinderte, dass sich eine urbane Zivilisation in Gallien entwickeln konnte.

KELTISCH SPRECHENDE VÖLKER hatten sich schon früher in Gallien niedergelassen, doch erst mit der Gründung von Städten wie Massalia (Marseille; lateinisch Massilia) durch griechische Kolonisten um 600 v. Chr. kamen die Kelten mit den Kulturen des Mittelmeerraums in Kontakt. Massalia trieb Handel über den Rhône-Handelsweg mit den Hallstattfürstentümern Mittelgalliens; man tauschte griechische Luxuswaren wie Wein und Trinkgefäße gegen Sklaven und Zinn aus Britannien. Die Griechen hatten einen starken Einfluss auf die keltischen und keltoligurischen Stämme an der Mittelmeerküste. Die Landwirtschaft Südgalliens bekam mediterrane Züge, da man nun nach griechischem Vorbild Reben und Olivenbäume kultivierte und den eigenen Bedarf an Wein und Öl selbst deckte. Im 2. Jh. v. Chr. entwickelte sich das saluvische *Oppidum* von Entremont zu einer typisch griechischen Stadt mit Verteidigungsmauern wie bei den Küstenstädten Griechenlands. Immer mehr planvoll angelegte Städte entstanden; die Saluvier und andere Stämme lernten die klassische Bildhauerei und führten das griechische, später das lateinische Alphabet ein. Im 2. Jh. v. Chr. hatten die Römer das Gebiet erobert und einfach »Die Provinz« *(Provincia)* genannt, woraus später der Name *Provence* hervorging.

Der mediterrane Einfluss spielte aber bei der Staatenbildung im Inneren Galliens kaum eine Rolle. Die Entwicklung zu staatlicher Organisation wurde hier viel eher durch die stetig wachsende Bevölkerung und die blühende Landwirtschaft angestoßen, durch die der Handel und die Zahl der *Oppida* zunahmen. Außer in der dünn besiedelten Bretagne entstanden überall Weiler und Dörfer, und die Bevölkerungsdichte auf dem Land entsprach schon bald jener von heute. Südlich der Loire war die Entwicklung zum Staat am weitesten fortgeschritten. Bereits im 1. Jh. v. Chr. wurden durch die *Oppida* dieser Region, z.B. Bibracte und Alesia, das Steuerwesen, das Handwerk und der Fernhandel zentral geregelt. Auch hatten sich hier schon politische Institutionen herausgebildet, z.B. die gewählten Magistrate nach römischem Vorbild. Und wie in Rom kam es auch in den *Oppida* zu politischen Machtkämpfen. Aber diese Kleinstaaten waren immerhin so fortschrittlich, Steuern zu erheben, mit Lagerhaltung vorzusorgen, Münzen zu prägen und Volkszählungen durchzuführen; und sie gründeten sich nicht auf ein bestimmtes Territorium, sondern auf Stamm und Verwandtschaft. Sie konnten fortziehen und sich woanders niederlassen. Damit einher gingen Veränderungen im religiösen Leben. Tempel aus dem 1. Jh. v. Chr. wie in Ribemont deuten darauf hin, dass die Religionsausübung geregelte Formen annahm, während (außer bei den Belgern im Norden) gleichzeitig die traditionellen Beerdigungsriten verschwanden.

Statue eines gallischen Adligen mit Torques und Kettenhemd. Vachères, Südfrankreich, Ende 1. Jh. v. Chr.

Erläuterungen zur Karte

❶ *Germanenstämme begannen im 1. Jh. v. Chr. am Westufer des Rheins zu siedeln.*

❷ *Die Gründung der Provincia Romana begann mit der Unterwerfung der Saluvier 124 v. Chr.*

❸ *Die Häduer wurden von einem gewählten Anführer (Vergobret) von Bibracte aus regiert. Das Amt durfte nicht innerhalb einer Familie weitergegeben werden.*

❹ *Der König der Nervier wurde von einem »Senat« von 300 Adligen beraten.*

❺ *Keltische Stämme waren nicht ortsgebunden: Die Helvetier hatten bis um 100 v. Chr. nordöstlich des Rheins gelebt. 58 v. Chr. versuchten sie, in das Gebiet der Arverner umzusiedeln.*

Widmung in griechischer Schrift an den Donnergott Taranis, einer jener Götter, denen Menschen geopfert wurden. Orgon, Südfrankreich.

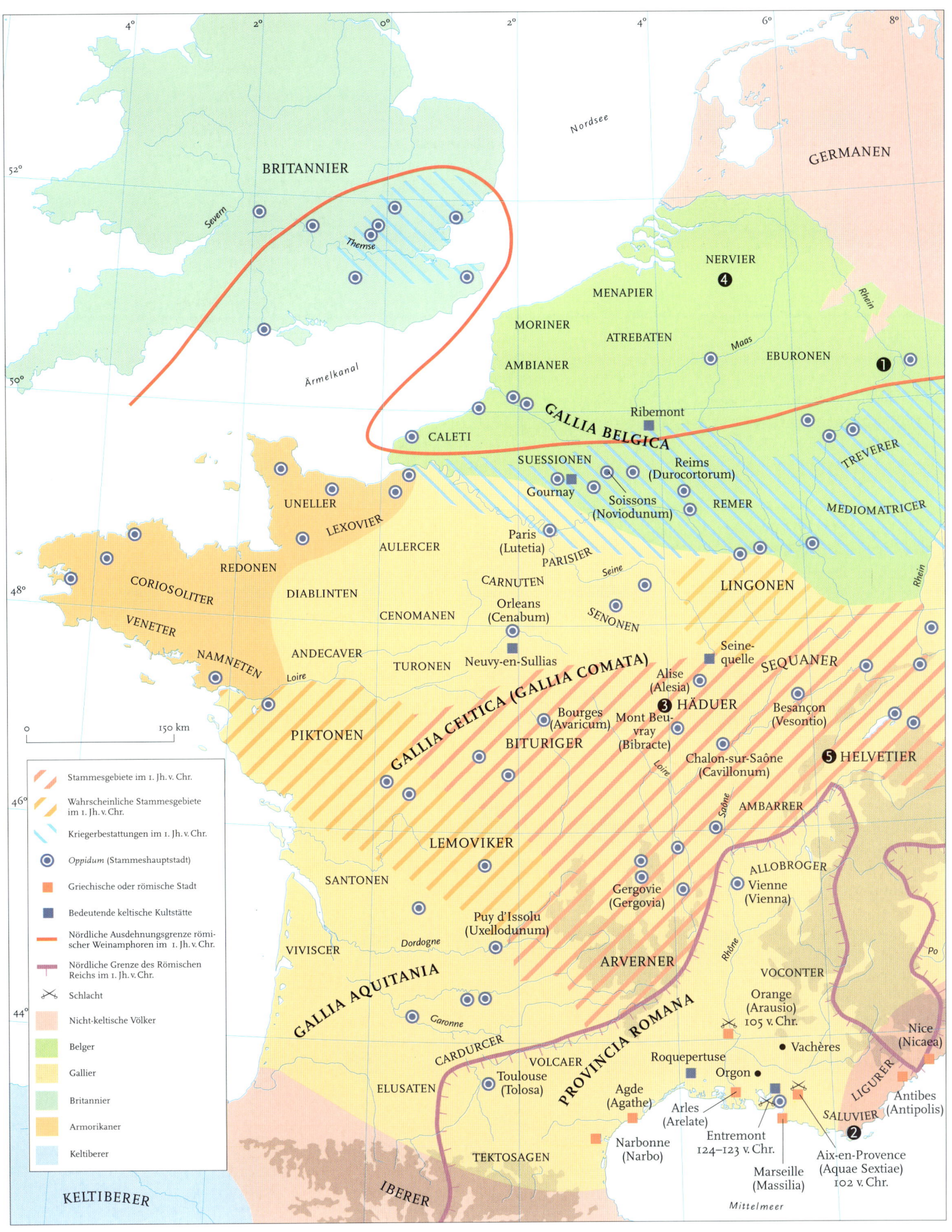

Nordsee

GERMANEN

BRITANNIER

Severn

Themse

NERVIER
❹

MENAPIER

MORINER

ATREBATEN

EBURONEN
❶

Ärmelkanal

AMBIANER

Maas

Ribemont

GALLIA BELGICA

Rhein

CALETI

TREVERER

SUESSIONEN

Reims
(Durocortorum)

Gournay

Soissons
(Noviodunum)

REMER

MEDIOMATRICER

UNELLER

LEXOVIER

Paris
(Lutetia)

PARISIER

Seine

LINGONEN

REDONEN

AULERCER

CARNUTEN

Rhein

CORIOSOLITER

DIABLINTEN

Orleans
(Cenabum)

SENONEN

Seine-
quelle

SEQUANER

VENETER

CENOMANEN

Alise
(Alesia)

NAMNETEN

ANDECAVER

TURONEN

Neuvy-en-Sullias

GALLIA CELTICA (GALLIA COMATA)

❸ HÄDUER

Besançon
(Vesontio)

Loire

Bourges
(Avaricum)

Mont Beu-
vray
(Bibracte)

PIKTONEN

BITURIGER

Chalon-sur-Saône
(Cavillonum)

❺ HELVETIER

Loire

LEMOVIKER

Saône

AMBARRER

SANTONEN

Gergovie
(Gergovia)

ALLOBROGER

Vienne
(Vienna)

Puy d'Issolu
(Uxellodunum)

VIVISCER

Dordogne

ARVERNER

VOCONTER

Rhône

Po

GALLIA AQUITANIA

Garonne

Orange
(Arausio)
105 v. Chr.

Nice
(Nicaea)

CARDURCER

VOLCAER

• Vachères

LIGURER

Toulouse
(Tolosa)

PROVINCIA ROMANA

Roquepertuse

Orgon •

ELUSATEN

Agde
(Agathe)

Antibes
(Antipolis)

Arles
(Arelate)

Entremont
124–123 v. Chr.

SALUVIER
❷

Narbonne
(Narbo)

Marseille
(Massilia)

Aix-en-Provence
(Aquae Sextiae)
102 v. Chr.

TEKTOSAGEN

KELTIBERER

IBERER

Mittelmeer

Legend:

- Stammesgebiete im 1. Jh. v. Chr.
- Wahrscheinliche Stammesgebiete im 1. Jh. v. Chr.
- Kriegerbestattungen im 1. Jh. v. Chr.
- ◉ *Oppidum* (Stammeshauptstadt)
- ■ Griechische oder römische Stadt
- ■ Bedeutende keltische Kultstätte
- — Nördliche Ausdehnungsgrenze römischer Weinamphoren im 1. Jh. v. Chr.
- ⧟ Nördliche Grenze des Römischen Reichs im 1. Jh. v. Chr.
- ⚔ Schlacht
- Nicht-keltische Völker
- Belger
- Gallier
- Britannier
- Armorikaner
- Keltiberer

0 ___ 150 km

Die römische Eroberung Galliens (I)

58–55 v. Chr.

Die Plünderung Roms durch die Gallier 390 v. Chr. hatte die Römer ins Mark getroffen und das Volk in ständiger Angst vor den Barbaren aus dem Norden gelassen. Das wusste der ehrgeizige Feldherr Julius Cäsar zu nutzen. Er behauptete, die Eroberung Galliens sei notwendig, um Rom vor seinem grausamsten Feind zu schützen.

IM 1. JH. V. CHR. GALT ES als eine ausgemachte Sache, dass Gallien Ziel der Expansionspolitik Roms sein müsse. Mit seiner staatlichen, urbanen und landwirtschaftlichen Entwicklung wurde Gallien der von Rom beherrschten mediterranen Welt immer ähnlicher. Eine Einverleibung Galliens ins Römische Reich versprach nicht nur Profit, sondern war auch politisch geboten. Das 1. Jh. v. Chr. brachte Rom noch nie da gewesene politische Unruhen, als das republikanische Regierungssystem im Machtkampf skrupelloser Aristokraten unterging. Der sicherste Weg zur Macht war der militärische Erfolg. Er garantierte Ruhm und Ehre, die Unterstützung der Armee und Reichtum aus dem Verkauf von Beute und Sklaven. Antrieb römischer Expansion war weniger ein imperialistisches Gesamtkonzept, als der Machtkampf im Inneren.

Julius Cäsar, neu ernannter Statthalter von Gallia Transalpina, hatte in erster Linie seine politische Karriere im Sinn und suchte bloß nach einem Vorwand, Gallien zu erobern. Den lieferten ihm die Helvetier, ein Volk im Gebiet der heutigen Schweiz, als es 58 v. Chr. nach Westen aufbrach, um am Golf von Biskaya zu siedeln. Damit waren nämlich die politische Stabilität Galliens und der profitable Handel mit Rom gefährdet. Cäsar trieb die Helvetier mit militärischer Gewalt zurück. Zur selben Zeit baten die mit Rom verbündeten Häduer um Militärhilfe, denn die Sueben, ein von Ariovist geführter Germanenstamm, hatten gerade den Rhein überquert. Auch diese besiegte Cäsar und trieb sie über den Rhein zurück, ließ aber seine Truppen dort – wahrscheinlich hatte er längst beschlossen, ganz Gallien zu erobern. Im folgenden Jahr schlug er die Belger im Nordosten in mehreren Feldschlachten. Daraufhin wichen die Gallier dem offenen Kampf aus, es kam zu Belagerungen und einer Strategie der verbrannten Erde. 56 v. Chr. griff Cäsar Armorika und Aquitanien an, und schon 55 konnte er die Britannier und Germanen militärisch in Schach halten, so dass sie sich nicht trauten, in Gallien zu intervenieren.

Cäsars Strategie war wohl von wirtschaftlichen Interessen bestimmt: Das politisch und wirtschaftlich fortschrittliche Kernland Galliens blieb als wichtiger Handelspartner Roms verschont, während die Feldzüge an der Kanalküste und gegen die Veneter wohl das Ziel hatten, den Handel mit Britannien zu kontrollieren.

Besiegte Gallier in Ketten. Relief auf dem römischen Triumphbogen von Carpentras, Vaucluse, Frankreich, 1. Jh. n. Chr.

Erläuterungen zur Karte

❶ *Wie Cäsar berichtet, überlebten von den 386 000 Helvetiern, die nach Westen aufbrachen, nur ein Drittel und kehrten in ihr Stammesgebiet zurück.*

❷ *Die Remer waren Roms treuste Verbündete in Gallien und blieben während des Gallischen Krieges loyal.*

❸ *Die Nervier wurden vernichtend geschlagen und verloren 60 000 Mann, als sie die Römer beim Überqueren der Sambre in einen Hinterhalt gelockt hatten.*

❹ *Im Zuge einer Strafaktion gegen die Germanen ließ Cäsar in 10 Tagen eine Brücke über den Rhein bauen.*

❺ *In der frühesten bekannten Seeschlacht in nördlichen Gewässern besiegten die Galeeren der Römer die Segelschiffe der Veneter.*

Der Mont Beuvray, Saône-et-Loire, Frankreich. Als Cäsar in Gallien Krieg führte, befand sich dort das Oppidum Bibracte, die Hauptstadt der Häduer.

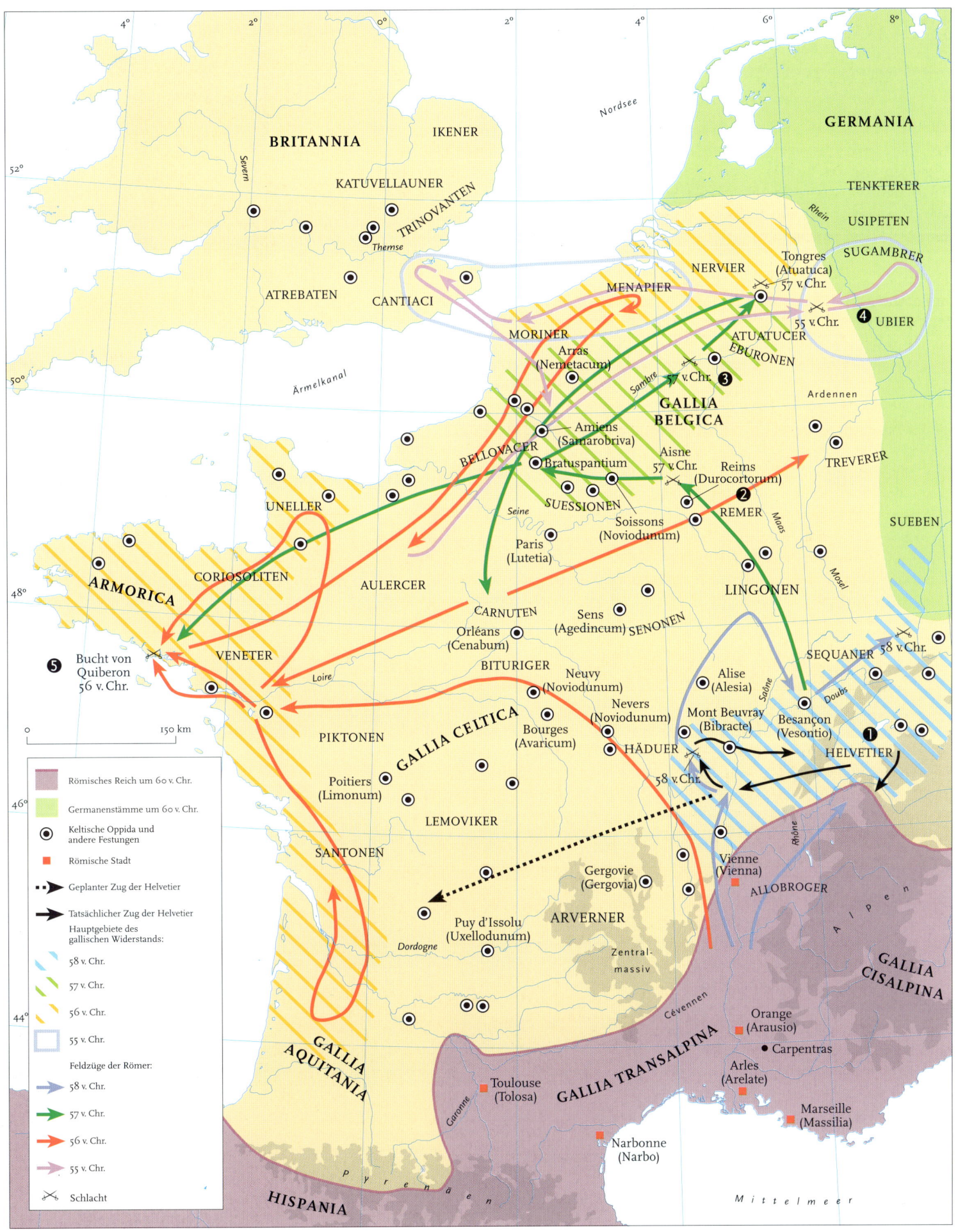

BRITANNIA

IKENER

KATUVELLAUNER

TRINOVANTEN

Themse

ATREBATEN

CANTIACI

Severn

Ärmelkanal

Nordsee

GERMANIA

TENKTERER

USIPETEN

Rhein

SUGAMBRER

Tongres
(Atuatuca)
57 v. Chr.

55 v. Chr.

❹ UBIER

NERVIER

MENAPIER

MORINER

Arras
(Nemetacum)

Sambre

57 v. Chr. **❸**

ATUATUCER

EBURONEN

Ardennen

GALLIA
BELGICA

TREVERER

Amiens
(Samarobriva)

BELLOVACER

Bratuspantium

Seine

SUESSIONEN

Paris
(Lutetia)

Aisne
57 v. Chr.

Reims
(Durocortorum)

REMER

Maas

❷

SUEBEN

Mosel

Soissons
(Noviodunum)

LINGONEN

UNELLER

CORIOSOLITEN

ARMORICA

VENETER

❺ Bucht von
Quiberon
56 v. Chr.

AULERCER

Loire

CARNUTEN

Orléans
(Cenabum)

Sens
(Agedincum) SENONEN

BITURIGER

Neuvy
(Noviodunum)

Bourges
(Avaricum)

Nevers
(Noviodunum)

HÄDUER

Alise
(Alesia)

Saône

Mont Beuvray
(Bibracte)

58 v. Chr.

Besançon
(Vesontio)

SEQUANER 58 v. Chr.

Doubs

❶

HELVETIER

GALLIA CELTICA

PIKTONEN

Poitiers
(Limonum)

LEMOVIKER

SANTONEN

Gergovie
(Gergovia)

ARVERNER

Puy d'Issolu
(Uxellodunum)

Dordogne

Zentral-
massiv

Rhône

Vienne
(Vienna)

ALLOBROGER

Alpen

GALLIA
CISALPINA

Cévennen

GALLIA
AQUITANIA

GALLIA TRANSALPINA

Toulouse
(Tolosa)

Garonne

Orange
(Arausio)

• Carpentras

Arles
(Arelate)

Marseille
(Massilia)

Narbonne
(Narbo)

Pyrenäen

HISPANIA

Mittelmeer

0 ——— 150 km

Legend

Römisches Reich um 60 v. Chr.

Germanenstämme um 60 v. Chr.

⊙ Keltische Oppida und
andere Festungen

■ Römische Stadt

▪▪▪▶ Geplanter Zug der Helvetier

——▶ Tatsächlicher Zug der Helvetier

Hauptgebiete des
gallischen Widerstands:

58 v. Chr.

57 v. Chr.

56 v. Chr.

55 v. Chr.

Feldzüge der Römer:

58 v. Chr.

57 v. Chr.

56 v. Chr.

55 v. Chr.

⚔ Schlacht

Die römische Eroberung Galliens (II)

Anfang 54 v. Chr. glaubte Cäsar, dass der Widerstand Galliens gebrochen sei, und rüstete zu einem zweiten Angriff auf Britannien. War dieser Feldzug auch eine eindrucksvolle Machtdemonstration, so brachte er Cäsar kaum Vorteile, im Gegenteil: Während seiner Abwesenheit probten die Gallier den Aufstand.

ENDE 54 HATTEN SICH DIE BELGER erhoben und unter der klugen Führung von Ambiorix eineinhalb römische Legionen bei Atuatuca (Tongeren) in einen Hinterhalt gelockt und niedergemetzelt. 53 v. Chr. konnte Cäsar die Belger zwar schlagen, aber ihrem Beispiel folgend erhob sich nun ganz Mittelgallien unter dem Arvernerführer Vercingetorix. Die Region galt bis dahin als ruhig, und im Glauben, sie sei befriedet, hatte Cäsar seine Legionen im Norden gegen die Belger zusammengezogen und war wegen dringender Amtsgeschäfte nach Rom zurückgekehrt.

Vercingetorix nutzte die Gunst der Stunde und fiel Ende 53 im Süden in die römische Provinz ein. Sein Plan war, Cäsar im Süden zu beschäftigen und gleichzeitig die im Norden verbliebenen Legionen zu vernichten. Cäsar aber reagierte blitzschnell. Er jagte Vercingetorix aus der Provinz, überquerte im Januar 52 die verschneiten Cevennen und griff die völlig überraschten Arverner an. Nun saß Vercingetorix im Süden fest, während Cäsar nach Norden eilte, wo er bei Sens auf seine Legionen stieß.

Die nächsten Monate sollten die Entscheidung bringen. Cäsar wollte die Gallier zur offenen Feldschlacht zwingen; er ließ ihre *Oppida* belagern und, wenn sie fielen, die Einwohner abschlachten oder in die Sklaverei führen. Vercingetorix kämpfte mit der Strategie der verbrannten Erde und hoffte, die Römer auszuhungern und zum Rückzug zu zwingen. Als sich auch die Häduer erhoben und die Römer die Belagerung Gergovias aufgeben mussten, schien der Triumph der Gallier zum Greifen nah. Aber mit seinem Sieg an der Vingeanne über die Reiterei des Vercingetorix war Cäsar wieder Herr der Lage. Vercingetorix floh ins *Oppidum* Alesia, das die Römer sofort belagerten. Trotz heldenhafter Versuche, den Belagerungsring von innen und durch gallische Entsatztruppen von außen zu brechen, musste sich Vercingetorix im Oktober 52 geschlagen geben. Der Widerstand in Gallien war endgültig gebrochen und Ende 51 war ganz Gallien befriedet.

Obwohl die gallischen Krieger den römischen Legionen meist zahlenmäßig überlegen waren und mit dem Mut der Verzweiflung gekämpft hatten, mussten sie am Ende unterliegen. Die römischen Soldaten wurden geschickter geführt, waren besser ausgebildet und ausgerüstet als ihre Gegner, aber entscheidend für den Sieg der Römer war der völlig unorganisierte Widerstand der Gallier: Niemals standen die Römer den vereinten Kräften aller Gallier gegenüber, die sich nicht als ein Volk begriffen, die sich wegen alter Stammesrivalitäten gegenseitig schwächten, statt sich im Widerstand gegen die römische Fremdherrschaft zusammenzuschließen. Auch Vercingetorix war es nicht gelungen, im entscheidenden Moment alle Gallier gegen Rom zu einen.

Goldmünze der Arverner mit dem Kopf des gallischen Feldherrn Vercingetorix. 52 v. Chr. in Alesia gefangen genommen, wurde er beim Triumphzug Cäsars 44 v. Chr. hingerichtet.

Erläuterungen zur Karte

❶ *Ambiorix führte 53 v. Chr. den Belgeraufstand an; er war Oberhaupt der Eburonen, einer jener Stämme, die sich Rom zuletzt ergaben.*

❷ *Der Aufstand des Vercingetorix begann mit einem Massaker unter römischen Kaufleuten in Cenabum.*

❸ *Bis auf 800 wurden alle 40 000 Einwohner von Avaricum von den Römern abgeschlachtet, als ihr Oppidum 52 v. Chr. fiel.*

❹ *Cäsar umschloss Alesia mit einem Belagerungsring von 22,5 Kilometern Länge: Ein innerer Ring verhinderte den Ausbruch der Belagerten, ein äußerer hielt Entsatztruppen der Gallier ab.*

❺ *Als letztes gallisches Bollwerk fiel Uxellodunum. Den gefangenen Verteidigern wurden die Hände abgehackt.*

Das auf einem Hügel gelegene Oppidum von Alesia. Auch wenn noch ein ganzes Jahr lang Widerstand geleistet wurde, war mit der Einnahme Alesias durch Cäsar die Entscheidung im Gallischen Krieg gefallen.

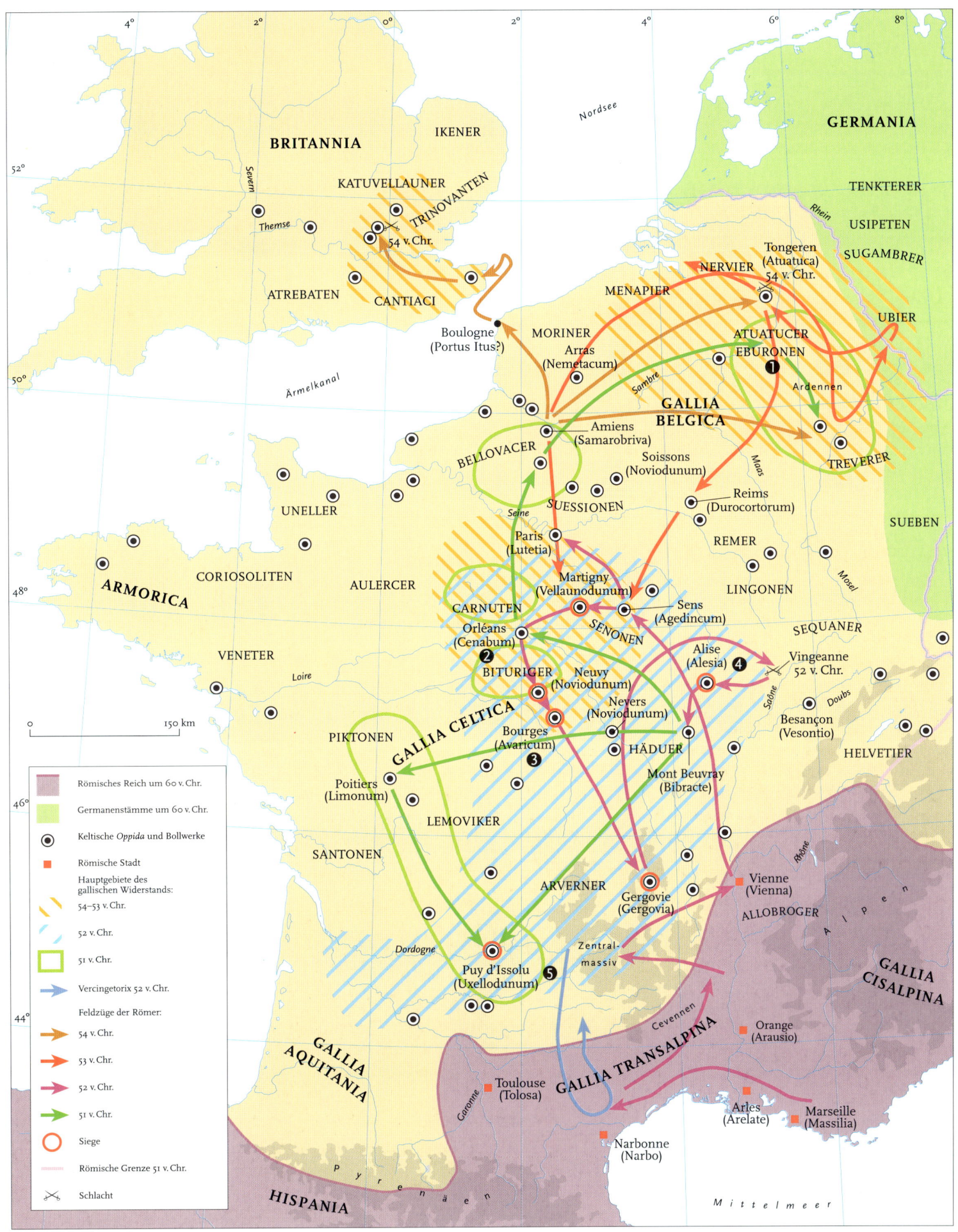

Map labels

Water bodies / regions:
Nordsee
GERMANIA
BRITANNIA
IKENER
Severn
Themse
KATUVELLAUNER
TRINOVANTEN
54 v. Chr.
ATREBATEN
CANTIACI
Ärmelkanal
Boulogne (Portus Itus?)
TENKTERER
USIPETEN
SUGAMBRER
Rhein
NERVIER
Tongeren (Atuatuca) 54 v. Chr.
UBIER
MENAPIER
MORINER
Arras (Nemetacum)
ATUATUCER
EBURONEN ❶
Ardennen
Sambre
GALLIA BELGICA
TREVERER
Amiens (Samarobriva)
Soissons (Noviodunum)
Maas
Reims (Durocortorum)
BELLOVACER
SUESSIONEN
SUEBEN
UNELLER
Seine
Paris (Lutetia)
Martigny (Vellaunodunum)
Sens (Agedincum)
SENONEN
REMER
LINGONEN
Mosel
SEQUANER
ARMORICA
CORIOSOLITEN
AULERCER
CARNUTEN
Orléans (Cenabum) ❷
BITURIGER
Neuvy (Noviodunum)
Alise (Alesia) ❹
Vingeanne 52 v. Chr.
VENETER
Loire
GALLIA CELTICA
Nevers (Noviodunum)
Saône
Doubs
Besançon (Vesontio)
HELVETIER
PIKTONEN
Bourges (Avaricum) ❸
HÄDUER
Mont Beuvray (Bibracte)
Poitiers (Limonum)
LEMOVIKER
SANTONEN
ARVERNER
Gergovie (Gergovia)
Vienne (Vienna)
Rhône
ALLOBROGER
Alpen
GALLIA CISALPINA
Zentralmassiv
Dordogne
Puy d'Issolu (Uxellodunum) ❺
Cevennen
GALLIA TRANSALPINA
Orange (Arausio)
GALLIA AQUITANIA
Garonne
Toulouse (Tolosa)
Arles (Arelate)
Marseille (Massilia)
Narbonne (Narbo)
P y r e n ä e n
HISPANIA
M i t t e l m e e r

Legend

- Römisches Reich um 60 v. Chr.
- Germanenstämme um 60 v. Chr.
- ◉ Keltische *Oppida* und Bollwerke
- ■ Römische Stadt
- Hauptgebiete des gallischen Widerstands:
  - 54–53 v. Chr.
  - 52 v. Chr.
  - 51 v. Chr.
- Vercingetorix 52 v. Chr.
- Feldzüge der Römer:
  - 54 v. Chr.
  - 53 v. Chr.
  - 52 v. Chr.
  - 51 v. Chr.
- ○ Siege
- Römische Grenze 51 v. Chr.
- ⚔ Schlacht

0 — 150 km

Die Gallier unter römischer Herrschaft

50 v. Chr.–260 n. Chr.

Erläuterungen zur Karte

❶ Der Bataverführer Julius Civilis rebellierte 69 n. Chr. und versuchte ein unabhängiges »Reich der Gallier« zu errichten.

❷ Während der Regierungszeit Kaiser Claudius', 41–54 n. Chr., wurden adlige Häduer die ersten gallischen Mitglieder des Senats von Rom.

❸ Ribemont war eine der vielen Kultstätten der Eisenzeit, die die Kelten noch in der Römerzeit nutzten.

❹ Der Altar in Lugdunum war die Zentralstätte des römischen Glaubens in Gallien und Symbol der Loyalität zum Reich.

❺ Unter römischer Herrschaft entwickelte sich die Region um Bordeaux zu einem Zentrum der Weinproduktion.

Durch die römische Herrschaft änderte sich vieles in Gallien. Die Gallier selbst, insbesondere die Aristokratie, pflegten schon bald einen romanisierten Lebensstil und übernahmen die lateinische Sprache. Aber sie hielten auch an den Traditionen ihrer Kultur und ihrem alten Glauben fest, und das zeigte sich schließlich in ihrem spezifisch galloromanischen Selbstverständnis.

DER GALLISCHE KRIEG hatte schreckliche Verwüstungen hinterlassen; die Befriedung Galliens verlief nun rasch. 27 v. Chr. gliederten die Römer die eroberten Gebiete in drei Provinzen, nämlich die Tres Gallia (»Drei Gallien«): Belgica, Lugdunensis und Aquitania (im 1. Jh. n. Chr. wurden aus Teilen von Belgica und Lugdunensis die neuen Provinzen Germania Superior und Germania Inferior gebildet). Im Unterschied zu der südlichen Provinz Narbonensis, die seit dem 2. Jh. v. Chr. unter römischer Herrschaft stand, wurden die Tres Gallia nie vollständig romanisiert. Wegen einiger Aufstände im 1. Jh. n. Chr., von denen keiner große Unterstützung fand, misstrauten die Römer den Galliern weiterhin, was ihrer vollständigen Integration im Wege stand.

Die Tres Gallia wurden in *Civitates* (Verwaltungsbezirke) untergliedert, die den alten Stammesgebieten entsprachen, außerdem wurden nach römischem Vorbild politische Institutionen eingeführt, z.B. der gewählte Magistrat. Die gallischen Aristokraten, die die Ämter bekleideten, erhielten römisches Bürgerrecht. Das römische Gallien wurde also weitgehend von Galliern regiert. Hauptstädte der *Civitates* wurden meist die *Oppida* der ehemaligen Stammesgebiete; lag ein *Oppidum* aber ungünstig, z.B. auf einem Berg, wurde kurzerhand eine neue Stadt in der Nähe gegründet. Um die Romanisierung voranzutreiben, erhielten die Hauptstädte alle Annehmlichkeiten römischen Stadtlebens: Amphitheater, Straßen, Aquädukte und Bäder. Auch durch Kriegsdienst konnten die Gallier römisches Bürgerrecht erwerben, wofür sich viele entschieden, versprach dieser doch Ansehen, welches sonst nur durch Stammesfehden zu gewinnen war. Aus römischem Kriegsdienst entlassene Gallier waren mit der Lebensart und Sprache der Römer vollkommen vertraut. Kaiser Claudius

Ein Altar der Matronae Aufaniae, eine Triade von Muttergöttinnen, die nur im Rheinland angebetet wurden. Die künstlerische Ausführung und die Nennung von Quettius Severus, eines hohen Beamten in Köln, zeigt die Achtung, die die unter römischer Oberherrschaft stehende Aristokratie der keltischen Religion entgegenbrachte.

Teil eines bronzenen Kalenderfragments aus Coligny, Frankreich, 1. Jh. v. Chr.–1. Jh. n. Chr. Statt mit Tagen rechnet der Kalender mit Nächten und listet für verschiedene Tätigkeiten astrologisch günstige und ungünstige Zeiten auf. Die Schrift ist römisch, aber die Sprache ist Gallisch.

Die Drei Gallien

- ◉ Provinzhauptstädte
- ▪ Gallische und germanische *Civitates* (Hauptstädte)
- ■ Römisches Lager
- ▲ Keltische Kultstätte
- ★ Aufstand
- ━ Grenze des Römischen Reichs
- ━ Provinzgrenze
- ━ Straße

0 ——— 150 km

1. Arras (Nemetacum)
2. Mainz (Moguntiacum)
3. Worms (Borbetomagus)
4. Amiens (Samarobriva)
5. Beauvais (Caesaromagus)
6. Soissons (Augusta Suessionum)
7. Reims (Durocortorum)
8. Brumath (Brocomagus)
9. Strasbourg (Argentorate)
10. Seinequellen (Fontes Sequanae)
11. Langres (Andematunnum)
12. Augst (Augusta Rauricorum)
13. Chalon-sur-Saône (Cavillonum)
14. Clermont-Ferrand (Augustonemetum)
15. Feurs (Forum Segusiavorum)
16. Lyon (Lugdunum)

A. ALPES GRAIAE ET POENINAE
B. ALPES COTTIAE
C. ALPES MARITIMAE

BRITANNIA

Caerleon (Isca) — Themse
London (Londinium)
Dover (Dubris)
Boulogne (Gesoriacum)
Ärmelkanal

Cassel (Castellum Menapiorum)
MENAPII
ATREBATES
Thérouanne (Tarvanna)
NERVII
MORINI
Bavay (Bagacum)

Nijmegen (Noviomagus)
69–70 n. Chr.
❶ BATAVI
GERMANIA INFERIOR
Xanten (Vetera)
Neuss (Novaesium)
Köln (Colonia Agrippina)
Tongeren (Atuatuca)
TUNGRI
UBII
Bonn (Bonna)
Rhein
VANGIONES

Lillebonne (Iuliobona)
CALETI
Lisieux (Noviomagus)
VELIOCASSES
Coutances (Cosedia)
UNELLI
LEXOVII
Avranches (Legedia)
Bayeux (Augustodurum)
Corseul (Fanum Martis)
BAIOCASSES
ABRINCATES

Rouen (Rotomagus)
AMBIANI
❸ Ribemont
GALLIA BELGICA
SUESSIONES
BELLOVACI
Seine
Gournay
REMI
Trier (Augusta Treverorum)
TREVERI
21, 69–70 n. Chr.
MEDIOMATRICI
Metz (Divodurum)
LEUCI
Toul (Tollum)

OSISMII
Carhaix (Vorgium)
CORIOSOLITES
VENETI
Rennes (Condate Redonum)
REDONES
Vannes (Darioritum)
ESUVII
Sées (Sagii)
CARNUTES
CENOMANI
Le Mans (Suindinum)
ANDECAVI
Chartres (Autricum)
PARISII
Paris (Lutetia)
GALLIA LUGDUNENSIS
Fleury (Floriacum)
Sens (Agedincum)
TRICASSES
Troyes (Augustobona)
Mont Auxois
LINGONES
21, 68 n. Chr.
68 n. Chr.
SEQUANI
Besançon (Vesontio)
Jura
RAURACI
GERMANIA SUPERIOR
69–70 n. Chr.
TRIBOCI

Angers (Iuliomagus)
NAMNETES
Nantes (Portus Namnetum)
TURONES
Tours (Caesarodunum)
Orléans (Cenabum)
SENONES
❷ AEDUI
Autun (Augustodunum)
Beaune
HELVETII
Avenches (Aventicum)
Alpen

PICTONES
Poitiers (Limonum)
GALLIA AQUITANIA
BITURIGES
Bourges (Avaricum)
ARVERNI
68 n. Chr.
SANTONES
LEMOVICES
Saintes (Mediolanum)
SEGUSIAVI
❹ 68 n. Chr.
ALLOBROGES
A
Aime (Axima)

❺ Bordeaux (Burdigala)
Golf von Biskaya
PETROCORII
Limoges (Augustoritum)
Chamalières
Périgueux (Vesunna)
Dordogne
Coligny
Vienne (Vienna)
HELVII
VOCONTI
B
Susa (Segusio)

VIVISCI
NITOBRIGES
CADURCI
RUTENI
Rodez (Segodunum)
Cahors (Divona)
Cevennen
Rhône
St. Remy (Glanum)
C
Cimiez (Cemenelum)

Agen (Aginnum)
Eauze (Elusa)
ELUSATES
Auch (Elimberris)
AUSCI
VOLCAE
NARBONENSIS
SALUVII
Nîmes (Nemausus)
Narbonne (Narbo)
Arles (Arelate)
Marseille (Massilia)
Aix-en-Provence (Aquae Sextiae)

Dax (Aquae Tarbellicae)
TARBELLI
CONVENAE
St. Bertrand-de-Comminges (Lugdunum Convenarum)
TECTOSAGES
Toulouse (Tolosa)
HISPANIA
Pyrenäen
Mittelmeer

(41–54 n. Chr.) gewährte dem gallischen Adel das Recht, in den Senat gewählt zu werden, was allerdings nur selten geschah. Der Adel hatte rasch die lateinische Sprache übernommen und die römische Götterwelt in seinen Glauben integriert, während unter den Bauern keltische Glaubensvorstellungen, Bräuche und Sprachen noch lange fortbestanden. Keltische Tempel und Heiligtümer wurden weiterhin errichtet, allerdings mit römischer Bautechnik.

Gallien profitierte unter römischer Herrschaft; die Legionen an der Rheingrenze belebten Galliens Gewerbe und Landwirtschaft. Im 2. Jh. n. Chr. dürfte Gallien wohlhabender als Italien gewesen sein. Der intensive Getreideanbau veränderte das nordgallische Landschaftsbild. Die Landeigentümer wohnten in luxuriösen Villen, aber die Bauern, der weitaus größte Teil der gallischen Bevölkerung, lebte noch unter den gleichen Bedingungen wie vor der Römerzeit.

Die keltische Pferdegöttin Epona wurde auch von den römischen Reitern verehrt; sie glaubten, sie werde ihre Reittiere beschützen.

Kelten, Römer und Germanen in Mitteleuropa

200–9 v. Chr.

Im alten Kernland der Kelten, in Süddeutschland und den Alpen, bildeten sich schon seit dem 2. Jh. v. Chr. Ansätze zu staatlichen Organisationsformen und Bildungseinrichtungen sowie ein Münzwesen. Wie in Gallien, so fand auch diese Entwicklung zu urbaner Zivilisation ein Ende, als die Kelten Mitteleuropas von drei expandierenden Völkern überrannt wurden: den Römern, den Dakern und den Germanen.

DAS MÄCHTIGSTE KELTISCHE LAND Mitteleuropas war Noricum, das Königreich der Noriker (im heutigen Österreich), die sich Anfang des 2. Jh.s v. Chr. mit anderen Stämmen vereint und 186 v. Chr. mit Rom verbündet hatten. Die Noriker kontrollierten die Alpenpässe und exportierten Eisen und Stahl nach Rom. Im 1. Jh. v. Chr. führten sie eigene Münzen ein. Machtzentrum Noricums war das alpine *Oppidum* von Virunum, zu dessen Füßen im 1. Jh. v. Chr. eine römische Kaufmannskolonie entstanden war, samt Forum und städtischen Einrichtungen. Die einheimische Oberschicht übernahm immer mehr von der römischen Lebensweise.

Die erste Bedrohung ging von den östlichen Nachbarn der Kelten aus, den Dakern, die seit 180 v. Chr. nach Nordwesten über die Karpaten bis Transsilvanien vordrangen und die einheimische keltische Bevölkerung unterwarfen. Schon im 1. Jh. v. Chr. war Dakien unter König Burebişta zu einem mächtigen Reich angewachsen. Um 60 v. Chr. überfiel Burebişta die Skordisker, Taurisker und Boier und brachte deren Gebiet (das heutige Ungarn und die Slowakei) unter seine Herrschaft. Sie flohen, zogen durch Noricum und fanden Zuflucht bei den Helvetiern. Die Boier unterstützten ihre Gastgeber beim Versuch, nach Gallien einzuwandern, was Cäsar wiederum einen Vorwand für seinen Eroberungsfeldzug bot.

Und welche Gefahr von den Germanen drohte, zeigte sich 120 v. Chr., als die Kimbern und Teutonen von Jütland in die keltischen Gebiete Mitteleuropas und Galliens einfielen, wo sie jahrelang umherzogen und das Land

Erläuterungen zur Karte

❶ Im 2. Jh. v. Chr. war Manching eines der größten Oppida nördlich der Alpen. 120 v. Chr. zerstört, wurde es wieder aufgebaut und mit Schutzwällen von 7 Kilometern Länge gesichert.

❷ Staré Hradisko zog großen Gewinn aus seiner Lage an der Bernsteinroute zwischen Ostsee und Adria.

❸ Nach der Eroberung durch die Daker um 60 v. Chr. war dieses Gebiet entvölkert und wurde bekannt als die »Wüste der Boier«.

❹ Das Oppidum von Závist wurde nach einer Feuersbrunst um 25–20 v. Chr. verlassen, was möglicherweise auf den Einfall der Germanen in Böhmen zurückzuführen ist.

❺ Eine ständige Kolonie römischer Kaufleute, um 30 v. Chr. vor den Toren des norischen Oppidum Virunum gegründet, wurde zur treibenden Kraft der Romanisierung von Noricum.

❻ Ein »Goldrausch« im Gebiet der Taurisker um 140–130 v. Chr. zog sogar Goldgräber aus Italien an.

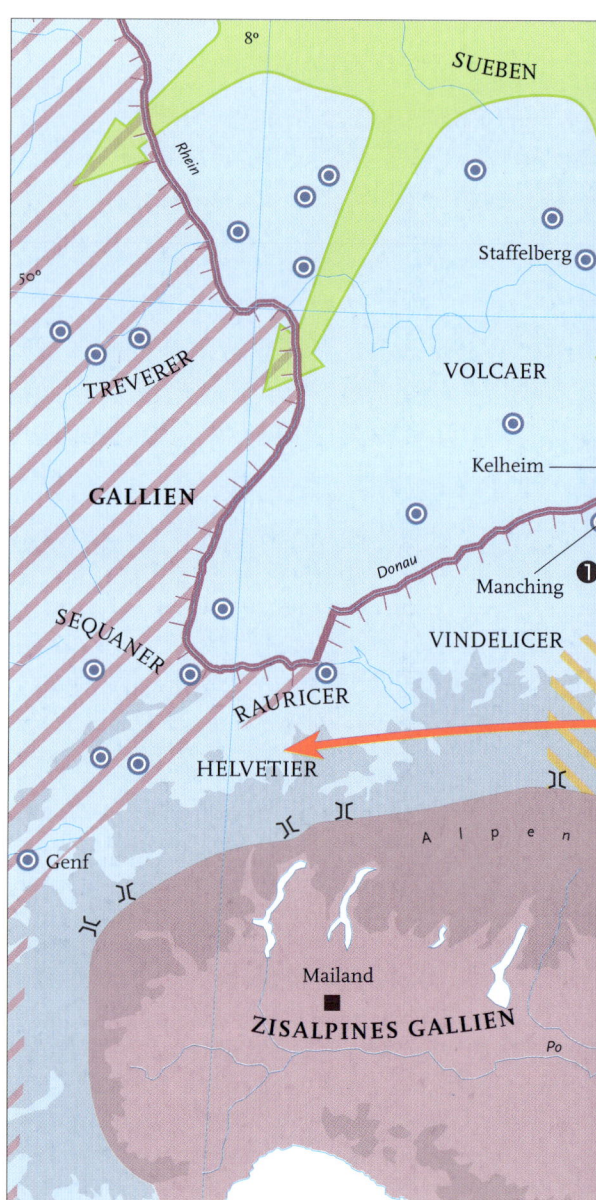

Das Jahrhundert vor Christus brachte neue keltische Helmformen hervor. Dieser Helmtyp aus Šmarjeta, Slowenien, prägte auch den römischen Legionärshelm.

verwüsteten, bis sie 102/101 v. Chr. von den Römern geschlagen wurden. Auch danach wurden die Kelten ständig von den immer weiter nach Süden vorstoßenden Germanen bedrängt, die 18–6 v. Chr. die Donau erreichten. Nicht alle Kelten sahen in den Germanen Feinde: Die Sequaner, Arverner und Noriker verbündeten sich sogar mit den germanischen Sueben gegen feindliche Keltenstämme – wenn auch jeder zu einer anderen Zeit.

Vor der Zeit Kaiser Augustus' hatten die Römer wenig Interesse an einer Expansion nördlich der Alpen. Aber 15 v. Chr. unterwarfen sie die Vindeliker und Räter und annektierten Noricum. 12–9 v. Chr. fielen Pannonia und Illyricum dem Imperium zu. In nur sechs Jahren hatten die Römer die Kelten südlich der Donau unter ihre Herrschaft gebracht. Wie in Gallien, so war es auch hier die fortgeschrittene Zivilisation dieser Stämme, die ihr Schicksal besiegelte: Politisch waren sie zentral, gesellschaftlich hierarchisch und wirtschaftlich gut organisiert, und genau darin lag der Reiz für Rom, sie zu erobern und als befriedete Provinzen ihrem Reich rasch und problemlos einzugliedern.

Die Kelten Mitteleuropas prägten Silber- und Goldmünzen von hoher Qualität nach griechischem Vorbild. Der »Silberne Reiter« der Boier wurde im Oppidum von Pressburg, Slowakei, im 1. Jh. v. Chr. geprägt.

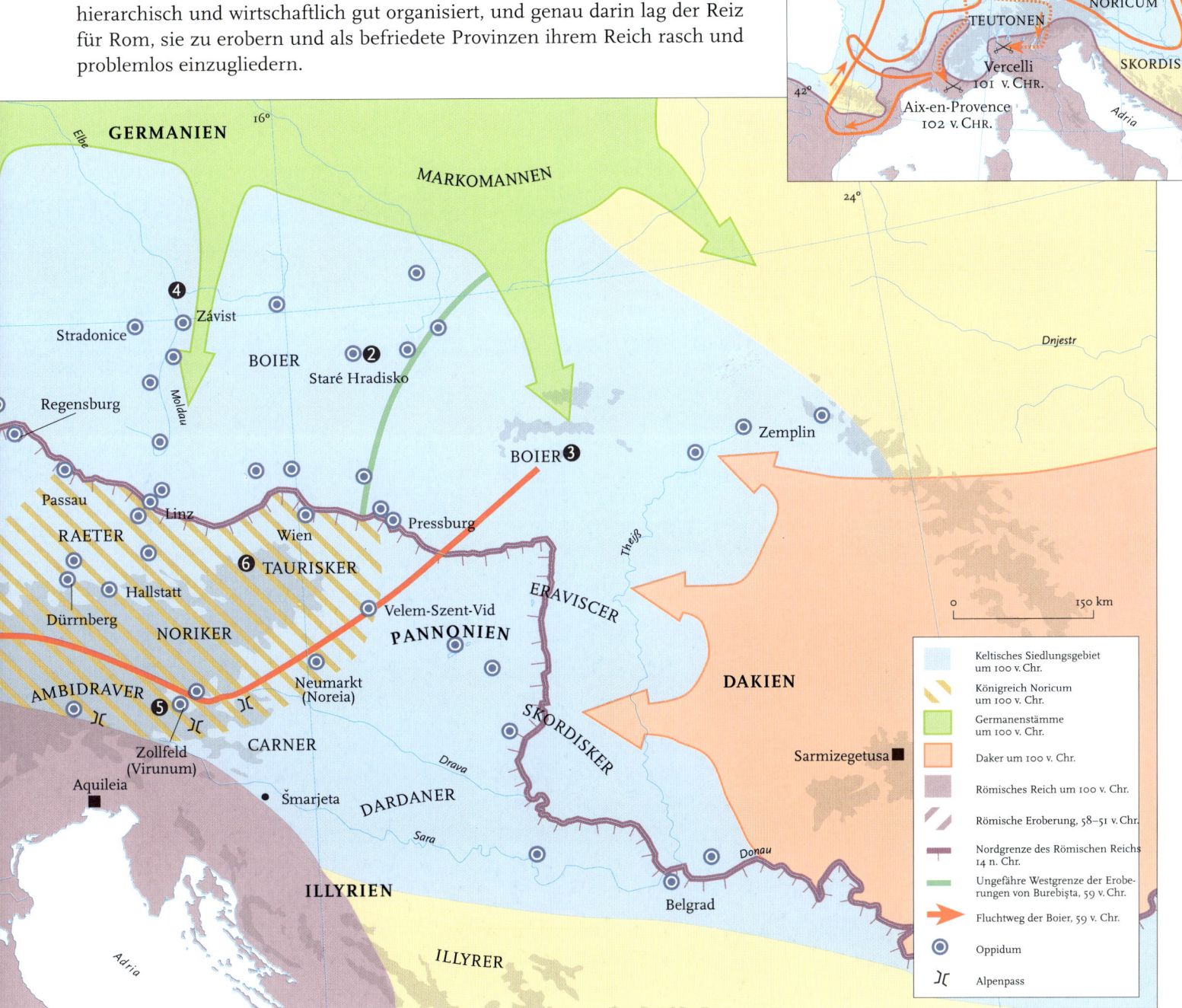

Kartenlegende kleine Karte:
- Keltische Länder um 120 v. Chr.
- Römisches Reich um 120 v. Chr.
- Weg der Kimbern und Teutonen, 120–101 v. Chr.

KIMBERN

NORICUM

TEUTONEN

SKORDISKER

Vercelli 101 v. Chr.

Aix-en-Provence 102 v. Chr.

Adria

GERMANIEN

MARKOMANNEN

Elbe

Závist

Stradonice

BOIER

Staré Hradisko ❷

Regensburg

Moldau

Dnjestr

Zemplin

BOIER ❸

Passau

Linz

Wien

Pressburg

RAETER

TAURISKER ❻

Theiß

ERAVISCER

Hallstatt

Velem-Szent-Vid

Dürrnberg

NORIKER

PANNONIEN

DAKIEN

AMBIDRAVER

Neumarkt (Noreia)

SKORDISKER

Zollfeld (Virunum)

CARNER

Drava

Sarmizegetusa

Aquileia

Šmarjeta

DARDANER

Sara

Donau

ILLYRIEN

Belgrad

Adria

ILLYRER

Legende:
- Keltisches Siedlungsgebiet um 100 v. Chr.
- Königreich Noricum um 100 v. Chr.
- Germanenstämme um 100 v. Chr.
- Daker um 100 v. Chr.
- Römisches Reich um 100 v. Chr.
- Römische Eroberung, 58–51 v. Chr.
- Nordgrenze des Römischen Reichs 14 n. Chr.
- Ungefähre Westgrenze der Eroberungen von Burebișta, 59 v. Chr.
- Fluchtweg der Boier, 59 v. Chr.
- Oppidum
- Alpenpass

Das Ende
des keltischen Galliens 200–500 n. Chr.

Kaiser Caracallas Dekret von 212 n. Chr., das allen freien Reichsangehörigen das römische Bürgerrecht zuerkannte, bedeutete zwar die endgültige Integration Galliens in das Römische Reich, aber nicht das Ende gallischer Identität. Im Gegenteil, im 3. Jh. lebte das gallische Selbstverständnis geradezu wieder auf.

FÜR DAS RÖMISCHE REICH war wohl das 3. Jh. eine der schwierigsten Zeiten seines Bestehens. Die Germanenstämme organisierten sich besser, wurden mächtiger und begannen Ende des 2. Jh.s die Reichsgrenzen zu bedrängen. Noch konnten sie abgewehrt werden, aber die politischen und wirtschaftlichen Folgen stürzten das Imperium im 3. Jh. in die Anarchie. Während sich die Anwärter auf den Kaiserthron gegenseitig bekämpften, wurde die Verteidigung der Grenzen vernachlässigt, weshalb die Germanen wiederholt in Gallien einfallen konnten. Vergebens auf die Hilfe Roms wartend, errichteten die Gallier 260 n. Chr. unter Postumus ihr eigenes »Gallisches Reich«, zu dem auch Spanien und Britannien gehörten. Postumus war sehr geachtet, weil er die Rheingrenze sicherte. Als er 268 n. Chr. ermordet wurde, verbündete sich Spanien wieder mit Rom. Sein Nachfolger Victorinus verlor die Gebiete östlich der Rhône um 269 n. Chr. an Claudius II. Das übrige »Gallische Reich« fiel nach der Niederlage seines letzten Regenten Tetricus 274 wieder an Rom.

Gallien erlangte seine größte Bedeutung im 4. Jh., als auch Trier zu den Reichshauptstädten des römischen Imperiums gehörte. Und im 5. Jh. war der Galloromane Avitus, wenn auch nur kurze Zeit, römischer Kaiser. Die galloromanischen Adligen verstanden sich als Angehörige des Römischen Reichs und seiner klassischen Kultur, ebenso aber auch als Gallier. Loyalität zum Reich übten die gallischen Bauern nicht, war ihnen doch die Hauptlast der Reichsverteidigung aufgebürdet worden. Viele verarmten und rotteten sich zu aufständischen Banden zusammen, die man Bagauden nannte. Als die Germanen im 5. Jh. wieder ins Reich einfielen, leisteten die Bauern kaum noch Widerstand. Von den römischen Steuern befreit, ging es den meisten Galliern unter germanischer Herrschaft viel besser.

Zu dieser Zeit war bei den Galliern kaum noch etwas von ihrem keltischen Selbstverständnis zu erkennen. Außer in Armorika wurden überall lateinische Dialekte – Frühfor-

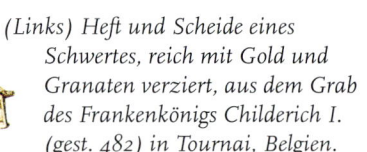

(Links) Heft und Scheide eines Schwertes, reich mit Gold und Granaten verziert, aus dem Grab des Frankenkönigs Childerich I. (gest. 482) in Tournai, Belgien.

Map legend

- Römische Grenze, 260
- Römisches Reich, 261
- Gallisches Reich unter Postumus, 261 n. Chr.
- Gallisches Reich unter Tetricus, 271 n. Chr.
- ⊙ Gallische Hauptstadt
- → Hauptvorstöße der Germanen, 250 bis 290 n. Chr.
- 🔥 Stadtplünderungen
- ⫽ Von den Germanen erobertes römisches Gebiet, um 261 n. Chr.
- ⚔ Schlacht

1. Trier (Augusta Treverorum)
2. Châlons-sur-Marne (Durocatalauni)
3. Tongeren (Atuatuca)
4. Kempten (Cambodunum)
5. Avenches (Aventicum)

0 — 200 km

Map labels

PIKTEN

Nordsee

ANGELN

um 260–290

York (Eburacum)

BRITANNIA INFERIOR

London (Londinium)

BRITANNIA SUPERIOR

FRIESEN — SACHSEN — Elbe

GERMANIA INFERIOR

❷ Tournai (Turnacum)

🔥 3

Köln (Colonia Agrippina)

FRANKEN

253

Rhein

BURGUNDER

Mainz (Moguntiacum)

Boulogne (Bononia)

BELGICA

Seine

❶ 2

I

ALEMANNEN

❺ LUGDUNENSIS

um 260

❸

❹

um 260

Augsburg (Augusta Vindelicorum)

ATLANTISCHER OZEAN

Tours (Caesarodunum)

Loire

GERMANIA SUPERIOR

🔥 5

259

RAETIA

4

Donau

NORICUM

Bordeaux (Burdigala)

AQUITANIA

Rhône

Lyon (Lugdunum)

271

Alpen

Po

Mailand (Mediolanum) 259

Ebro

NARBONENSIS

Arles (Arelate)

Duero

Pyrenäen

Narbonne (Narbo)

LUSITANIA

TARRACONENSIS

Ampurias (Emporiae)

Adria

Lissabon (Olisipo)

Toledo (Toletum)

🔥 Lerida (Ilerda)

Tarragona (Tarraco)

Carcassonne (Carcaso)

BAETICA

Guadalquivir

Rom (Roma)

Cartagena (Carthago Nova)

Balearen

Mittelmeer

---

men des Französischen – gesprochen, auch auf dem Land; und um 400 hatte die christliche Religion die keltische ersetzt. Der Name »Gallien« überdauerte noch einige Jahrhunderte, bis sich *Francia* für das Land durchsetzte, das die Germanen erobert hatten.

Erläuterungen zur Karte

❶ Der letzte gallische Gegenkaiser Tetricus ergab sich Kaiser Aurelian nach seiner Niederlage bei Châlons.

❷ Britannien und Nordgallien wurden 286 n. Chr. unter dem Menapierführer Carausius wieder unabhängig, bis sie 293–296 erneut unterworfen wurden.

❸ Ab etwa 280 n. Chr. trieben Banden (Bagauden) in Lugdunensis ihr Unwesen.

❹ Im 3. Jh. wurde Gallien von Invasionen und wirtschaftlichen und politischen Krisen erschüttert: Von den 87 größeren Ortschaften (Vici) in Gallia Belgica bestanden 31 am Ende des Jahrhunderts nicht mehr.

❺ Armorika war der am wenigsten romanisierte Teil Galliens: Sprache und Religion der Kelten überdauerten dort bis zum Ende der Römerherrschaft.

Die Religion der Kelten: Druiden, Heiligtümer, Tempel und Gräber

In ihrem Glauben waren die alten Kelten den Griechen, Römern und Germanen nicht unähnlich. Zu den Besonderheiten keltischer Religion gehören jedenfalls die Druiden, eine Kaste weiser Priester, – und das Ritual des Köpfens.

DIE KELTEN WAREN – wie die anderen heidnischen Völker Europas auch – Polytheisten, kannten aber kein geordnetes Pantheon mit allmächtigen Gottheiten. Die meisten ihrer Götter wurden nur von bestimmten Stämmen verehrt oder wirkten nur an bestimmten Orten. Und wie ihre Nachbarvölker glaubten auch die Kelten, dass an besonderen Orten in der Natur, z.B. an Flüssen und Quellen, übernatürliche Kräfte wohnen. Es hat wohl Tausende solcher keltischer Ortsgeister gegeben, vergleichbar dem *Genius Loci* der Römer. Manche Götter wurden jedoch von der Mehrzahl der Stämme verehrt, wie der Sonnengott Lugh in Irland, Gallien und auf der Iberischen Halbinsel. Die Kelten opferten ihren Göttern kostbare Metallarbeiten, Tiere und auch Menschen. Sie glaubten wahrscheinlich, dass das jenseitige Leben dem diesseitigen gleiche, denn die Grabbeigaben entsprachen immer dem Ansehen und Rang des Verstorbenen; aber Himmel und Hölle kannten sie nicht. In der Hallstattzeit wurden Adlige in Hügelgräbern bestattet, aber schon im 5. Jh. v. Chr. waren flache Gräberfelder allgemeiner Brauch. Brandbestattungen kamen erst im 2. Jh. v. Chr. auf.

Bei den Kelten gab es nicht nur Priester, sondern auch Priesterinnen, aber am wichtigsten waren die Druiden. Zwanzig Jahre dauerte die Unterweisung, in denen angehende Druiden eine unglaublich große Zahl mündlich überlieferter Spruchweisheiten auswendig lernen mussten, Glaubenssätze, Gesetze und Zaubersprüche sowie historische Ereignisse und astronomische Kenntnisse. Ihre Zeremonien haben sie wohl in heiligen Hainen abgehalten, an Orten, deren Namen an *nemeton* (heiliger Bezirk) anklingen.

Aus der Zeit ab 150 v. Chr. gibt es weniger Gräberfunde, was nicht heißen muss, dass sich Religion und Bestattungsbräuche gänzlich gewandelt hätten. Tempel und heilige Bezirke finden sich dafür häufiger, was auf geordnetere

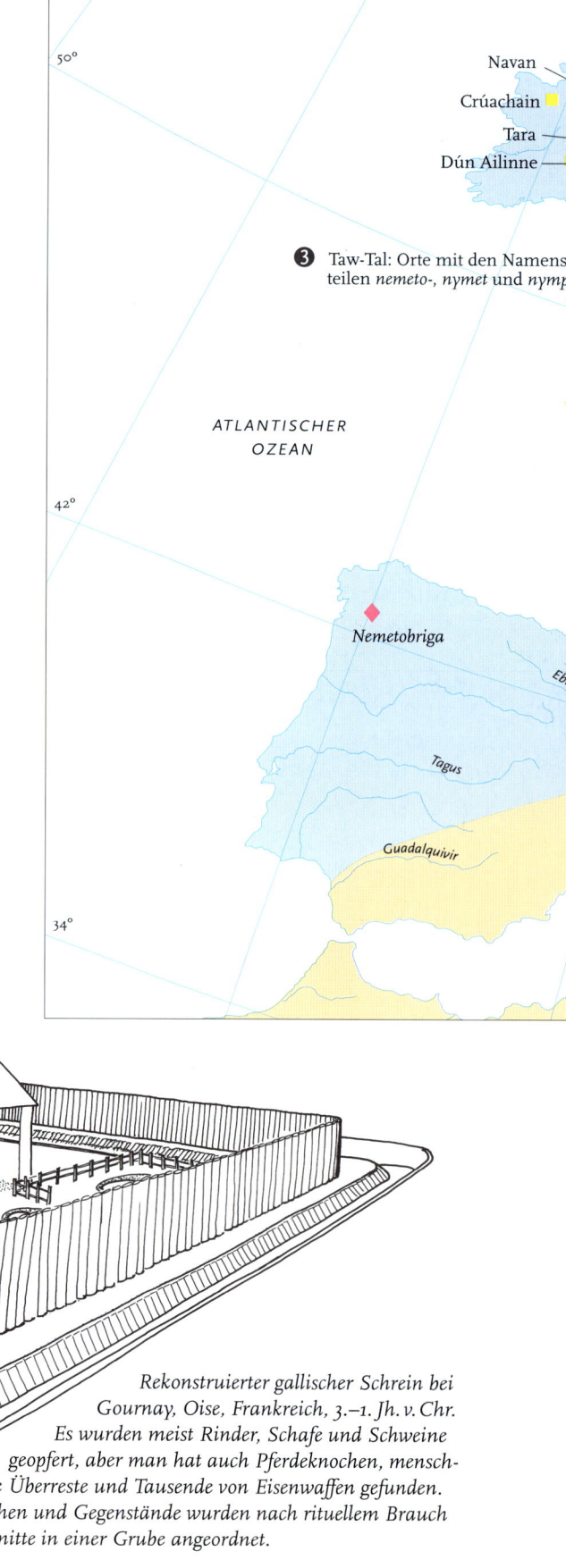

Rekonstruierter gallischer Schrein bei Gournay, Oise, Frankreich, 3.–1. Jh. v. Chr. Es wurden meist Rinder, Schafe und Schweine geopfert, aber man hat auch Pferdeknochen, menschliche Überreste und Tausende von Eisenwaffen gefunden. Die Knochen und Gegenstände wurden nach rituellem Brauch in der Schreinmitte in einer Grube angeordnet.

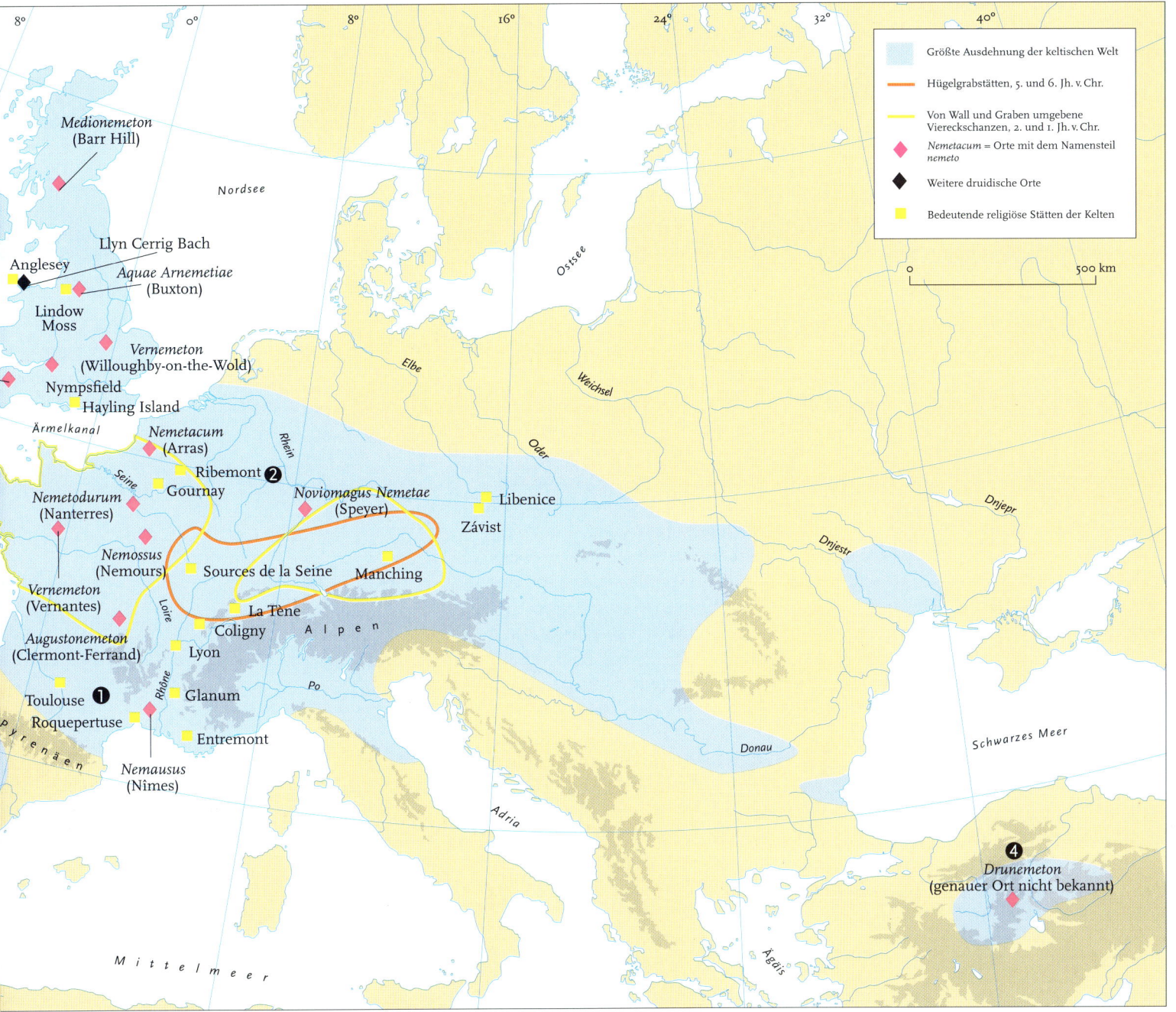

Medionemeton
(Barr Hill)

Nordsee

Medionemeton
(Barr Hill)

Llyn Cerrig Bach
Anglesey
Aquae Arnemetiae
(Buxton)
Lindow
Moss
Vernemeton
(Willoughby-on-the-Wold)
Nympsfield
Hayling Island
Ärmelkanal

Ostsee

Elbe

Weichsel

Oder

Dnjepr

Dnjestr

Nemetacum
(Arras)
Ribemont
Gournay
Nemetodurum
(Nanterres)
Nemossus
(Nemours)
Vernemeton
(Vernantes)
Augustonemeton
(Clermont-Ferrand)
Roquepertuse
Toulouse
Nemausus
(Nimes)
Rhein
Seine
Loire
Sources de la Seine
Noviomagus Nemetae
(Speyer)
Libenice
Závist
Manching
La Tène
Coligny
Lyon
Glanum
Entremont
Rhône
Po
Alpen
Adria
Donau

Pyrenäen

Mittelmeer

Ägäis

Schwarzes Meer

Drunemeton
(genauer Ort nicht bekannt)

Größte Ausdehnung der keltischen Welt

Hügelgrabstätten, 5. und 6. Jh. v. Chr.

Von Wall und Graben umgebene
Viereckschanzen, 2. und 1. Jh. v. Chr.

Nemetacum = Orte mit dem Namensteil
nemeto

Weitere druidische Orte

Bedeutende religiöse Stätten der Kelten

0   500 km

Ausübungsformen religiöser Zeremonien hindeutet, vergleichbar mit jenen der griechisch-römischen Welt. Deren Einflüsse zeigten sich nun in der Bau- und Bildhauerkunst des südlichen Galliens, wo sich gleichwohl typisch gallische Ausprägungen erhielten, z.B. die Schädelnischen. Weiter im Norden tauchte die landestypische, von Wall und Graben rechteckig umschlossene Viereckschanze auf, die meist hölzerne Ritualbauten und Opfergruben umgab.

Abgesehen vom Ritual des Menschenopfers, das verboten wurde, ließ sich der keltische Glaube gut in die Religionsgemeinschaft des Römischen Reichs integrieren; in vielen keltischen Gottheiten erkannten die Römer Entsprechungen zu ihren eigenen Göttern. Ein bekanntes Beispiel ist die im britannischen Bath verehrte Göttin Sul, die mit der römischen Minerva gleichgesetzt wurde, der Göttin der Weisheit. Auch den Kult um die Pferdegöttin Epona, die besonders von den Reitern verehrt wurde, übernahmen die Römer von den Kelten, während die Kelten mediterrane Kulte adaptierten – wie schließlich auch das Christentum.

Erläuterungen zur Karte

❶ *Nach der Einnahme von Toulouse 107 v. Chr. sollen die Römer über 50 Tonnen Gold und ebenso viel Silber aus einem Tempel und den anliegenden geweihten Seen erbeutet haben.*

❷ *Ausgrabungen im Heiligtum von Ribemont brachten die enthaupteten und zerstückelten Leichen von über 1000 Männern und Frauen zutage.*

❸ *Im Tal des Taw in Devon gibt es 20 Ortsnamen, die sich von nemeton (Weihestätte) ableiten, z.B. King's Nympton, Nymet Bridge, East Nymph und ein Römerfort, das Nemetostatio hieß.*

❹ *Drunemeton (»heiliger Eichenhain«), der Versammlungsort der Galater, deutet darauf hin, dass es auch in den entfernten Winkeln der keltischen Welt Druiden gegeben haben muss.*

Die Geschichte der Bretagne

Archäologische Funde zeigen, wie schwer die Bretagne – damals Armorika – unter der Reichskrise im 3. Jh. gelitten hatte. Die Wirtschaft war zusammengebrochen, ganze Siedlungen waren aufgegeben worden und die Zahl der Einwohner ging rapide zurück. Um 300 tauchten Einwanderer auf und besiedelten wieder die in den vergangenen Jahrhunderten verlassenen Ortschaften. Bruchstücke südbritannischer Töpferwaren deuten darauf hin, dass diese Siedler aus Britannien kamen.

KEIN ZEITGENÖSSISCHER CHRONIST berichtete von der Ankunft der ersten britannischen Einwanderer. Erst Geoffrey of Monmouth zeichnete im 12. Jh. die mündlichen Überlieferungen auf, die von dem Britannierführer Conan Meriadec erzählen, der im späten 4. Jh. in Gallien ein Herrscherhaus gegründet haben soll. Gildas, ein britannischer Geschichtsschreiber des frühen 6. Jh.s, berichtet, dass die nach Armorika gekommenen Britannier vor den in Britannien eingefallenen Angelsachsen geflohen waren. Was sonst noch über die Neubesiedelung überliefert ist, steht in den Lebensbeschreibungen (Vitae) einiger Heiliger, etwa Mawes (Maudez), Samson und Winwaloe (Guénolé), von denen die meisten in Cornwall oder Südwales geboren waren. Der größte Teil dieser Aufzeichnungen entstand einige Jahrhunderte nach der Zeit, über die sie berichten. Die frühesten Klostergründungen, die mit diesen Heiligen in Verbindung gebracht werden, finden sich entlang der Nordküste der Bretagne. Die britannischen Christen führten hier Bräuche ein, die für die Kirche der Inselkelten typisch waren, z. B. das Osterfest.

Die Neubesiedelung durch britannische Einwanderer lässt sich aber auch an der offenkundigen Ähnlichkeit bestimmter Ortsnamen in Wales, Cornwall und der Bretagne ablesen. Namen auf *plou* (»Volk«: lateinisch *plebs*, walisisch *plwyf*) sind allgegenwärtig. Damit in Verbindung stehen Namen auf *gui* und *guic* (»Siedlung«: lateinisch *vicus*). Andere Elemente britannischer Herkunft sind *lan* (»Kirche«: walisisch *Llan*), *tré* (»Gemeinde«: walisisch *tref*), *coët* (»Wald«: walisisch *coëd*) und *ker* (»Weiler«: walisisch *caer*). Ortsnamen mit britannischen Elementen finden sich am häufigsten im Norden und Westen der Bretagne. Im Südosten gibt es eher Ortsnamen auf *-ac*, *-é* und *-y*, die sich von der galloromanischen Endung *-acum* (»Ort«) ableiten, was nahe legt, dass es hier weniger britannische Siedlungen gab. Bei Quimper konnte sich lange Zeit eine romanischsprachige Enklave halten.

Wir wissen nicht, wie sich die damaligen Einwanderer in der Bretagne politisch organisiert hatten; es

Viele prähistorische Monumente wie diese achteckige Stele aus der Eisenzeit bei Lampaul-Ploudalmézeau, Finistère, wurden mit christlichen Symbolen versehen, nachdem die Bretagne zum Christentum übergetreten war.

Legende:

- Östliche Ausdehnungsgrenze des Bretonischen, um 800
- Hauptverbreitungsgebiet von Ortsnamen auf *plou-*, *guic-*, *tré-* und *lan-*
- Hauptverbreitung der Ortsnamen auf *ac-* und entsprechende Ableitungen
- Romanischsprachige Enklave, bis 11. Jh.
- Klostergründungen, 5. und 6. Jh.
- Spätrömische Festungen
- Andere Fundstätte

Erläuterungen zur Karte

❶ *Römische Küstenforts sollten sächsische und fränkische Piraten fern halten, nicht aber britannische Einwanderer.*

❷ *Gräberfeld, Mitte des 4. Jh.s. Die gefundenen Skelette haben große anthropologische Ähnlichkeiten mit solchen aus Südwestwales und Südwestengland.*

❸ *469/470 n. Chr. war das Tal der Loire Schauplatz der Kämpfe zwischen dem britannischen König Riothamus und den Westgoten.*

❹ *Viele frühe Klöster wurden auf Inseln gegründet, da sie Schutz und Abgeschiedenheit boten.*

❺ *Die vom walisischen Klosterbischof Samson gegründete Kirche von Dol wurde zum geistlichen Zentrum der Bretagne.*

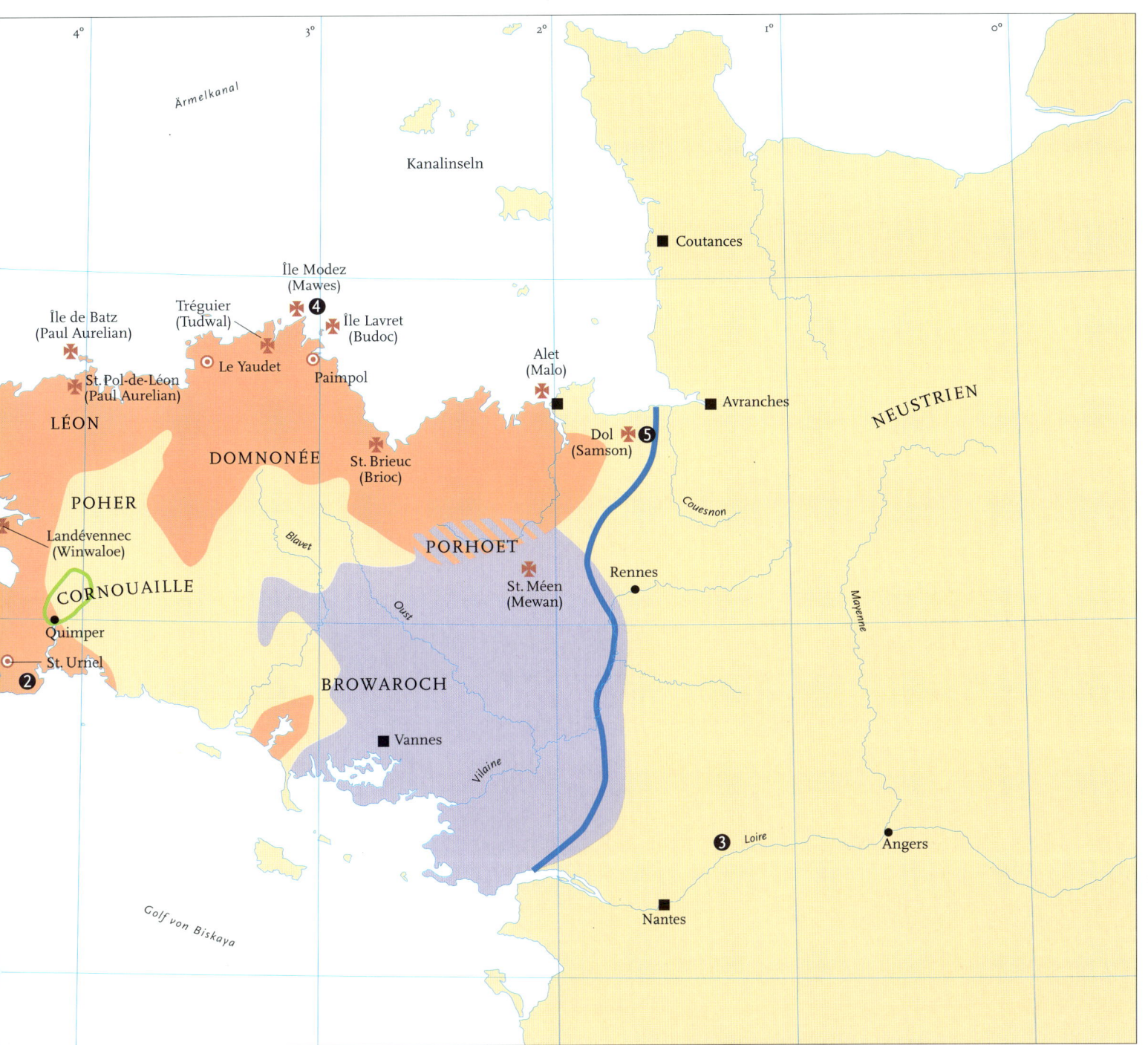

4° 3° 2° 1° 0°

Ärmelkanal

Kanalinseln

Coutances

Île Modez
(Mawes)

Tréguier
(Tudwal)

❹

Île de Batz
(Paul Aurelian)

Île Lavret
(Budoc)

St. Pol-de-Léon
(Paul Aurelian)

Le Yaudet

Paimpol

Alet
(Malo)

Avranches

LÉON

DOMNONÉE

St. Brieuc
(Brioc)

Dol
(Samson)

❺

NEUSTRIEN

POHER

Landévennec
(Winwaloe)

Blavet

PORHOET

Couesnon

CORNOUAILLE

Oust

St. Méen
(Mewan)

Rennes

Mayenne

Quimper

St. Urnel

❷

BROWAROCH

Vannes

Vilaine

❸ Loire

Angers

Golf von Biskaya

Nantes

scheint, dass sie mehrere Anführer hatten, von denen einer, Riothamus, von einem zeitgenössischen Chronisten als König genannt wird. Nominell gehörte das Gebiet noch 470 zum Römischen Reich, aber tatsächlich beanspruchten es schon die Franken. Mitte des 6. Jh.s hatten sich drei Regionen politisch formiert: Cornouaille (Cornovia) im Westen, über das so gut wie nichts bekannt ist, Domnonée (Dumnonia) entlang der Nordküste, das ab dem 7. Jh. von einem König regiert wurde, sowie Browaroch im Süden, das nach 560 von Waroc gegründet worden war, einem Stammesführer aus Vannes. Im 7. Jh. bedrängten die Franken die Bretonen, und 635 musste sich König Judicael von Domnonée dem Merowingerkönig Dagobert I. unterwerfen. Mit dem Niedergang der Merowinger gewannen die Bretonen 691 ihre Unabhängigkeit zurück.

Armorikanische Münze der späten Eisenzeit. Armorika war die einzige Region Galliens, in der die keltische Sprache bis ins 5. Jh. überlebte. Durch die Ankunft britannischer Siedler belebt, beeinflusste das Armorikanisch die Entwicklung der bretonischen Sprache.

Das Königreich Bretagne   700–939 n. Chr.

Über die politische Geschichte der Bretagne bis Mitte des 8. Jh.s ist wenig bekannt. Die Bretonen waren politisch nicht geeint, und als es schließlich zur Einigung kam, wurde sie ihnen von außen aufgezwungen. Bis 778 hatten die Franken eine Grenzzone geschaffen, die Bretonische Mark, die aus den Bezirken Rennes, Vannes und Nantes bestand. Markgraf des Gebiets war der französische Volksheld Roland, der bei Roncavalles fiel. Unter Karl dem Großen (768–814) und später unter dessen Sohn Ludwig dem Frommen (814–840) versuchten die Franken wiederholt, die Bretagne zu erobern, aber jedes Mal erhoben sich die Bretonen und führten einen effektiven Kleinkrieg nach Art der Guerilla gegen ihre Besatzer.

KÖNIG LUDWIG VERSUCHTE es 831 anders und ernannte den bretonischen Adligen Nominoë zum *Missus imperatoris* der Bretagne, was diesen zum kaiserlichen Lehnsträger und Herrn über Vannes machte. Dies hatte Vorteile für beide Seiten: Nominoë wurde Herzog der Bretagne, während Ludwig dieses Gebiet als sein Eigen betrachten konnte, obwohl es außerhalb seines Machtbereichs lag. Streitigkeiten um den Bezirk Nantes nahm Nominoë zum Anlass, sich 845 gegen den Frankenkönig Karl den Kahlen zu erheben, den er in der Schlacht von Ballon nahe Redon besiegte. 849 warf Nominoë die fränkischen Bischöfe von Alet, Dol, Quimper, Saint-Pol-de-Léon und Vannes aus dem Amt und ersetzte sie durch Bretonen. Mit Kriegszügen erweiterte Nominoë sein Territorium nach Osten bis zum Fluss Mayenne.

Nach Nominoës Tod 851 marschierte Karl der Kahle in der Bretagne ein, wurde jedoch in der Schlacht von Jengland-Beslé von Nominoës Sohn Erispoë vernichtend geschlagen und musste den Sieger zum Lehnskönig unter fränkischer Oberherrschaft ernennen. Damit war das Königreich Bretagne entstanden. Erispoë wurde 857 von seinem Nachfolger Salomon (857–874) ermordet, der der mächtigste Bretonenführer werden sollte.

Eine entscheidende Rolle beim Aufstieg der Bretagne spielten die Wikinger, die zwar das Herzogtum mit ihren Überfällen regelmäßig heimgesucht hatten, dann aber mehr Gefallen am Wohlstand des Fränkischen Reichs fanden. So hatte Karl der Kahle ganz andere Probleme, als sich um die Bretagne zu kümmern. Gelegentlich verbündeten sich die Bretonen mit den Wikingern, so auch 866, als sie mit diesen die Franken bei Brissarthe besiegten und Karl zwangen, die Halbinsel Cotentin

ATLANTISCHER OZEAN

0   30 km

▮ (hellgelb)	Bretagne um 778
▮ (beige)	Von Nominoë erobertes Gebiet, 831–851
▮ (orange)	Von Salomon erobertes Gebiet, 863
▮ (braun)	Von Salomon erobertes Gebiet, 867
┈ (grün gestrichelt)	Ungefähre Westgrenze der fränkischen Bretonischen Mark um 778
▬ (braun)	Ungefähre Ostgrenze des von Wikingern besetzten Gebiets, 914–937
→ (blau)	Alain Barbetortes Rückeroberung der Bretagne, 936–939
♟	Erzbistum
♟	Bistum
✚ (rosa)	Geplünderte bzw. verlassene Klöster oder Kirchen, 836–939
▪ (blau)	Burg, Lager der Wikinger
⛵	Schiffsbestattung der Wikinger
⚔	Bretonischer Sieg
⚔	Bretonische Niederlage

(Ganz links) Der Anfang des Markusevangeliums aus dem Evangeliar von Landévennec, Finistère, 9. Jh. Gewöhnlich ist der Löwe das Symbol Markus'. Der bretonische Brauch, den Evangelisten durch ein Pferd darzustellen, beruht auf einem Wortspiel mit dem altbretonischen marc'h (Pferd) und dem Namen Markus.

(Links) Ein Beleg für die Anwesenheit der Wikinger in der Bretagne: Ein goldener Armreif aus einer heidnischen Schiffsbestattung auf der Île de Groix, 10. Jh.

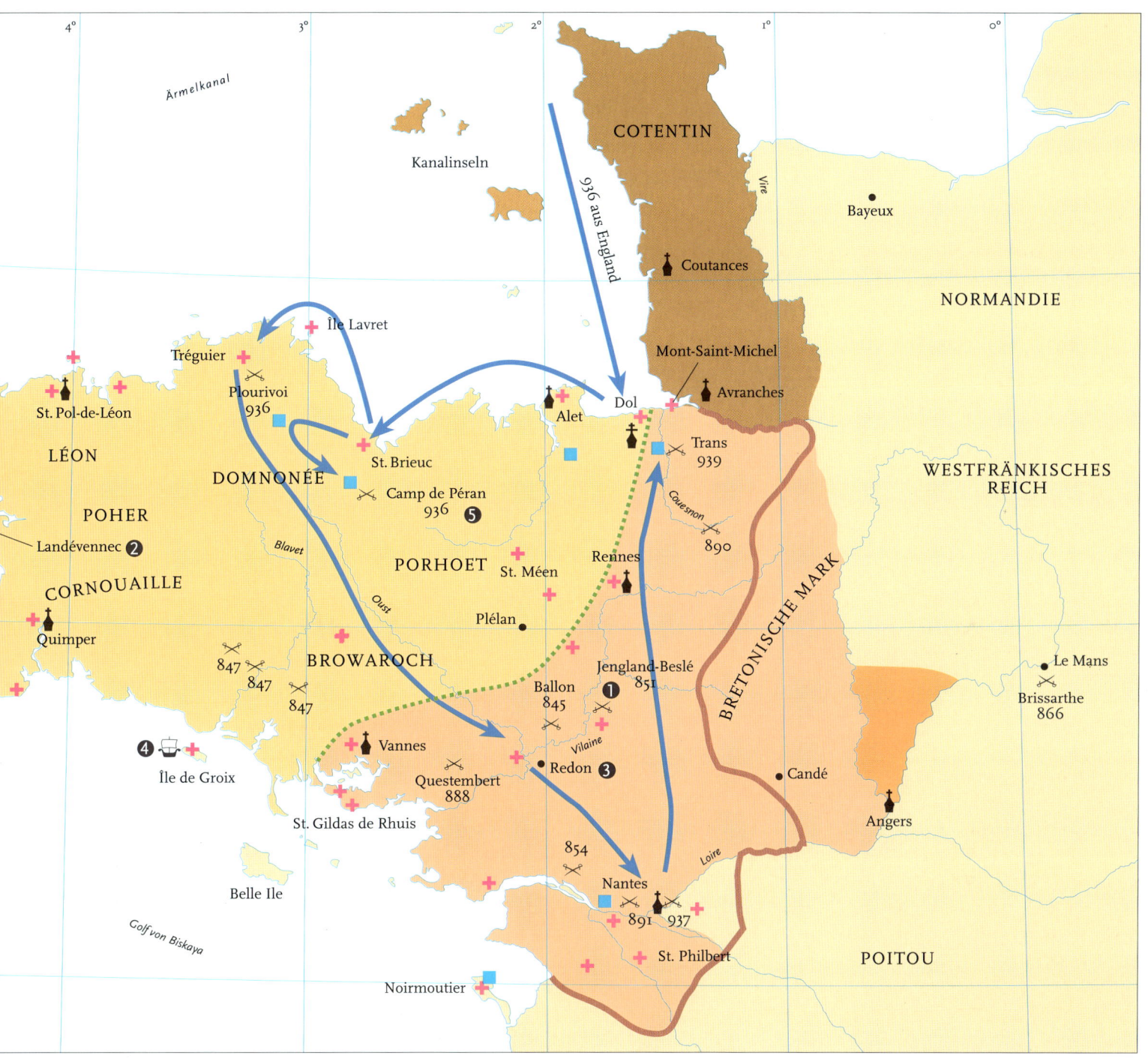

Ärmelkanal

Kanalinseln

COTENTIN

936 aus England

Bayeux

Coutances

NORMANDIE

Mont-Saint-Michel

Avranches

Île Lavret

Tréguier

St. Pol-de-Léon

Plourivoi
936

LÉON

St. Brieuc

Alet

Dol

Trans
939

WESTFRÄNKISCHES
REICH

DOMNONÉE

Camp de Péran
936 ❺

POHER

Landévennec ❷

PORHOET

St. Méen

Rennes

CORNOUAILLE

Blavet

Quimper

Plélan

Oust

BROWAROCH

847

847

847

Jengland-Beslé
❶ 851

Le Mans

Brissarthe
866

❹

Île de Groix

Vannes

Questembert
888

St. Gildas de Rhuis

Ballon
845

Vilaine

Redon ❸

Candé

BRETONISCHE MARK

Angers

Belle Ile

Golf von Biskaya

854

Nantes

Loire

POITOU

891 937

St. Philbert

Noirmoutier

an Salomon abzutreten und ihm das symbolische Geschenk einer Krone zu machen. Damit hatte die Bretagne ihre größte Machtentfaltung erreicht. Aber obwohl sie politisch unabhängig geblieben war, verdrängte der beständige Einfluss der karolingischen Renaissance den typisch keltischen Charakter ihrer Kultur.

Die Wikinger wurden erneut zu einem Problem der Bretagne, nachdem sie sich unter Rollo 911 im Gebiet der Normandie angesiedelt hatten und den Bretonen den Zugang zur Seine verwehrten. 913 plünderten sie Landévennec, und die dortigen Mönche flohen in das etwas sicherere Fränkische Reich. Der bretonische Widerstand war 919 gebrochen, und 921 war Nantes die Hauptstadt eines Wikingerreichs. Alain Barbetorte (»Zwirbelbart«) eroberte 936/937 dieses Gebiet zurück, doch damit waren die Tage bretonischer Unabhängigkeit gezählt. Alain konnte sich gegen die bretonische Aristokratie nicht durchsetzen und musste als Herzog regieren, nicht als König.

Erläuterungen zur Karte

❶ *Mit Erispoës Sieg über die Franken bei Jengland-Beslé entstand das Königreich Bretagne.*

❷ *Ende des 9. Jh.s war Landévennec ein bedeutendes Buchherstellungszentrum.*

❸ *913 vor den Wikingern geflohen, zogen bretonische Mönche jahrelang umher; die aus Redon wanderten nach Plélan, Angers, Candé, Auxerre (Yonne), bevor sie in Poitou Zuflucht fanden.*

❹ *Grab eines Wikingerfürsten in seinem Langschiff, 10. Jh. Beigegeben waren Waffen, Schmuck, Werkzeug, Spielgeräte und ein Menschenopfer.*

❺ *Ausgrabung eines um 930 wahrscheinlich von Alain Barbetorte zerstörten Wikingerforts.*

Der Niedergang der keltischen Bretagne

939–1532 n. Chr.

In den zwei Jahrhunderten nach der Wikingervertreibung entwickelte sich in der Bretagne eine dezentralisierte, von Vögten beherrschte Feudalgesellschaft, die kaum noch etwas mit ihrem keltischen Ursprung zu tun hatte. An die einstige herzogliche Macht erinnerte nur noch das von Alain Barbetortes und seinen Nachfolgern geförderte geistliche Leben in den Klöstern. Die kirchlichen Angelegenheiten oblagen dem Adel, aus dessen Geschlechtern auch die Bischöfe kamen. Die Kirchenreformen des Papstes setzten sich mit dem Zisterzienserorden im 12. Jh. und dem Bettelorden im 13. Jh. allmählich durch.

DIE EREIGNISSE in der benachbarten Normandie und in Anjou berührten auch die Bretagne. Ab 990 geriet sie immer mehr in den Einflussbereich der Normannen, und als Heinrich von Anjou 1156 König von England (Heinrich II.) wurde, war die Bretagne Teil des Angevinischen Reichs. 1204 gehörte sie zur Krondomäne der Kapetinger. Mit stillschweigender Duldung des französischen Königs Philipp II. August setzte Papst Innozenz III. mit der Auflösung des Erzbistums Dol der Unabhängigkeit der bretonischen Kirche ein Ende.

In der zweiten Hälfte des 11. Jh.s kam es zu den ersten Auswanderungen aus der Bretagne (die bis heute anhalten). Für die meisten Armen war das Ziel Frankreich, insbesondere Paris, wo sie ihrer Sprache wegen verspottet wurden. Den Ritterstand lockte es in die Normandie, nach England und Süditalien in die normannischen Fürstentümer. Nach 1066 war ein Fünftel des englischen Bodens in der Hand von Bretonen, die mit Wilhelm dem Eroberer gekommen waren.

Ein Erbfolgestreit 1341 um die Herzogswürde zog die Bretagne in die Anfangsphase des Hundertjährigen Krieges hinein. Philipp VI. von Frankreich wollte Charles de Blois berufen, Eduard III. von England dessen Rivalen Jean de Montfort – und der Bürgerkrieg brach aus. Montfort hatte zwar die Gunst der Bretonen, weil er nicht der Kandidat Frankreichs war, dennoch musste Eduard III. 1342 intervenieren, um dessen Anspruch durchzusetzen.

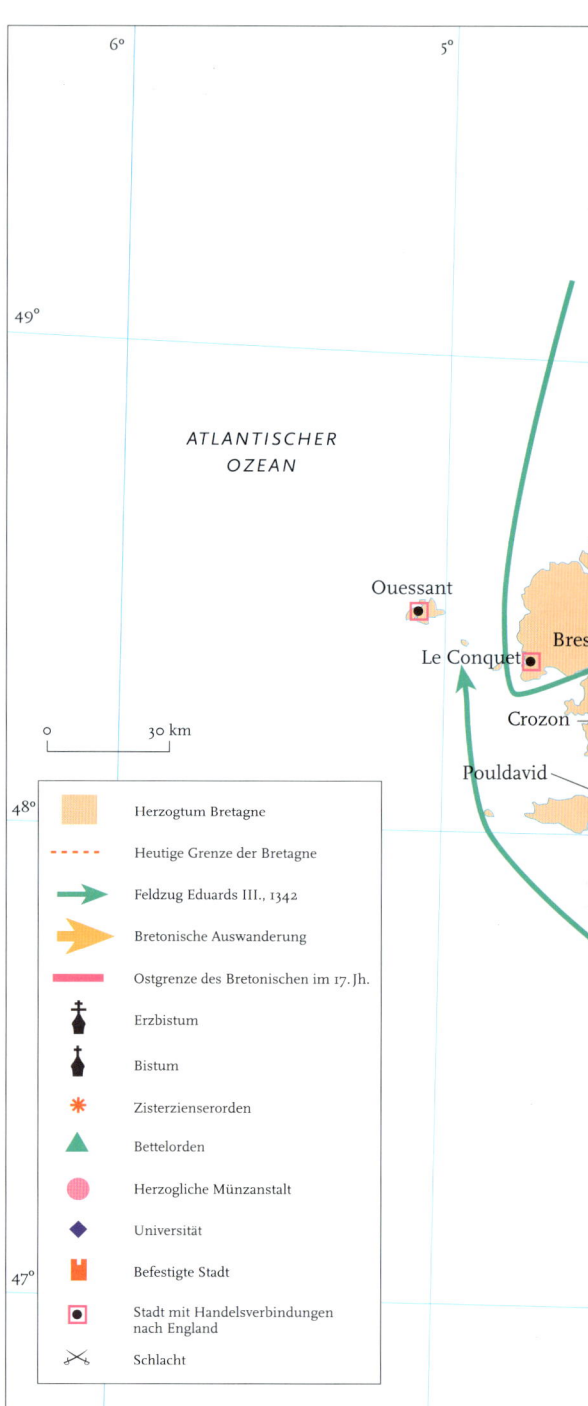

Legende:

- ■ Herzogtum Bretagne
- - - - Heutige Grenze der Bretagne
- → Feldzug Eduards III., 1342
- → Bretonische Auswanderung
- ▬ Ostgrenze des Bretonischen im 17. Jh.
- ♰ Erzbistum
- ♰ Bistum
- ✳ Zisterzienserorden
- ▲ Bettelorden
- ● Herzogliche Münzanstalt
- ◆ Universität
- ▮ Befestigte Stadt
- ▣ Stadt mit Handelsverbindungen nach England
- ✕ Schlacht

(Links) Calvaires, monumentale Kreuzigungsgruppen aus der Passionsgeschichte, gehörten zum typischen Bild der Bretagne im späten Mittelalter. Notre Dame de Tronoën, Finistère, um 1450–1470.

(Rechts) Die Chartularie von Redon, eine Urkundensammlung aus dem 8.–12. Jh. Sie ist eine einzigartige Quelle über die wirtschaftlichen und sozialen Verhältnisse in der mittelalterlichen Bretagne.

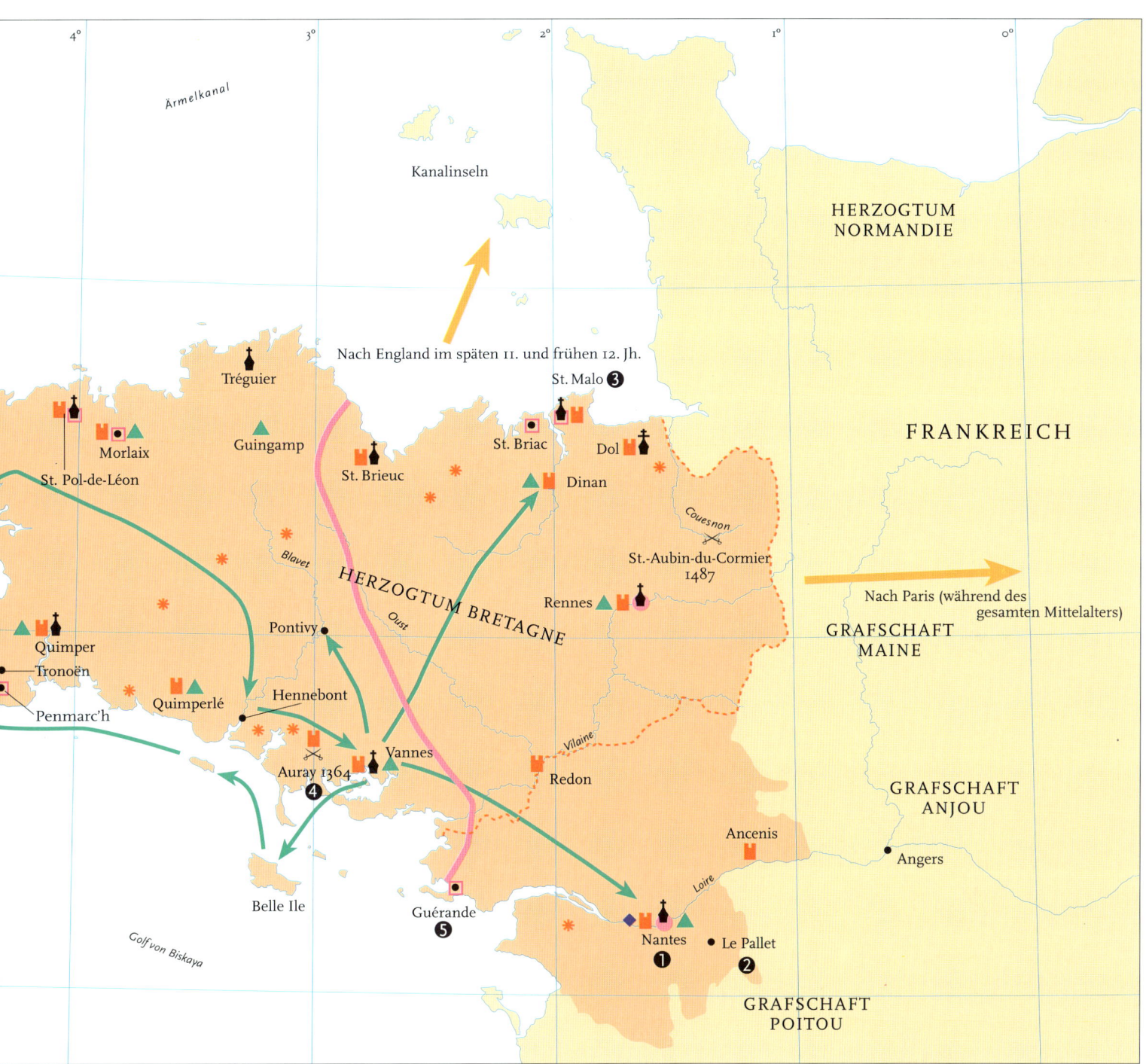

4°   3°   2°   1°   0°

Ärmelkanal

Kanalinseln

HERZOGTUM
NORMANDIE

Nach England im späten 11. und frühen 12. Jh.

St. Malo ③

Tréguier

FRANKREICH

Morlaix

Guingamp

St. Briac

Dol

St. Pol-de-Léon

St. Brieuc

Dinan

Couesnon

St.-Aubin-du-Cormier
1487

Blavet

HERZOGTUM BRETAGNE

Nach Paris (während des
gesamten Mittelalters)

Oust

Rennes

GRAFSCHAFT
MAINE

Pontivy

Quimper

Tronoën

Hennebont

Vilaine

Penmarc'h

Quimperlé

GRAFSCHAFT
ANJOU

Vannes

Auray 1364
④

Redon

Angers

Ancenis

Belle Ile

Guérande
⑤

Loire

Golf von Biskaya

Nantes
①

Le Pallet
②

GRAFSCHAFT
POITOU

Aber erst 1365 erkannte Frankreich Montforts Sohn als Herzog an. Mit dem Sieg Frankreichs über England 1454 war das Schicksal der Bretagne besiegelt. Nach der Zerschlagung der bretonischen Armee 1488 in der Schlacht von Saint-Aubin-du-Cormier herrschte Frankreich über die Halbinsel. 1491 wurde Anne, die Thronfolgerin der Bretagne, mit Karl VIII. von Frankreich verheiratet, und 1532 gehörte das Herzogtum formell zu Frankreich. Das bretonische Parlament bestand zwar noch bis zur Französischen Revolution, war aber von der französischen Monarchie nach und nach entmachtet worden – oft gegen erbitterten Widerstand.

Erst nachdem die unabhängige Bretagne in Frankreich aufgegangen war, erlebte das Bretonische in der Literatur eine Blütezeit. Dagegen wurde die von den Bretonen gesprochene Sprache zunehmend vom Französischen verdrängt, auch wenn die gezielte Unterdrückung seitens der französischen Regierung erst nach der Französischen Revolution begann.

Erläuterungen zur Karte

① *Nantes war das politische und kulturelle Zentrum des Herzogtums Bretagne.*

② *Viele Bretonen gingen zum Studium nach Paris. Der bekannteste von ihnen war der 1079 in Le Pallet bei Nantes geborene Peter Abaelard.*

③ *Im 13. Jh. auf der Insel Alet gegründet, wurde Saint-Malo bald zum wichtigsten Hafen der Bretagne.*

④ *Der Sieg des Jean de Montfort über Charles de Blois bei Aurey 1364 beendete den Bürgerkrieg in der Bretagne.*

⑤ *Meersalz aus Guérande war im 15. Jh. eine bedeutende bretonische Handelsware.*

Die Kelten Britanniens und Irlands waren anders.

Soweit wir wissen, haben sich die Keltisch sprechenden Inselbewohner

in der Vergangenheit nicht als »Kelten« bezeichnet.

Zwar haben die römischen Geschichtsschreiber die sprachlichen und

kulturellen Ähnlichkeiten zwischen den Kelten Britanniens

und den Galliern bemerkt, aber sie sahen in ihnen ganz verschiedene Völker,

und in der Tat, die Britannier sahen das nicht anders.

Teil 2

Die Festung von Dun Aengus aus der Eisenzeit auf den Klippen der Insel Inishmore, Galway, Irland. Drei Ringwälle aus Trockenmauerwerk und ein Gürtel aus »spanischen Reitern« zeigen, wie stark die Festung verteidigt wurde. Die erhöhte Plattform im Zentrum könnte auch rituellen Zwecken gedient haben.

WÄHREND DIE FESTLANDKELTEN unter römische Macht und mediterrane Kultur kamen, bewahrten die meisten Inselkelten ihre Unabhängigkeit; und selbst jene, die in Abhängigkeit gerieten, konnten nie vollständig romanisiert werden. Mit dem Machtverfall Roms erlebten sie eine grandiose kulturelle Renaissance.

Britannien und Irland in der späten Vorgeschichte

Britannien und Irland waren den Kulturen des Mittelmeerraums seit dem 6. Jh. bekannt, wahrscheinlich schon früher, doch erst seit den römischen Invasionen unter Julius Cäsar 55/54 v. Chr. gibt es überlieferte Augenzeugenberichte über die Inselbewohner. Zu dieser Zeit lebten in Britannien zwei verschiedene keltische Völker: die Britannier, die das Land südlich der Forth-Clyde-Landenge beherrschten, und die Kaledonier im Norden. Die Britannier sprachen Brythonisch, eine Form des P-Keltisch, das mit dem Gallischen und Walisischen verwandt ist. Über die Sprache der Kaledonier

Die Insel-kelten

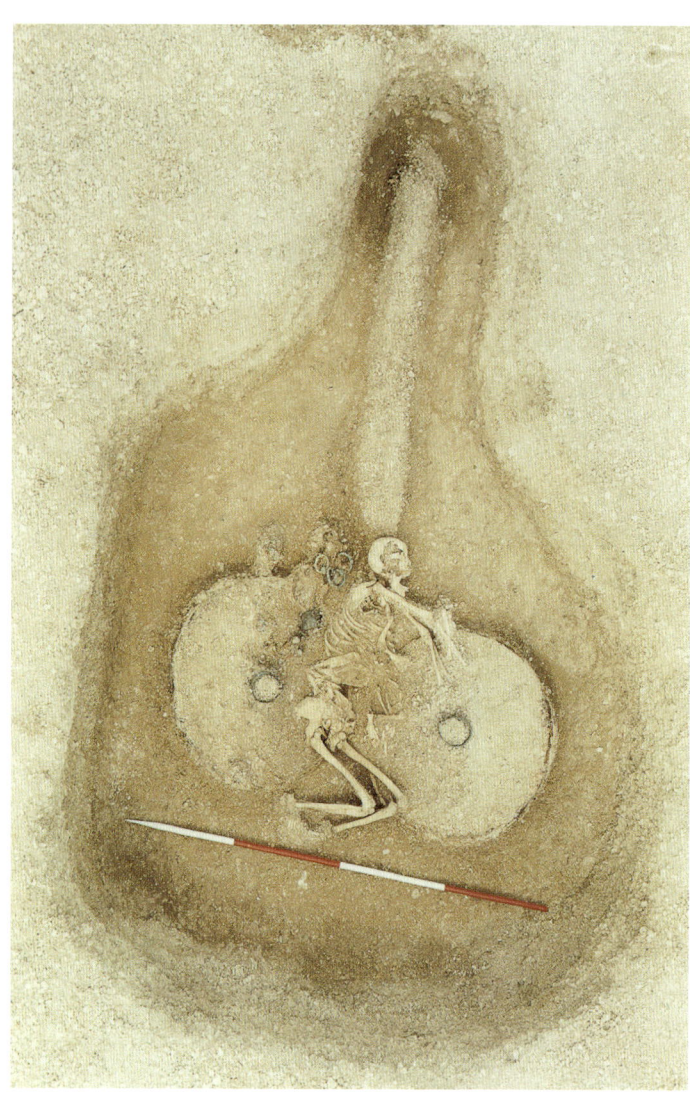

43 n. Chr. die Römer Britannien endgültig zu erobern begannen, sollten diese Unterschiede von entscheidender Bedeutung sein.

Britannien, zumindest der Süden, war eng mit Gallien verbunden. Anfang des 1. Jh.s v. Chr., so schreibt Cäsar, herrschte Diviciacus, der König der belgischen Suessionen, über einen Teil Britanniens. Dort hatten sich die eingewanderten Belger niedergelassen. 50 v. Chr. wurde Commius, ebenfalls ein Gallier, König der Atrebaten, die mit den Venetern in der Bretagne Handel trieben, was durch Quellen und archäologische Funde belegt ist. Und sicher kam auch die Kunst der Hallstatt- und La-Tène-Kultur über die Handelsverbindungen nach Britannien und Irland. Die kulturellen Einflüsse vom Kontinent wurden aber immer den örtlichen Bedingungen auf der Insel angepasst. Es gab also sicherlich solche Kontakte, aber es gibt keine Belege dafür, dass es während oder vor der Eisenzeit Einwanderungen kontinental-keltischer Völker nach Britannien gegeben hat. Siedlungen und Werkzeuge bezeugen eher eine kulturelle und ethnische Kontinuität in Britannien und Irland, die bis in die Bronzezeit oder Jungsteinzeit zurückreicht. Das führt uns zu der bislang noch nicht geklärten Frage, wann die Völker der Britischen Inseln Keltisch zu sprechen begannen.

Wie bereits Gallien, so konnten die Römer auch den wirtschaftlich und politisch fortschrittlichen Süden Britanniens relativ leicht befrieden, aber je weiter sie nach Westen und Norden vorstießen, um so schwieriger wurde es. Während sich die Bauern im Südosten in die für sie selbst ebenfalls profitable römische Wirtschaftsweise einfügten, war das für die im Rhythmus der Jahreszeiten umherziehenden Hirtenstämme im Norden und Westen vollkommen unmöglich. Ihren Plan, das ganze Inselreich zu besetzen, gaben die Römer bald auf und errichteten einen Grenzwall, der lange Zeit über die Solway-Tyne-Landenge verlief. Nördlich davon herrschte nach wie vor die keltische Eisenzeit, ebenso in Irland, das von den Römern jenseits der Irischen See gänzlich unbeeinflusst blieb. Der römische Feldherr Agricola spielte wohl mit dem Gedanken, Irland zu erobern, aber das wäre ebenso schwierig wie teuer geworden, denn dort waren die Verhältnisse ähnlich wie im Norden Britanniens.

Die Provinz Britannien konnte auch nie in dem Maße romanisiert werden wie Gallien. Die Kunsthandwerker pflegten weiterhin die keltische Ornamentik, die keltische Religion wurde noch im späten 4. Jh. ausgeübt, und der größte Teil der Bevölkerung sprach nach wie vor Keltisch. In den Bergen im Norden und Westen dieser römischen Provinz haben sich alte Stammesstrukturen erhalten. Als die Römerherrschaft 410 endete, kehrten große Teile Britanniens zu den alten keltischen Bräuchen zurück. Folgenreichstes Erbe römischer Herrschaft war das Christentum,

wissen wir wenig, wahrscheinlich war sie dem Brythonischen ähnlich. Irland war von Völkern besiedelt, die von den Römern Hiberni genannt wurden. Sie sprachen eine Art Q-Keltisch, ein Vorläufer des Gälischen.

Verglichen mit den Kelten auf dem Kontinent waren die Inselkelten etwas rückständig. Im Südosten gab es erste Ansätze urbaner und staatlicher Lebensformen, die durch Cäsars Eroberung Galliens viele Impulse erhielten, da in diesem Teil der Insel die romanisierenden Einflüsse von Handel und Diplomatie am stärksten waren. Im Südosten gab es im 1. Jh. n. Chr. einige größere Königreiche, das übrige Land wurde aber von vielen Hügelfestungen beherrscht. Manche davon waren imposante Bastionen mächtiger Herren, doch im Norden lebten überwiegend Gesellschaften, die weniger zentral organisiert waren. Auch in Irland gab es Hügelfestungen, und einige von diesen sollten im frühen Mittelalter königliche Machtzentren werden.

Auch in seiner wirtschaftlichen Stärke unterschied sich der südöstliche Teil vom Rest Britanniens. Im Südosten blühten Landwirtschaft und Handel, und das eingeführte Münzwesen regelte den Warenaustausch. Im Norden, Westen und in Irland gab es allenthalben Hirten. Und als das sich im 6. Jh. bereits in ganz Britannien und Irland verbreitet hatte – aber in seiner typisch keltischen Ausprägung.

Die Invasion der Angelsachsen

Die folgenden zwei Jahrhunderte nach der römischen Fremdherrschaft sind der Zeitraum in der britischen Geschichte mit der dürftigsten Quellenlage. Die Einheit der ehemaligen Provinz Britannien zerbrach in viele kleine Herrschaftsgebiete. Im weniger romanisierten Norden und Westen gründeten sich diese Königreiche zum Teil auf die alten Gebiete der eisenzeitlichen Volksstämme. Über die Verhältnisse im Südosten wissen wir wenig. Ende des 5. Jh.s waren dort die Angelsachsen eingefallen, eine germanische Völkergruppe aus den Gebieten der deutschen und dänischen Nordseeküste. Scheinbar haben die Britannier diese zur Verstärkung ins Land geholt, um sich besser ihrer keltischen Nachbarn, der Pikten und Skoten, erwehren zu können. Aber die Angelsachen begannen zu rebellieren und eigneten sich mehr und mehr Land an. Das war der Beginn eines jahrhundertelangen Kampfs zwischen den Britanniern und den Angelsachsen bzw. den Engländern, wie diese sich nun selbst nannten. Um 700 war Britannien auf drei Enklaven reduziert: Cornwall, Wales und Strathclyde.

Wie konnte es den unzivilisierten Angelsachsen gelingen, den wohlhabendsten und bevölkerungsreichsten Teil Britanniens einfach zu überrennen? Wahrscheinlich waren die alten keltischen Stammesbindungen in diesem romanisierten Teil Britanniens am schwächsten, da, wo die ehemalige römische Verwaltung am effektivsten gearbeitet hatte. Hier hatte die Landbevölkerung unter den römischen Steuereintreibern am schwersten gelitten, von Loyalität gegenüber der römischen Herrschaft war nichts mehr zu spüren. Im zusammenbrechenden Römischen Reich stießen die Germanen beim Landvolk auf wenig Widerstand; schließlich waren sie keine Steuereintreiber. Den Bauern

ging es unter den Germanen sogar besser. Wahrscheinlich wollte die römisch-britannische Oberschicht im Südosten die bisherige Regierungsform beibehalten, aber wohl kaum die Landbevölkerung, denn sie hätte wieder die Steuerlast tragen müssen. Ohne die Werte stammesgeschichtlicher Gemeinschaft war Widerstand gegen die Angelsachsen nicht denkbar. Die Bauern blieben, wo sie waren, und übernahmen allmählich die Sprache und Kultur der Eroberer. Die meisten heutigen Engländer dürften britannische Vorfahren haben.

Die britannischen Enklaven in Cornwall und Strathclyde überdauerten nicht lange. Cornwall wurde im 8. Jh. von den Engländern, Strathclyde im 11. Jh. von den Schotten erobert. Wales aber konnte sich länger behaupten. Das bergige Land war einerseits gut zu verteidigen, aber andererseits standen gerade seine Berge einer politischen Einigung und einem koordinierten Widerstand im Wege. Wales war niemals eine Nation, immer war es in mehrere Königreiche geteilt, von denen keines dauerhaft die Oberhand gewinnen sollte. Dafür sorgten wiederholte englische Angriffe. Im 13. Jh. wurde auch Wales von England erobert. 1400 kam es unter Owain Glyndŵr zu einem letzten Aufstand der Waliser. 1536–1542 wurde Wales offiziell mit England vereinigt, aber Sprache und Selbstverständnis der Waliser bestanden fort. In Wales konnte sich auch die Reformation etablieren. 1567–1588 wurde die Bibel ins Walisische übersetzt, und auch wenn es nicht die amtliche Sprache in Verwaltung, Justiz und Bildungswesen war, wurde Walisisch doch die

Rekonstruierter Crannog bei Craggaunown, Clare, Irland. Crannogs waren künstlich angelegte Inseln, gerade groß genug für Wohnhaus, Stall und Palisaden. In der Eisenzeit und im frühen Mittelalter waren sie in Irland und Schottland weit verbreitet.

Sprache religiöser Unterweisung und blieb wesentliches Element walisischer Kultur und Identität. Trotz seiner frühzeitigen Eroberung konnte Cornwall nie vollständig anglisiert werden und ist heute noch die vielleicht einzige Region Englands, deren Menschen sich nicht in erster Linie als Engländer verstehen.

Könige und Hochkönige

Kontakte zwischen den Römern und den Iren gab es nur wenige, und erst mit ihrer Christianisierung im 5. Jh. bekommt Irland historische Bedeutung. Auf dieser Insel trafen Christentum und eisenzeitliche La-Tène-Kultur unvermittelt aufeinander, und aus der überraschend harmonischen Verschmelzung ging eine der schöpferischsten und eigenständigsten Zivilisationen im frühmittelalterlichen Europa hervor. Der Einfluss dieser monastisch geprägten Gesellschaft reichte weit über Irland hinaus (wobei allerdings die Behauptung, die Iren hätten die europäische Zivilisation gerettet, eine Übertreibung irischen Nationalstolzes ist).

Das frühchristliche Irland war eine dezentrale Gesellschaft mit einer Hand voll Hochkönigen sowie zahlreichen Unterkönigen und Herrschergeschlechtern. Die Könige von Tara besaßen eine traditionelle, aber nirgendwo verbriefte Oberhoheit über alle anderen irischen Herrscher; und ab dem 9. Jh., unter dem Königshaus Uí Néill (O'Neill), wurde das allgemein anerkannt. Der Hochkönig durfte aber seine Macht nur dann außerhalb seiner Domäne ausüben, wenn die betreffenden Landesherrn ihr Einverständnis erklärten – das diese natürlich verwehrten, wenn sie Nachteile für sich befürchteten. Auch Brian Boru, der mächtigste der frühen irischen Könige, musste diese Machteinschränkung hinnehmen, was ihn am Ende um die Macht brachte.

Harlech Castle, Gwynedd, Wales. Harlech gehört zu den Burgen, mit denen Eduard I. das 1282/83 eroberte Wales absichern wollte. Die Burg war nicht uneinnehmbar, sie fiel 1404 während Owain Glyndŵrs Aufstand in die Hände der Waliser.

Mit den Wikingerüberfällen Ende des 8. Jh.s war das keltische Irland zum ersten Mal ernstlich von außen bedroht. Die Wikinger zogen mehr oder weniger unbehelligt in Irland umher und brachten Tod und Verderben. Doch im Gegensatz zu England gelang es ihnen in Irland nie, außerhalb ihrer halbwegs befestigten Küstenstützpunkte zu siedeln. Irlands extrem dezentrale Organisation verhinderte eine koordinierte Abwehr der Wikinger, erschwerte es andererseits aber auch den Wikingern, erobertes Land dauerhaft zu befrieden. Während sie mit den zentral organisierten angelsächsischen Königreichen verhandeln oder deren Institutionen einfach übernehmen konnten, hieß das im Falle Irlands, einen Krieg gegen eine nicht enden wollende Zahl von Königen zu führen.

Irland und die Engländer

Dezentralisierung schützte Irland auch vor den anglo-normannischen Eroberungsversuchen nach 1169. Die rebellische Insel schreckte englische Siedler ab. Und die es dennoch wagten, mussten sich wie zuvor die Wikinger in befestigten Siedlungen verschanzen und entwickelten bald die (für die englische Regierung) beunruhigende Tendenz, »irisch« zu werden. Dies galt vor allem für den anglo-normannischen Adel, dem die uneingeschränkte Macht irischer Herrscher durchaus zusagte. Schließlich brachte die Reformation eine Wende in der englischen Irlandpolitik, denn der Protestantismus wurde von den Iren und den alten englischen Siedlern entschieden abgelehnt. Aus Angst, die katholischen Kräfte Europas könnten sich dieser Insel als Angriffsbasis gegen England bedienen, beschloss die englische Regierung die Unterwerfung Irlands. Als der letzte irische Herrscher Hugh O'Neill, der Graf von Tyrone, 1603 besiegt war, plante die englische Krone, das katholische Irland massenhaft mit Schotten aus den Lowlands und protestantischen Engländern zu besiedeln. Doch die neuen Kolonien Nordamerikas waren attraktiver als das unruhige Irland, so dass der Plan nur zum Teil aufging. Noch Ende des 17. Jh.s war die überwiegende Mehrheit der Bevölkerung Irlands katholisch und sprach Gälisch, auch wenn 86 Prozent des Landes im Besitz der englischsprachigen protestantischen Elite waren.

Der Beginn Schottlands

Obwohl ihr Land nie erobert wurde, wurden doch die Kaledonier im nördlichen Britannien stark von den Römern beeinflusst. Deren Angriffe hatten zur Folge, dass sich die Kaledonierstämme zusammenschlossen. Ende des 3. Jh.s gab es so etwas wie ein piktisches Gemeinschaftsgefühl. Mächtig genug, um von Römern und Britanniern gleichermaßen gefürchtet zu werden, haben die Pikten jedoch nicht bis in die Neuzeit überlebt. Im 4. und 5. Jh. begannen die Scotti, irische Piraten, mit ihren Überfällen auf Westbritannien. Es entstanden irische Siedlungen auf der Insel Man, in Wales und Argyll, wo das nordirische Herrschergeschlecht Dál Riata ein kleines Königreich gegründet hatte. Kenneth MacAlpine, der König von Dál Riata, unterwarf die Pikten, übernahm deren Institutionen und gründete ein neues Reich, das Alba (nach dem irisch-gälischen Wort für Britannien) bzw. Scotia (Schottland) hieß. Innerhalb eines Jahrhunderts gingen die Pikten in den Skoten auf. Ihre Sprache, durch Gälisch ersetzt, starb aus. Seit dem Mittelalter geriet die Erinnerung an ihre irische Herkunft bei den Schotten immer mehr in Vergessenheit, und erst in jüngster Zeit haben die Pikten wieder einen ihnen gebührenden Platz in der schottischen Mythologie gefunden.

Mit der Annexion des britischen Königreichs Strathclyde und der nordenglischen Provinz Lothian im 10. und 11. Jh. hatte Schottland seine heutige Größe schon fast erreicht. Man spricht hier nicht ganz korrekt von der Vereinigung Schottlands – in Anlehnung an die Vereinigung Englands unter dem Königshaus von Wessex. Denn während es im englischen Königreich bereits vor dessen Vereinigung eine gemeinsame Identität gab, kann man bei den Skoten zu jener Zeit noch nicht von einem Gemeinschaftsgefühl sprechen. Schottland war lediglich das Machtgebiet des Königs der Skoten, die sich selbst für Iren hielten, und blieb noch lange ein Vielvölkerreich, in dem Gälisch, Englisch und

Walisisch gesprochen wurde. Auch nach den Unabhängigkeitskriegen gegen England, als ein gewisses Nationalgefühl bei den Schotten entstanden war, blieb ihr Land geteilt in die englischsprachigen Lowlands und die gälischen Highlands – fürwahr, eine halb keltische Mischung.

Die Unterdrückung der Gälen

Während des 12. und 13. Jh.s wurde Schottlands keltische Monarchie unter anglonormannischem Einfluss allmählich anglisiert, aber die gälischen Fürsten behielten Macht, Einfluss und Ansehen. Mehrere blutige Versuche der Hochlandbewohner, die Politik in den Lowlands im 16. und 17. Jh. zu beeinflussen, überzeugten die Regierung schließlich von der Notwendigkeit, ihre Macht auf die Highlands auszudehnen. Dies wurde mit der Niederwerfung des Jakobitenaufstandes 1745 erreicht, dem die Auslöschung der letzten alten keltischen Gesellschaft folgte. Auch wenn man in diesem Aufstand heute oft eine Erhebung der Schotten gegen die englische Herrschaft sieht, so war er doch weder von den ganzen Highlands getragen, noch war er gegen England gerichtet, sondern gegen das hannoveranische Herrscherhaus, das nach wie vor von den meisten Schotten unterstützt wurde. In ihrer blindwütigen Unterdrückungskampagne gegen alle Highlander nach der Schlacht von Culloden 1746 konnte sich die britische Regierung auf die volle Rückendeckung durch die Schotten der Lowlands verlassen.

Piktische Steinplatte aus Aberlemno, Tayside, Schottland. Es heißt, der Gedenkstein erinnere an den Sieg Königs Bridei mac Bili über die Northumbrier (hier an den Helmen mit Nasenschutz zu erkennen) in der Schlacht von Nechtansmere bei Dunnichen Moss im Mai 685.

Britannien und Irland in vorgeschichtlicher Zeit 600–55 v. Chr.

Der Stein von Turoe mit seinen verschlungenen La-Tène-Mustern ist aus Granit gehauen und diente wahrscheinlich rituellen Zwecken. Loughrea, Galway, Irland, 1. Jh. v. Chr.–1. Jh. n. Chr.

Britannien und Irland zur Eisenzeit zeigen viele Gemeinsamkeiten mit dem keltischen Europa, aber auch wesentliche Unterschiede. Vor dem 20. Jh. beschäftigten sich die Archäologen nur mit den Gemeinsamkeiten und kamen zu dem Schluss, dass Einwanderer die keltische Sprache und Kultur vom Kontinent auf die Britischen Inseln gebracht haben. Erst in jüngerer Zeit beachtete man die Unterschiede und glaubt nun, dass es große keltische Einwanderungen nie gegeben hat. Heute hält man Britannien und Irland für das Gebiet, in dem sich die keltischen Sprachen entwickelt haben.

AUCH WENN ES DAMALS nie zu größeren Eroberungen oder Einwanderungen kam, wurden die Britischen Inseln doch von politischen, ökonomischen und kulturellen Entwicklungen auf dem europäischen Kontinent beeinflusst – etwa der Hallstatt- und La-Tène-Kultur. Aber weite Teile im Westen und Norden der Inseln blieben von diesen Einflüssen unberührt.

Die beeindruckendsten Überreste aus der Eisenzeit sind die Befestigungsanlagen, die in Britannien häufiger zu finden sind als in Irland. Typisch für die Landschaft südlich der Grampian Mountains sind die Hügelfestungen, die größten Anlagen finden sich im walisischen Grenzland und mittleren Südengland; eine weitere Gruppe befindet sich im Südosten Irlands. Nördlich und westlich der Grampians stehen die *Brochs* und *Duns*, befestigte Rundbauten. Kleinere Verteidigungsanlagen, so genannte *Raths* oder *Rounds*, gibt es ebenfalls in Wales und im Südwesten Englands. Auch in Irland finden sich viele *Raths*, einige aus prähistorischer, die meisten aber aus frühchristlicher Zeit. Hügelfestungen hatten unterschiedliche Funktionen. Viele dienten ihren Herren als ständiger Wohnsitz, wie z.B. Danebury, während Ingleborough, auf einem 724 Meter hohen Berg errichtet, wahrscheinlich eine Fluchtburg war. Dagegen waren die großen Anlagen in Irland, etwa Navan, wohl eher religiöse Zentren.

Um die Zeit der Strafexpeditionen Cäsars, 55/54 v. Chr., entwickelten sich einige Hügelfestungen im Südosten Englands zu protourbanen *Oppida*, zu stadtähnlichen befestigten Siedlungen, während die unzugänglicheren aufgegeben und durch offene Siedlungen in der Ebene ersetzt wurden. Die Wege zu den *Oppida* bei Colchester und Selsey wurden mit Erdwällen geschützt, was sie als Sitz eines mächtigen Herrschers ausweist. Ein weiteres Zeichen beginnender Staatsbildung im Südwesten ist das Aufkommen einheimischer Münzen. Und groß angelegte Schutzwälle in Nordirland zeigen auch hier den Beginn eines mächtigen Königreichs.

Opfergaben in Mooren, Seen, Flüssen und Gruben geben Auskunft über die Religionsausübung, und die Funde gut erhaltener Moorleichen sowie menschlicher Knochen in Opfergruben belegen die Praxis des Menschenopfers. Über die Bestattungsrituale wissen wir wenig. Es scheinen auch nur bedeutende Persönlichkeiten beigesetzt worden zu sein. Im Südwesten waren Brand-, im Norden und Westen Erdbestattungen üblich, in Irland beide. Wir kennen Fürstengräber, wie die Welwyn-Gräber im Südosten und die Wagenbestattungen der Arras-Kultur im östlichen Yorkshire, die La-Tène-Einflüsse zeigen.

Erläuterungen zur Karte

❶ *Es gab Kontakte zwischen dem südlichen Britannien und den Belgern Galliens, von denen Siedler um 100 v. Chr. über den Kanal kamen.*

❷ *Die langen Schutzwälle waren wohl Grenzbefestigungen des Königreichs Ulaid, das in der Frühgeschichte Nordirland beherrschte.*

❸ *Über 150 Waffen und Metallartefakte wurden in diesem See versenkt (1. Jh. v. Chr.–1. Jh. n. Chr.).*

❹ *Eines der wenigen ausgegrabenen Raths. Dieses beherbergte sechs Haushalte (3. Jh. v. Chr.–3. Jh. n. Chr.).*

❺ *Kapfestungen, auf der Spitze von Landzungen gebaut, waren leicht zu verteidigen. Diese, mit Brustwall und steinernem Blockhaus, ist gut erhalten.*

❻ *Gräber vom Welwyn-Typ, 1. Jh. v. Chr., enthielten importierte Metall-, Töpfer- und Glaswaren sowie Weinkrüge.*

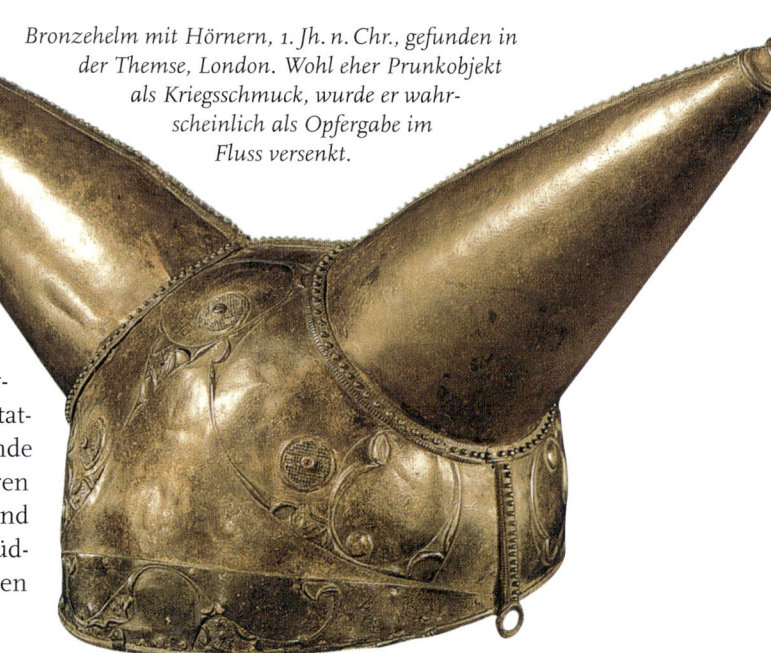

Bronzehelm mit Hörnern, 1. Jh. n. Chr., gefunden in der Themse, London. Wohl eher Prunkobjekt als Kriegsschmuck, wurde er wahrscheinlich als Opfergabe im Fluss versenkt.

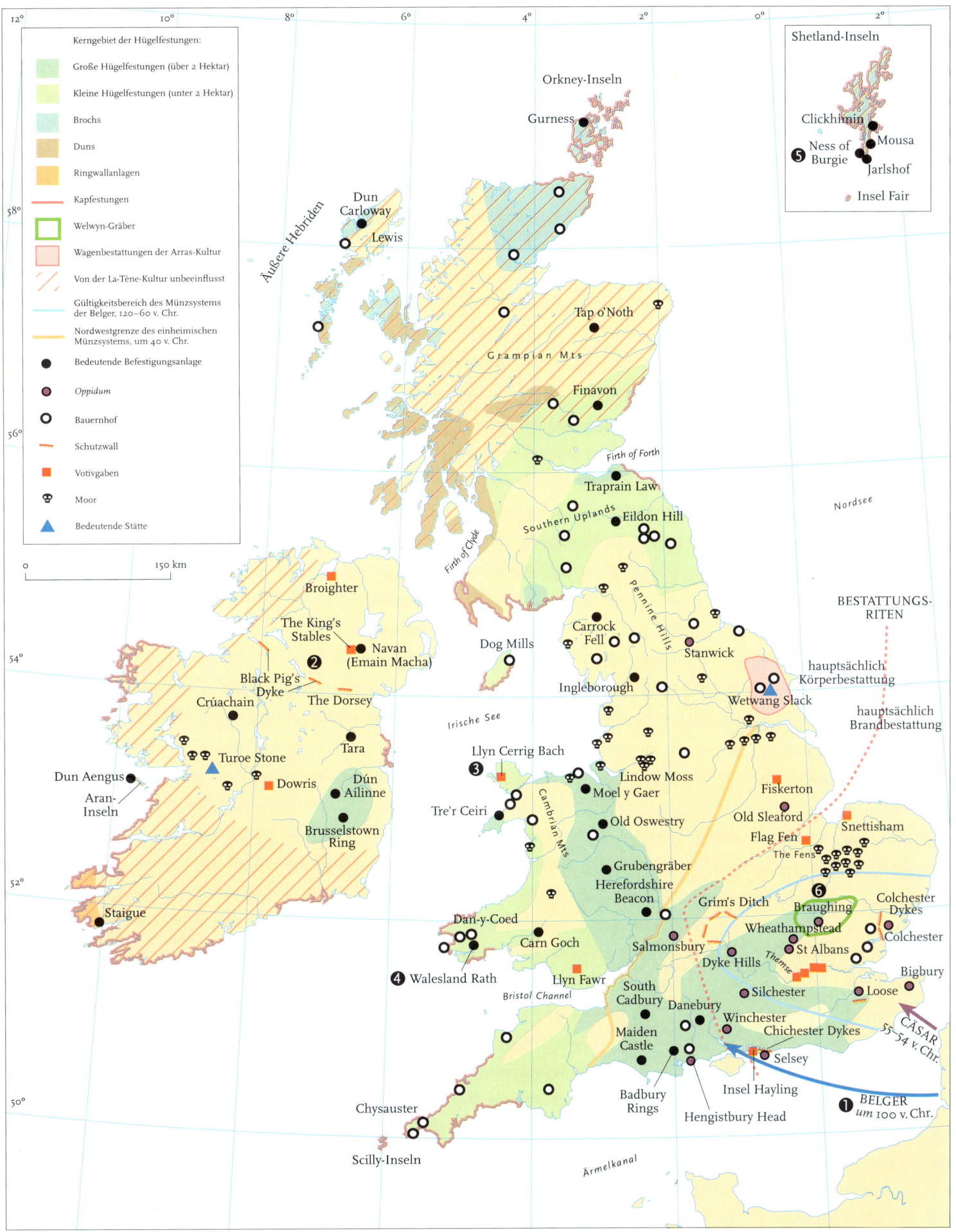

Kerngebiet der Hügelfestungen:

Große Hügelfestungen (über 2 Hektar)

Kleine Hügelfestungen (unter 2 Hektar)

Brochs

Duns

Ringwallanlagen

Kapfestungen

Welwyn-Gräber

Wagenbestattungen der Arras-Kultur

Von der La-Tène-Kultur unbeeinflusst

Gültigkeitsbereich des Münzsystems der Belger, 120–60 v. Chr.

Nordwestgrenze des einheimischen Münzsystems, um 40 v. Chr.

● Bedeutende Befestigungsanlage

● *Oppidum*

○ Bauernhof

⌇ Schutzwall

■ Votivgaben

☠ Moor

▲ Bedeutende Stätte

0 ———— 150 km

Shetland-Inseln

Clickhimin
Mousa
Ness of Burgie ❺
Jarlshof
Insel Fair

Orkney-Inseln

Gurness

Dun Carloway
Lewis

Äußere Hebriden

Tap o'Noth

Grampian Mts

Finavon

Firth of Forth

Nordsee

Traprain Law

Southern Uplands

Eildon Hill

Firth of Clyde

BESTATTUNGS-RITEN

hauptsächlich Körperbestattung

hauptsächlich Brandbestattung

Carrock Fell

Pennine Hills

Stanwick

Ingleborough

Wetwang Slack

Broighter

The King's Stables

Navan (Emain Macha) ❷

Black Pig's Dyke

The Dorsey

Dog Mills

Irische See

Crúachain

Tara

Turoe Stone

Llyn Cerrig Bach ❸

Lindow Moss

Fiskerton

Dun Aengus

Aran-Inseln

Dowris

Dún Ailinne

Tre'r Ceiri

Moel y Gaer

Old Oswestry

Old Sleaford

Flag Fen

Snettisham

The Fens

Brusselstown Ring

Cambrian Mts

Grubengräber

Herefordshire Beacon

Grim's Ditch

Braughing ❻

Colchester Dykes

Staigue

Dan-y-Coed

Carn Goch

Salmonsbury

Wheathampstead

St Albans

Colchester

Dyke Hills

Themse

❹ Walesland Rath

Llyn Fawr

Bristol Channel

South Cadbury

Danebury

Winchester

Silchester

Loose

Bigbury

Chichester Dykes

Chysauster

Maiden Castle

Badbury Rings

Hengistbury Head

Insel Hayling

Selsey

CÄSAR 55–54 v. Chr.

❶ BELGER *um 100 v. Chr.*

Scilly-Inseln

Ärmelkanal

Brochs und Duns 500 v. Chr.–200 n. Chr.

Krieg war allgegenwärtig in der Welt der Kelten. Überall gab es Befestigungsanlagen, und nirgendwo gab es sie häufiger als im Norden und Westen Schottlands, auf den Orkney- und Shetlandinseln, wo in der späten Eisenzeit Hunderte kleiner Steinfestungen *(Duns)* und Wehrtürme *(Brochs)* gebaut wurden.

Die *Brochs* werden oft fälschlicherweise den Pikten zugerechnet, die Türme gab es aber schon vor deren Zeit. Die ältesten datieren aus dem 6. Jh. v. Chr., und die meisten wurden zwischen dem 2. Jh. v. Chr. und dem 2. Jh. n. Chr. gebaut. Am häufigsten sind die *Brochs* im Nordosten Schottlands sowie auf den Orkney- und Shetlandinseln zu finden, während die *Duns* die Westküste beherrschen. Nur wenige *Brochs* und *Duns* finden sich südlich der Forth-Clyde-Landenge, die im 1. Jh. n. Chr. die Grenze zwischen den Kaledoniern im Norden und den Britanniern im Süden darstellte, und auf dem Küstenstreifen zwischen Moray Firth und Firth of Tay gibt es so gut wie keine.

    Duns sind Ringbauten aus Trockenmauerwerk, bis zu 3 Meter hoch und mit einem Durchmesser von 15 bis 40 Metern. Die Eingänge hatten oft Wachräume, die Außenmauern Wehrgänge und innen liegende Treppen. *Brochs* waren aufwändiger konstruiert: massive Rundtürme, 12 bis 25 Meter im Durchmesser und zwischen 9 bis 13 Meter hoch. Die Mauern waren an der Basis bis zu 5 Meter dick, oben aber hohl. So konnte man ohne stärkeres Fundament sehr hoch mauern und hatte zudem nützlichen Lagerraum. In den *Brochs* lebte jeweils eine Familie. Innen lagen der Gemeinschaftsraum mit Feuerstelle und Wasserkessel, darum herum Alkoven oder Schlafplätze. Um manche *Brochs* entwickelten sich später ganze Siedlungen, wie z. B. Gurness auf den Orkneys. *Brochs* haben sich wohl aus *Duns* oder den Blockhäusern der Eisenzeit entwickelt.

    Die weite Verbreitung der *Duns* und *Brochs* – wahrscheinlich die Wohnsitze örtlicher Patriarchen, die über ein paar Familien herrschten – deutet auf stark dezentralisierte Gesellschaftsstrukturen im Schottland der späten Eisenzeit hin, die in weiten Teilen keine friedlichen Lebensbedingungen bieten konnten. Mitte des 2. Jh.s n. Chr., als die Notwendigkeit zu permanenter Verteidigung nicht mehr bestand, wurden die meisten *Brochs* aufgegeben. Wenige waren noch zur Zeit der Pikten bewohnt, in der Höhe abgetragen und zu Häusern umgebaut, während im frühen Mittelalter viele *Duns* wieder bezogen wurden. Die Aufgabe der Befestigungsbauten könnte damit zusammenhängen, dass in den ersten Jahrhunderten n. Chr. die Kaledonier von den Pikten verdrängt wurden.

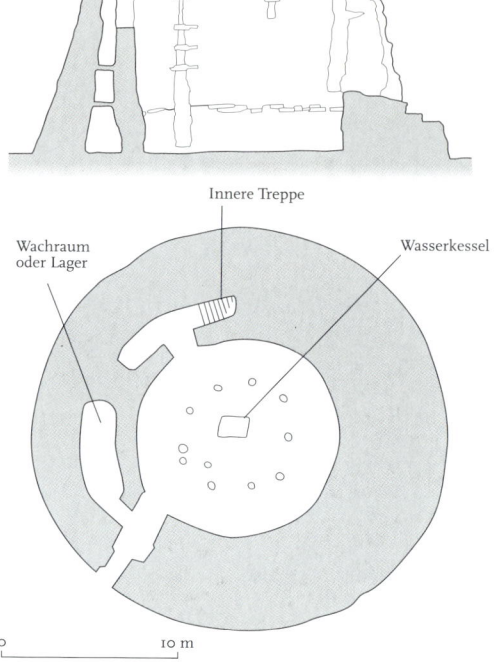

(Oben) Querschnitt und Aufsichtsplan des Broch von Dun Troddan, Inverness. (Unten) Rekonstruktion des Broch von Clickhimin, Shetland, 1. Jh. v. Chr.

Clickhimin Broch, Lerwick, Shetland. Der im 2. oder 3. Jh. n. Chr. aufgegebene Broch wurde später etwas abgetragen und innen zu einem Wohnhaus umgebaut.

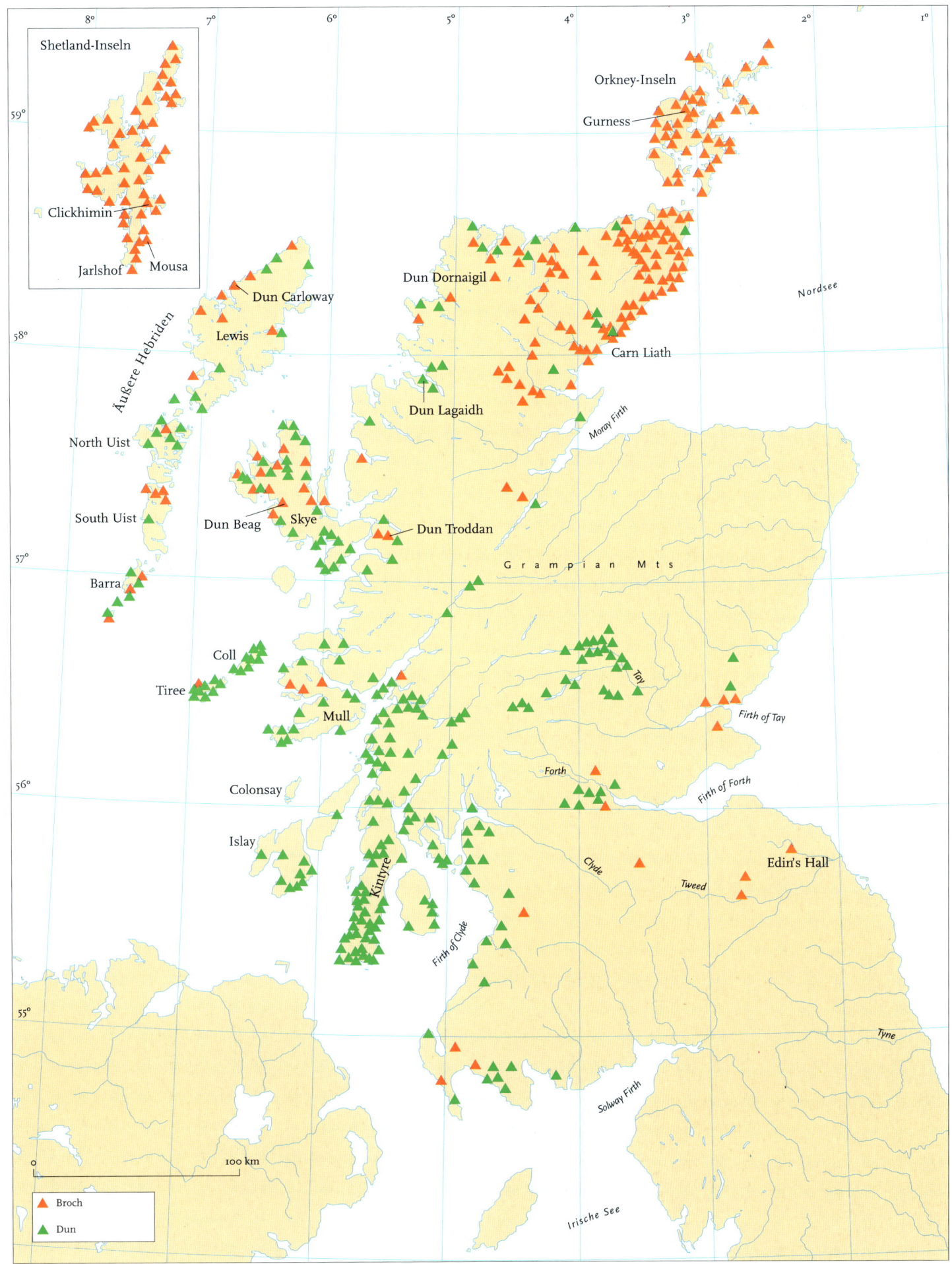

Shetland-Inseln

59°

Clickhimin

Jarlshof   Mousa

Orkney-Inseln

Gurness

Dun Dornaigil

Dun Carloway

Lewis

Carn Liath

Nordsee

Außere Hebriden

Dun Lagaidh

North Uist

Moray Firth

South Uist

Dun Beag   Skye

Dun Troddan

Barra

G r a m p i a n   M t s

Coll

Tiree

Tay

Mull

Firth of Tay

Colonsay

Forth

Islay

Firth of Forth

Clyde   Edin's Hall

Kintyre   Tweed

Firth of Clyde

Tyne

Solway Firth

0   100 km

Irische See

▲ Broch

▲ Dun

Die Eroberung Britanniens
durch die Römer
55 v. Chr.–84 n. Chr.

Erläuterungen zur Karte

❶ Die Prachtvilla in Fishbourne, um 70 n. Chr. erbaut, war wohl ein Dankgeschenk für die Loyalität Königs Cogidubnus gegenüber Rom.

❷ Bruchstücke eines römischen Denkmals, gefunden bei Richborough.

❸ Die erste römische Hauptstadt Britanniens war Colchester, nach dem Aufstand der Boadicea wurde es London.

❹ Inchtuthil, 83 als Legionsfestung erbaut, um die Kaledonier in Schach zu halten, wurde schon nach vier Jahren aufgegeben.

❺ Der Mons Graupius ist noch nicht identifiziert, möglich erscheint der Bennachie bei Durno.

❻ Agricola behauptete, Irland mit einer Legion und einigen Hilfstruppen erobern zu können. Beweisen konnte er es nicht.

Vor dem 1. Jh. v. Chr. waren die Römer an Britannien nur wegen der dortigen Zinnvorkommen interessiert, sonst wusste man wenig über die Insel. Sie blieb ein dunkler, fast mythischer Ort, bis Cäsar 55/54 v. Chr. seine Truppen schickte, um die Britannier für ihre Unterstützung der Gallier zu bestrafen.

SO WENIG CÄSAR mit seiner Expedition auch erreichte, die Eroberung Galliens jedenfalls machte das südöstliche Britannien zugänglich für die romanisierenden Einflüsse durch Handel und Diplomatie. Der Prozess der Staatsbildung beschleunigte sich; die Stämme, unter denen die Atrebaten, Catuvellauni und Trinovanten die mächtigsten waren, gründeten Königreiche. Römischer Einfluss zeigt sich auch in der steigenden Einfuhr von Luxusartikeln (Wein) sowie der Einführung von Münzen nach römischem Vorbild, geprägt mit lateinischen Schriftzeichen. Britannische Herrscher unterstützten die Römer und manche reisten eigens nach Rom.

Colchester wurde ein bedeutender Handelshafen für römische Waren, um dessen Kontrolle sich die Trinovanten und Catuvellauni stritten. Um 10 n. Chr. vereinigten sich diese unter Cunobelinus, der damit über den Südosten herrschte. Nach seinem Tod fiel das Reich an seine Söhne Caratacus und Togodumnus. Machtgierig griffen sie die Atrebaten an und vertrieben ihren Stammesführer, einen Verbündeten Roms.

Damit gaben sie dem neuen Kaiser Claudius – der einen militärischen Erfolg brauchte, um sich als großer Feldherr zu legitimieren – einen Grund zur Eroberung Britanniens im späten Frühjahr 43 n. Chr. Colchester fiel zwei Monate nach der Landung, Togodumnus wurde getötet, aber Caratacus entkam und sollte später für Unruhe sorgen. Einige britannische Herrscher unterwarfen sich und wurden Mandatsträger Roms. Um 47 n. Chr. kontrollierten die Römer den größten Teil des Gebiets südlich einer Linie vom Bristol Channel bis zum Humber. Es war der wirtschaftlich und politisch fortgeschrittenste Landesteil, der sich daher leicht und Gewinn bringend unter römische Herrschaft bringen ließ. Vielleicht wollten die Römer ursprünglich eine dauerhafte Grenze entlang der erwähnten Linie errichten, sahen sich dann aber aufgrund der folgenden Ereignisse zur weiteren Eroberung der Insel gezwungen.

Caratacus überredete die Silurer, die Römer anzugreifen, die gerade in Wales einmarschierten. 51 nahmen die Römer Caratacus gefangen, aber 60 n. Chr. mussten sie die endgültige Eroberung von Wales aufschieben wegen des Aufstands der Ikenerkönigin Boadicea. Der Aufstand des Venutius, Gemahl der Brigantenkönigin Cartimandua, zog die römischen Truppen in den 70er Jahren weiter nach Norden bis zur Solway-Tyne-Landenge. Schließlich sollte Agricola die Eroberung Britanniens abschließen: Zwischen 78 und 83 n. Chr. unterwarf er die nordbritannischen Stämme und stieß gegen die Kaledonier bis zum Moray Firth vor. Nach seinem Sieg am *Mons Graupius* ließ Agricola die Grenze entlang der »Hochlandlinie« sichern, doch dann wurde er nach Rom gerufen. Weiter ist die Eroberung Britanniens nie gegangen.

Maiden Castle bei Dorchester, Dorset. Die Schutzwälle der Hügelfestung hinderten die Römer nicht, sie 44 n. Chr. einzunehmen. In der Festung wurde ein Massengrab der in dieser Schlacht gefallenen Britannier gefunden.

Allegorische Darstellung aus Aphrodisias, Türkei, 1. Jh. n. Chr. Kaiser Claudius besiegt das personifizierte Britannien.

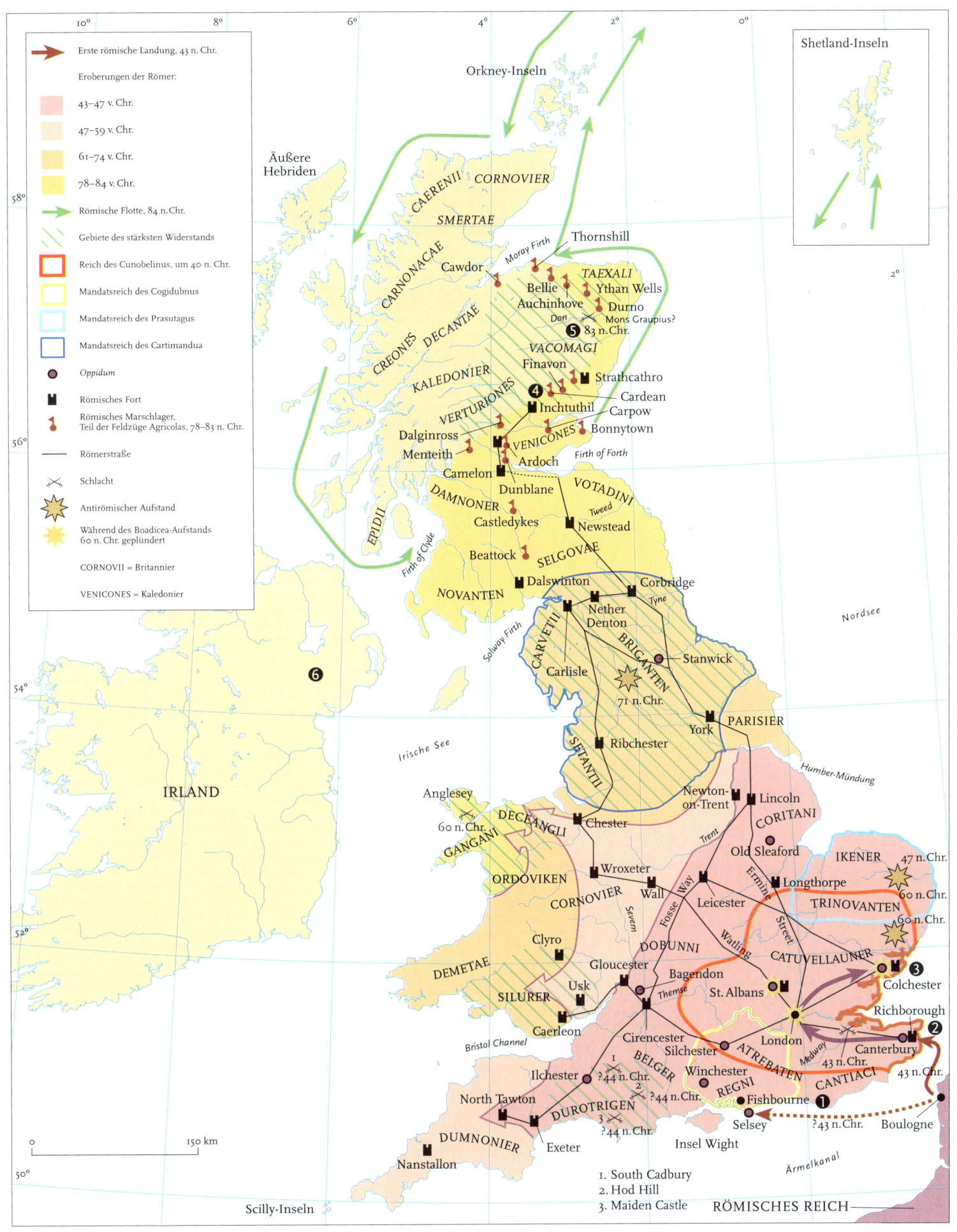

Die Kelten und das römische Britannien

Die Eroberung Britanniens brachte große politische, wirtschaftliche und kulturelle Veränderungen, gleichwohl blieb das Land eine der am wenigsten romanisierten römischen Provinzen. Die überwiegende Mehrheit der Einwohner sprach weiterhin Keltisch, und die wichtigsten Aspekte keltischer Kultur und Religion überdauerten.

DIE RÖMER REGIERTEN und verwalteten Britannien nach dem Beispiel Galliens. Das von ihnen kontrollierte Gebiet wurde die römische Provinz Britannien, regiert von dem in London residierenden Gouverneur. Der größte Teil des Landes war in *Civitates* unterteilt, d.h. in lokale Verwaltungsbezirke in den Grenzen der alten eisenzeitlichen Stammesgebiete.

Die Herrschaft der Römer beschleunigte die Urbanisierung. Und um die Romanisierung zu fördern, wurden Kolonien *(Coloniae)* mit römischen Bürgern gegründet. Einige *Oppida* wie z.B. Silchester wurden zu Hauptstädten der neuen *Civitates*, andere Hauptstädte wurden gegründet. Die örtliche Aristokratie wuchs schnell in die Verwaltung von Provinz und *Civitas* hinein und übernahm den römischen Lebensstil. Britannische Stadtbewohner genossen die Annehmlichkeiten, die für das römische Stadtleben stehen: beheizte Bäder, Amphitheater und Aquädukte. Man liebte klassische Bildhauerei, Wandmalerei und Mosaikkunst, pflegte aber weiterhin die La-Téne-Ornamentik beim Schmuck. Weniger augenfällig waren die Veränderungen auf dem Land, wo 95 Prozent der Bevölkerung lebten. Im fortschrittlichen Südosten entstanden große Landgüter und Villen, besonders im 4. Jh.; im Westen und Norden dagegen blieb es bei der traditionellen Landwirtschaft und Bautechnik.

Die Römer versuchten, die politisch unzuverlässigen Druiden und den Ritus des Menschenopfers zu unterdrücken, und führten die Religion des Reichs in Britannien ein. Aber die alten keltischen Bräuche blühten. Keltische Gottheiten setzte man mit entsprechenden römischen Göttern gleich und verehrte sie in klassischen Tempeln, aber auch in typisch gallischen Heiligtümern. Bestimmte Quellen und Orte in der Natur galten weiterhin als heilig. Im 3. Jh. kamen Religionen aus dem Osten nach Britannien, z.B. der Mithraskult und das Christentum.

Im 2. Jh. stabilisierte sich die Lage im nördlichen Grenzgebiet durch den Bau des Hadrianwalls. Die Stämme nördlich dieses Grenzwalls wurden durch Subsidien friedlich gehalten und gelegentlich kontrolliert. Im hohen Norden hatten sich um 200 die Stämme in zwei Föderationen gegen die Römer verbündet: die Kaledonier und Maeatae. Trotz der immer wieder aufflammenden Kriege gab es einen regen Handel zwischen der römischen Provinz und Nordbritannien – bis hinauf zu den Shetlandinseln.

Irland bewahrte seine ausgeprägte La-Tène-Kultur. Die Quellen berichten von Handelsbeziehungen zwischen dem römischen Britannien und Irland, man hat aber nur wenige römische Gegenstände dort gefunden. Erste halbwegs verlässliche Beschreibungen über Irland und die Iren erhielten die römischen Geographen von den Kaufleuten. Darin erwähnten sie zwar einige in frühchristlicher Zeit bekannte Orte – überraschenderweise aber nicht Tara.

Schalltrichter eines Carnyx (Kriegstrompete) in Form eines Eberkopfes, aus Bronzeblech, gefunden in Deskford, Grampian Mountains, Schottland, 1. Jh. n. Chr. Schrille Klänge waren bei keltischen Kriegszügen allgegenwärtig.

Erläuterungen zur Karte

❶ *Die Funde einer freigelegten Kapfestung belegen die Kontakte mit der römischen Welt.*

❷ *Der 122 n. Chr. begonnene Hadrianswall war das wichtigste Glied der nördlichen Grenze für die folgenden 300 Jahre.*

❸ *Der Antoniuswall, 152 erbaut, wurde bereits 11 Jahre später aufgegeben.*

❹ *Im Tempel der Heilung opferten keltische Pilger dem Gott Nodens Hundenachbildungen, die für sie die Heilung symbolisierten.*

❺ *Die eroberte Hügelfestung Maiden Castle wurde zur Kultstätte, die Bewohner zogen nach Dorchester.*

❻ *Römisch-britannische Brandbestattung (wohl die Frau eines in Irland lebenden britannischen Kaufmanns).*

Emaillierte Bronzebrosche, Nordengland, 1. Jh. n. Chr. Solcher Schmuck bezeugt die Beständigkeit keltischer Ornamentik während der Römerzeit und wurde in Britannien noch im 3. Jh. angefertigt.

Keltische Kunsthandwerker übernahmen klassische Themen, wie das eindrucksvolle Medusenhaupt aus dem Tempel der Göttin Sulis Minerva in Bath zeigt, Ende 1. Jh. n. Chr.

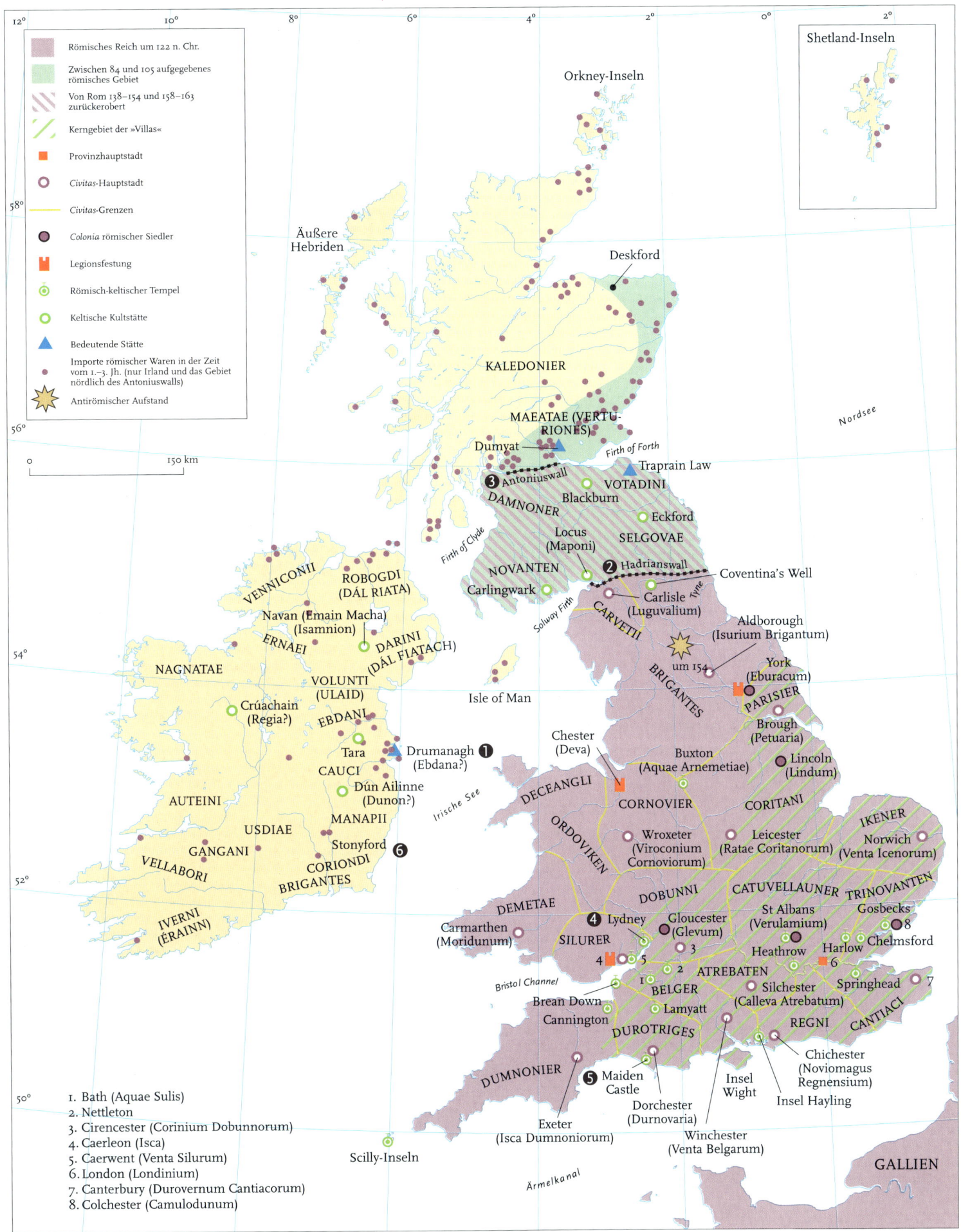

Legende

- Römisches Reich um 122 n. Chr.
- Zwischen 84 und 105 aufgegebenes römisches Gebiet
- Von Rom 138–154 und 158–163 zurückerobert
- Kerngebiet der »Villas«
- ■ Provinzhauptstadt
- ○ *Civitas*-Hauptstadt
- — *Civitas*-Grenzen
- ● *Colonia* römischer Siedler
- ⌐ Legionsfestung
- ◉ Römisch-keltischer Tempel
- ○ Keltische Kultstätte
- ▲ Bedeutende Stätte
- · Importe römischer Waren in der Zeit vom 1.–3. Jh. (nur Irland und das Gebiet nördlich des Antoniuswalls)
- ✦ Antirömischer Aufstand

150 km

Shetland-Inseln

Orkney-Inseln

Äußere Hebriden

Deskford

KALEDONIER

MAEATAE (VERTU-RIONES)

Dumyat

Nordsee

Firth of Forth

Traprain Law

❸ Antoniuswall

DAMNONER

Blackburn

VOTADINI

Eckford

Locus (Maponi)

SELGOVAE

NOVANTEN

Carlingwark

❷ Hadrianswall

Coventina's Well

Firth of Clyde

Carlisle (Luguvalium)

Tyne

CARVETII

Aldborough (Isurium Brigantum)

Solway Firth

VENNICONII

ROBOGDI (DÁL RIATA)

um 154

York (Eburacum)

BRIGANTES

PARISIER

VELLABORI

NAGNATAE

Navan (Emain Macha) (Isamnion)

ERNAEI

DARINI (DÁL FIATACH)

Brough (Petuaria)

Isle of Man

Crúachain (Regia?)

VOLUNTI (ULAID)

EBDANI

Buxton (Aquae Arnemetiae)

Lincoln (Lindum)

Tara

Drumanagh (Ebdana?) ❶

Chester (Deva)

Irische See

DECEANGLI

CORNOVIER

CORITANI

IKENER

AUTEINI

CAUCI

Dún Ailinne (Dunon?)

ORDOVIKEN

Wroxeter (Viroconium Cornoviorum)

Leicester (Ratae Coritanorum)

Norwich (Venta Icenorum)

USDIAE

MANAPII

Stonyford ❻

CORIONDI

BRIGANTES

DEMETAE

DOBUNNI

CATUVELLAUNER

TRINOVANTEN

GANGANI

IVERNI (ÉRAINN)

Carmarthen (Moridunum)

❹ Lydney

SILURER

Gloucester (Glevum)

3

St Albans (Verulamium)

Gosbecks

❽

Heathrow

Harlow

Chelmsford

4

5

2

ATREBATEN

Springhead

7

Brean Down

Cannington

BELGER

Lamyatt

Silchester (Calleva Atrebatum)

REGNI

CANTIACI

DUROTRIGES

❺ Maiden Castle

Insel Wight

Chichester (Noviomagus Regnensium)

DUMNONIER

Dorchester (Durnovaria)

Insel Hayling

Exeter (Isca Dumnoniorum)

Winchester (Venta Belgarum)

Scilly-Inseln

Ärmelkanal

GALLIEN

1. Bath (Aquae Sulis)
2. Nettleton
3. Cirencester (Corinium Dobunnorum)
4. Caerleon (Isca)
5. Caerwent (Venta Silurum)
6. London (Londinium)
7. Canterbury (Durovernum Cantiacorum)
8. Colchester (Camulodunum)

Die Herkunft der Pikten

Die Pikten sind der einzige uns bekannte britannische Keltenstamm aus historischer Zeit, der vollkommen verschwunden ist. Die Pikten, ihre Sprache, Kultur und Identität wurden im frühen Mittelalter von den Skoten ausgelöscht. Ihre schönen enigmatischen Symbolsteine, deren tiefgründiger Sinngehalt sich auch der heutigen Geschichtswissenschaft verschließt, lassen dieses Volk umso rätselhafter erscheinen.

ERSTMALS ERWÄHNT WURDEN DIE PIKTEN 297 n. Chr. in der römischen Literatur. Ihr Name bedeutet »bemalte Menschen«, wahrscheinlich eine bei den römischen Truppen scherzhaft gemeinte Bezeichnung für die Angehörigen dieses Stammes, weil sie ihre Körper tätowierten. Die Pikten waren keine Zuwanderer, sondern Nachfahren der Kaledonier der Eisenzeit. Die Grampian Mountains teilten die Pikten in eine nördliche und eine südliche Gruppe, ähnlich wie die Kaledonier und Maeatae. Die Häufigkeit bedeutender Kultstätten, vorchristlicher Hügel- und Steinhaufengräber um den Moray Firth und in Strathmore weisen diese Gegenden als die Kerngebiete der beiden Gruppen aus. Skelettfunde widerlegen die Behauptung mittelalterlicher Geschichtsschreiber, die Pikten seien zwergwüchsige Menschen gewesen.

Die wenigen piktischen Sprachfunde beschränken sich auf Personen- und Ortsnamen. Einige für uns unübersetzbare piktische Wörter könnten Elemente einer nicht-keltischen Sprache enthalten, die aus vorkeltischer Zeit überdauert haben. Die meisten piktischen Wörter sind mit dem Brythonisch der Britannier verwandt, insbesondere mit dem kumbrischen Dialekt des heutigen Nordengland und Südschottland. Charakteristisches piktisches Sprachpartikel bei Ortsnamen ist *pit-* (wie in Pitlochry), entstanden aus dem gallisch-brythonischen *pett* (»ein Stück Land«). Die Verteilung solcher Ortsnamen zeigt eine besondere Siedlungsdichte östlich der Grampian Mountains, aber vielleicht sind Orte mit ähnlich klingenden Namen in Caithness, auf Orkney und Shetland von den Wikin-

Erläuterungen zur Karte

❶ Frühe piktische Symbole finden sich in der Höhle von Covesea. Dort gefundene schädellose Skelette bezeugen, dass die Pikten Menschen opferten.

❷ Burkhead, um 300 n. Chr. erbaut und im 9. Jh. wohl von Wikingern zerstört, ist die größte bekannte piktische Festung. Im Innern befand sich ein Ritualbrunnen.

❸ Rechteckige Hügelgräber wie Redcastle gab es zwischen dem 1. und 7. Jh. n. Chr.

❹ Fundort des bislang einzigen wissenschaftlich klassifizierbaren Symbolsteins, Mitte 6. Jh.

❺ Wie Gurness wurden viele Brochs der Eisenzeit später von Pikten wieder bezogen, die sie zu Wohnhäusern umbauten oder als Steinbruch für Neubauten nutzten.

Vorchristlicher piktischer Symbolstein aus Aberlemno, Tayside. Er zeigt die drei häufigsten Symbole – Schlange, Z, Doppelscheibe – und den Handspiegel.

Piktischer Silberschmuck aus Norrie's Law, Fife, mit einer Variante des häufigen Symbols: Z mit Doppelscheibe. Die wohl aus dem 5. Jh. stammende Plakette war einst rot emailliert.

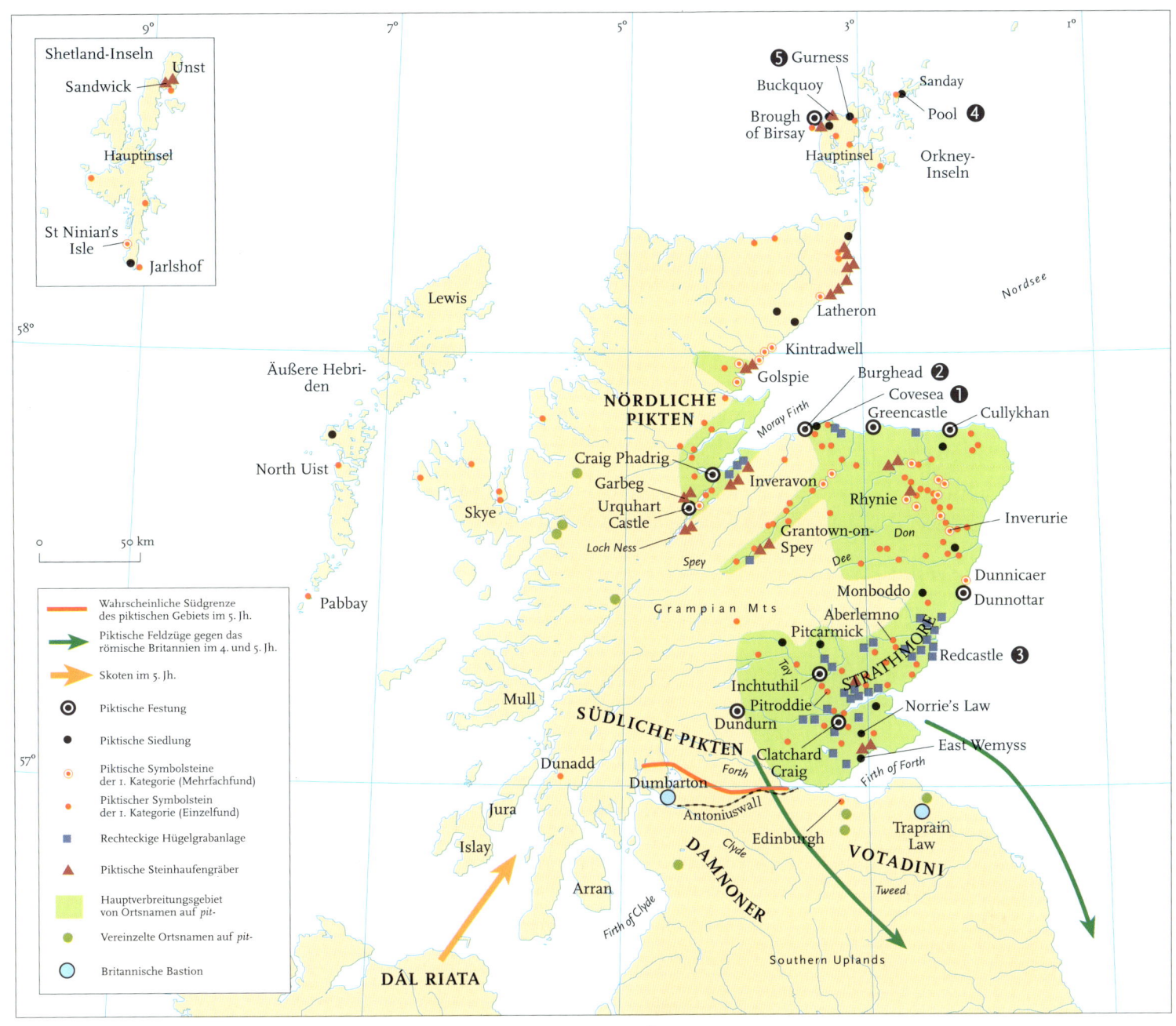

Sandwick
Unst

Hauptinsel

St Ninian's
Isle

Jarlshof

9°   7°   5°   3°   1°

5 Gurness

Buckquoy

Sanday

Brough
of Birsay

Pool 4

Hauptinsel

Orkney-
Inseln

Nordsee

Lewis

58°

Äußere Hebri-
den

North Uist

Skye

Pabbay

50 km

NÖRDLICHE
PIKTEN

Latheron

Kintradwell

Golspie

Burghead 2

Covesea 1

Greencastle

Cullykhan

Moray Firth

Craig Phadrig

Garbeg

Urquhart
Castle

Inveravon

Rhynie

Inverurie

Loch Ness

Grantown-on-
Spey

Don

Dee

Dunnicaer

Dunnottar

Spey

Grampian Mts

Monboddo

Aberlemno

Pitcarmick

STRATHMORE

Redcastle 3

Mull

SÜDLICHE PIKTEN

Inchtuthil

Pitroddie

Dundurn

Norrie's Law

East Wemyss

Clatchard
Craig

Tay

Dunadd

Dunbarton

Forth

Firth of Forth

Antoniuswall

Jura

Edinburgh

Traprain
Law

57°

Islay

DAMNONER

VOTADINI

Clyde

Arran

Firth of Clyde

Tweed

DÁL RIATA

Southern Uplands

Wahrscheinliche Südgrenze
des piktischen Gebiets im 5. Jh.

Piktische Feldzüge gegen das
römische Britannien im 4. und 5. Jh.

Skoten im 5. Jh.

Piktische Festung

Piktische Siedlung

Piktische Symbolsteine
der 1. Kategorie (Mehrfachfund)

Piktischer Symbolstein
der 1. Kategorie (Einzelfund)

Rechteckige Hügelgrabanlage

Piktische Steinhaufengräber

Hauptverbreitungsgebiet
von Ortsnamen auf *pit-*

Vereinzelte Ortsnamen auf *pit-*

Britannische Bastion

gern verwüstet worden und solche an der Westküste infolge der Landflucht im 18. und 19. Jh. von der Landkarte verschwunden.

Wohl am bekanntesten sind die piktischen Symbolsteine, die vielleicht aus dem 5., wahrscheinlich aber aus dem 6. Jh. datieren. Die frühesten Symbole finden sich auf Metallschmuck aus dem 4. Jh. 40 bis 50 verschiedene Symbole sind bekannt, aber was sie bedeuten, wissen wir nicht. Da sie nach der Christianisierung der Pikten nicht verschwanden, kann man annehmen, dass sie keine religiöse Bedeutung hatten. Meistens wurden die Symbole in Zweier- oder Vierergruppen kombiniert. Aus der Kombination könnte sich also der Bezug zu einer bestimmten Person, Familie oder einem Stamm ergeben. Die Steine könnten als Grabsteine gedient haben – ein Brauch, der von den Römern und frühen britannischen Christen übernommen wurde.

Schieferzeichnung eines Männerkopfes aus der Pikten-Siedlung bei Jarlshof, Shetlandinseln.

Die Britannier

In den Britanniern der Römerzeit sieht man meist die ohnmächtigen und unterwürfigen Opfer wilder Angelsachsen, Pikten und Skoten. Doch dies ist eine Erfindung späterer Kirchengelehrter, die mit diesem Bild ganz bestimmte Zwecke verfolgten. In Wirklichkeit haben sich die Britannier gewehrt, und nicht ohne Erfolg.

IM GEGENSATZ ZUM ÜBRIGEN RÖMISCHEN REICH war das 4. Jh. für Britannien eine Blütezeit. Angelsachsen und Pikten griffen zwar immer wieder mit ihren Schiffen an, aber die römischen Verteidigungsanlagen an den Küsten boten hinlänglich Schutz. Erst 368 wurde Britannien von den alliierten Angelsachsen, Pikten und Iren überrannt. Obwohl die Ordnung schnell wieder hergestellt war, ging es wirtschaftlich bergab, und von den vielen römisch-britannischen Städten waren im 5. Jh. nur noch wenige bewohnt. Immer mehr Truppen wurden zum Festland abgezogen, und als die Provinz ungeschützt war, entmachteten die Britannier 410 die Römer und nahmen die Landesverteidigung selbst in die Hand. Das Geschehen im 5. Jh. liegt weitgehend im Dunkeln. Die Macht fiel wahrscheinlich an die römisch-britannische Aristokratie, die die Erbmonarchie einführte. Im 6. Jh. gab es in Britannien mehrere kleine Herrschaftsgebiete, von denen sich einige, wie z. B. Dumnonia, mit den alten Stammesterritorien deckten.

Die Britannier sahen sich mit zwei expandierenden Völkern konfrontiert, den Iren (Scotti) und den Angelsachsen. Die Verbreitung von Ogham-Inschriften deutet auf eine starke irische Besiedlung des westlichen Britanniens hin. Allerdings fielen nicht die Britannier, sondern die Pikten den Iren zum Opfer. Allein die Insel Man konnten die Iren dauerhaft erobern. Die Angelsachsen hatten Britannien schon seit über einem Jahrhundert heimgesucht, als sie sich im 5. Jh. im Süden und Osten niederließen. Späterer Überlieferung zufolge soll der britannische König Vortigern ihnen das Siedlungsrecht in seinem Land als Lohn für Kriegsdienste eingeräumt haben (eine gängige Praxis bei den Römern). Aber dann rebellierten die Angelsachsen und eigneten sich das Land an. Ambrosius Aurelianus führte die britannischen Truppen gegen sie, und nach der Schlacht von Mount Badon um 500 (Ort unbekannt) war die angelsächsische Expansion für 70 Jahre gestoppt. Schließlich expandierten die Britannier selbst und siedelten im 5. Jh. in großer Zahl in der Bretagne.

Im 4. Jh. war Britannien christianisiert, und im 5. Jh. begannen britannische Missionare mit der Bekehrung der Pikten und Iren. Aber der Südosten kehrte unter der Herrschaft der Angelsachsen wieder zum Heidentum zurück. Die politische wie geographische Distanz zu Rom erlaubte es, dass die Kirche ihre eigenen unverwechselbaren Bräuche und Riten entwickeln konnte, die als »Keltisches Christentum« bekannt sind, und sie bewirkte eine Wiederbelebung keltischer Kunstformen.

Frühwalisisches Ringkreuz, Margan Abbey, Glamorgan, Südwales.

Erläuterungen zur Karte

❶ *»Die Sachsenküste« (Saxon Shore) bezeichnet die römischen Küstenverteidigungsanlagen gegen angelsächsische Überfälle.*

❷ *Die Brythonisch sprechenden Bewohner der Insel Man übernahmen im 5. Jh. das Goidelisch irischer Einwanderer.*

❸ *Das Auftauchen langer Steinkistengräber markiert die Einführung des Christentums bei den Pikten und Nordbritanniern.*

❹ *König und Adel bevorzugten sichere Orte für ihren Stammsitz, wie den Felsen von Dinas Emrys, oder bezogen die alten Hügelfestungen der Eisenzeit, z. B. South Cadbury.*

❺ *Wroxeter mit seinen großen Neubauten im 5. Jh. (um 600 wieder aufgegeben) ist ein Beispiel für das aufblühende urbane Leben nach der Römerzeit.*

Der Dumbarton Rock beherrscht die Flussmündung des Clyde und hat schon viele Festungen getragen. Im frühen Mittelalter war er das Hauptbollwerk des Königreichs Strathclyde.

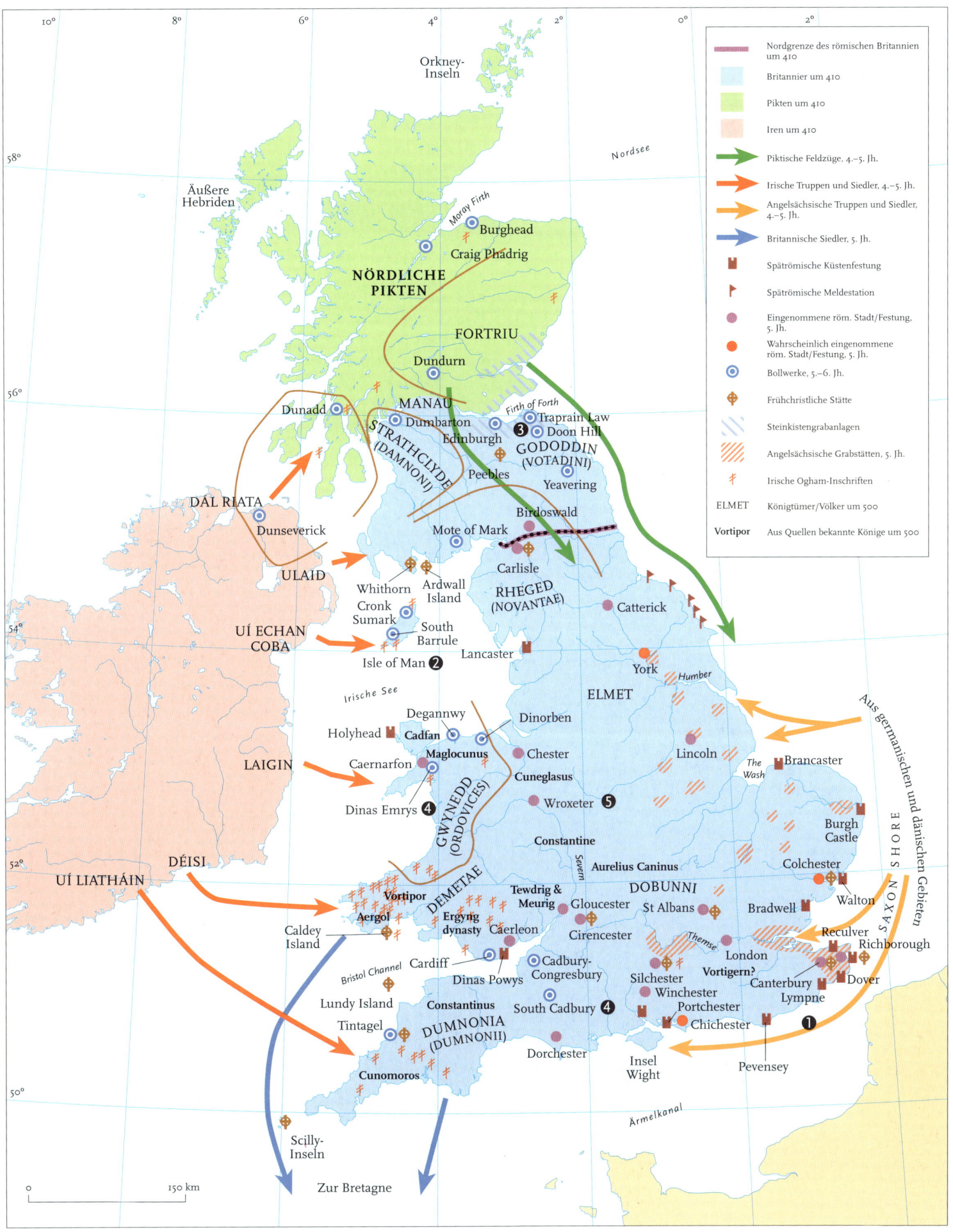

Map labels

Legend (top right):

- Nordgrenze des römischen Britannien um 410
- Britannier um 410
- Pikten um 410
- Iren um 410
- Piktische Feldzüge, 4.–5. Jh.
- Irische Truppen und Siedler, 4.–5. Jh.
- Angelsächsische Truppen und Siedler, 4.–5. Jh.
- Britannische Siedler, 5. Jh.
- Spätrömische Küstenfestung
- Spätrömische Meldestation
- Eingenommene röm. Stadt/Festung, 5. Jh.
- Wahrscheinlich eingenommene röm. Stadt/Festung, 5. Jh.
- Bollwerke, 5.–6. Jh.
- Frühchristliche Stätte
- Steinkistengrabanlagen
- Angelsächsische Grabstätten, 5. Jh.
- Irische Ogham-Inschriften
- ELMET Königtümer/Völker um 500
- Vortipor Aus Quellen bekannte Könige um 500

Geographic / place labels:

Orkney-Inseln
Äußere Hebriden
Nordsee
Moray Firth
Burghead
Craig Phadrig
NÖRDLICHE PIKTEN
FORTRIU
Dundurn
MANAU
Dunadd
Dumbarton
STRATHCLYDE (DAMNONI)
Edinburgh
Firth of Forth
Traprain Law
Doon Hill
GODODDIN (VOTADINI)
Peebles
Yeavering
Birdoswald
DÁL RIATA
Dunseverick
ULAID
Mote of Mark
Carlisle
RHEGED (NOVANTAE)
Catterick
Whithorn
Cronk Sumark
Ardwall Island
UÍ ECHAN COBA
South Barrule
Isle of Man
Lancaster
York
Humber
ELMET
Irische See
Degannwy
Dinorben
Holyhead
Cadfan
Maglocunus
Chester
Lincoln
The Wash
Brancaster
LAIGIN
Caernarfon
Cuneglasus
Dinas Emrys
GWYNEDD (ORDOVICES)
Wroxeter
Burgh Castle
DÉISI
Constantine
Aurelius Caninus
UÍ LIATHÁIN
Vortipor
DEMETAE
Tewdrig & Meurig
Gloucester
St Albans
DOBUNNI
Bradwell
Colchester
Walton
Aergol
Ergyng dynasty
Caerleon
Cirencester
Reculver
Richborough
Caldey Island
Severn
Themse
London
Cardiff
Dinas Powys
Cadbury-Congresbury
Silchester
Vortigern?
Canterbury
Dover
Lundy Island
Constantinus
South Cadbury
Winchester
Portchester
Lympne
Tintagel
DUMNONIA (DUMNONII)
Dorchester
Chichester
Insel Wight
Pevensey
Cunomoros
SAXON SHORE
Aus germanischen und dänischen Gebieten
Bristol Channel
Scilly-Inseln
Zur Bretagne
Ärmelkanal
0 150 km

König Artus

Nicht von ungefähr bezeichnet man die Epoche zwischen 5. und 8. Jh. als das »Finstere Zeitalter« in der britischen Geschichte. Es gibt nur wenige zeitgenössische Aufzeichnungen über diese Zeit. Die überragende Figur jener Ära ist Artus, in dem viele einen großen keltischen Heerführer sehen, der um 500 in der Schlacht von Mount Badon über die Angelsachsen triumphierte. Wahrscheinlich war Artus ursprünglich eine mythische Figur, ein Held der Volkssage, der in dem Maße »historisiert« wurde, wie man tatsächliche Ereignisse mit dem legendären König verband.

VIERZIG JAHRE NACH DER SCHLACHT von Mount Badon schreibt der Mönch und Historiker Gildas den Sieg dem Feldherrn Ambrosius Aurelianus zu, ohne einen Artus auch nur zu erwähnen. Die erste Quelle, die Artus als Sieger von Mount Badon nennt, ist die *History of the Britons* aus dem 9. Jh. Das Werk enthält zum großen Teil Legenden und Sagen und taugt deshalb nicht zum Beweis, dass Artus eine historische Figur war; es beweist bloß, dass man damals glaubte, es habe ihn wirklich gegeben.

In Britannien hat man zahlreiche Orte mit Artus in Verbindung gebracht, und so manche Behauptung stammt erst aus jüngerer Zeit: Dass Artus und seine Ritter schlafend in den Kupferminen von Alderley Edge in Cheshire ruhen, kam erstmals im 19. Jh. auf. Aber vieles wurde erwiesenermaßen schon im Mittelalter behauptet. »Arthur's O'en« (oven: »Backofen«), eine römische Ruine in der Nähe des Antoniuswalls, wird zum ersten Mal 1293 erwähnt. Diese Orte liegen in Gebieten, in denen die Britannier am längsten unabhängig lebten: im Südwesten Schottlands, in Cumbria, Wales und Cornwall. All das kann zwar keineswegs Artus' Existenz beweisen, aber es belegt den Ursprung der Erzählungen. Britannische Auswanderer trugen dann die Artus-Sage in die Bretagne, wo es ebenfalls diverse Artus-Orte gibt.

Die meisten Artus-Stätten auf den Britischen Inseln stammten aus vorgeschichtlicher Zeit, dazu zählen Grabhügel (Bwrdd Arthur, Wales), Megalithgräber (Coetan Arthur, Wales), Hügelfestungen (Moel Arthur, Wales) und Steinkreise (King Arthur's Round Table, Cumbria). Diese Monumente gab es also schon lange vor der Zeit, in der Artus gelebt haben soll. Andere Orte rechnet man aus etymologischen Gründen Artus zu. So glaubte man Camelot in der Stadt Colchester zu erkennen, deren lateinischer Name Camulodunum war. Carmarthen im südwestlichen Wales soll Kaermerdin (»Merlins Burg«) gewesen sein. Aber nicht alle Behauptungen sind völlig aus der Luft gegriffen: Archäologische Ausgrabungen zeigen, dass Tintagel, South Cadbury, Dinas Emrys, Mote of Mark (König Mark von Cornwall war der Gegenspieler von Artus' Vater Uther Pendragon) und Dumbarton Rock Machtzentren des frühmittelalterlichen Britanniens waren.

John Leland war der Erste, der im 17. Jh. die Hügelfestung South Cadbury mit Camelot identifizierte, wohl weil örtliche Überlieferungen dies andeuten und wegen der Nähe der Ortschaften Queen Camel und West Camel.

Erläuterungen zur Karte

❶ *Mönche aus Glastonbury behaupteten im 12. Jh., die Särge von Artus und Guinevere gefunden zu haben.*

❷ *Die römische Festung Caer Gai soll das Schloss Sir Kays gewesen sein, eines Ritters der Tafelrunde.*

❸ *Artus letzte Schlacht von Camlann soll bei Slaughterbridge am Fluss Camel stattgefunden haben.*

❹ *Geoffrey of Monmouth hat als Erster Bath mit dem Schlachtfeld Mount Badon identifiziert.*

❺ *Örtliche Legenden sprechen von der Burg des Uther Pendragon, des Vaters von Artus. Sie stammt aus dem 14. Jh.*

❻ *Der Überlieferung zufolge der Geburtsort Merlins.*

❼ *»König Artus' runde Tafel« im Winchester Castle datiert aus dem 13. Jh. Englische Könige beriefen sich auf die Artus-Sage, um ihren Herrschaftsanspruch über ganz Britannien zu legitimieren.*

»König Artus' runde Tafel« im Winchester Castle, Hampshire, wurde im 13. Jh. für Eduard III. angefertigt. Die Bemalung entstand während der Regierungszeit des Tudorkönigs Heinrich VIII., der sich aufgrund seiner walisischen Abstammung mit Artus-Symbolen umgab.

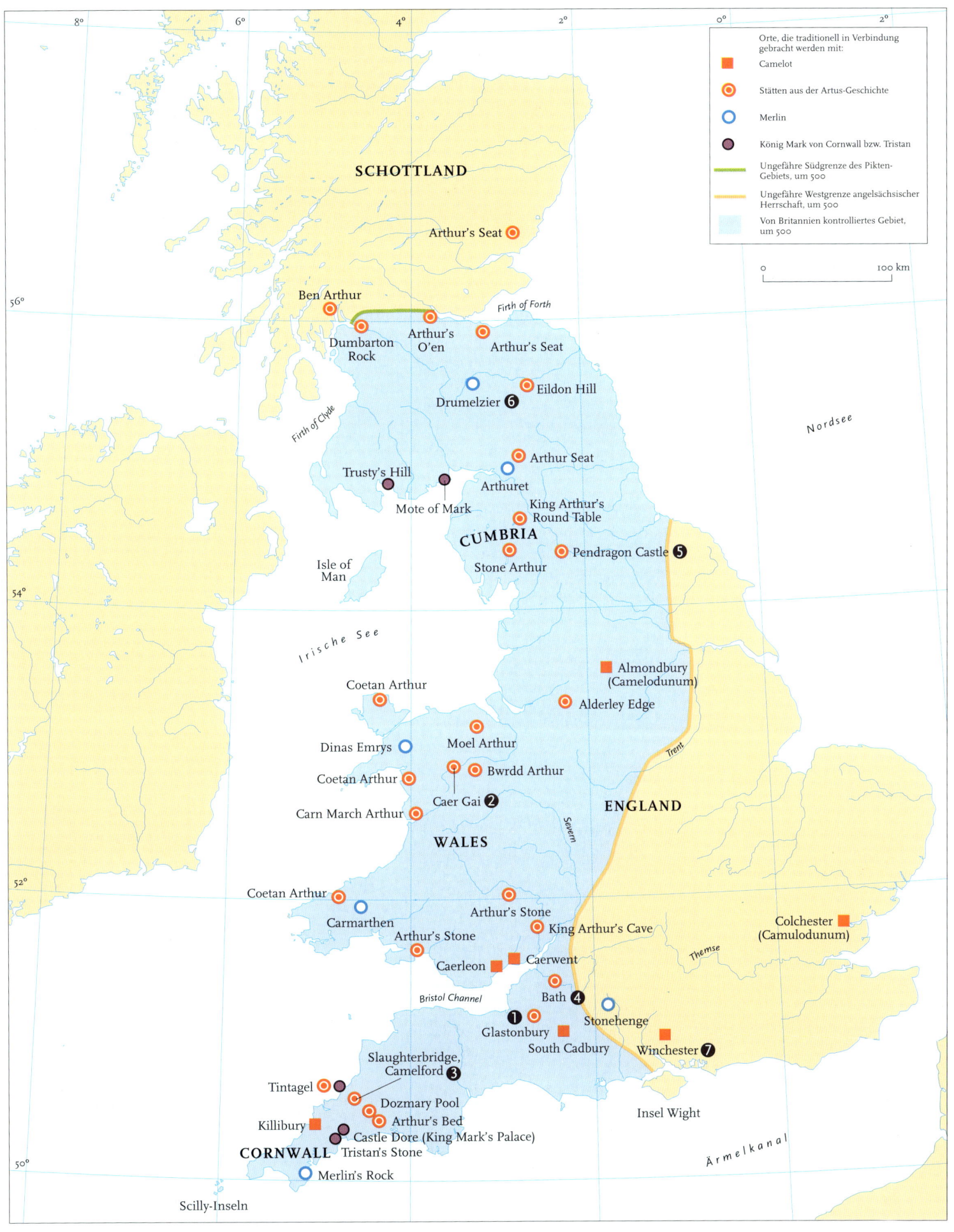

SCHOTTLAND

Arthur's Seat ⊙

Ben Arthur ⊙

Dumbarton Rock ⊙

Arthur's O'en ⊙

Arthur's Seat ⊙

Firth of Forth

Firth of Clyde

Drumelzier ⊙ ❻

Eildon Hill ⊙

Nordsee

Trusty's Hill ⦿

Mote of Mark ⦿

Arthur Seat ⊙

Arthuret

King Arthur's Round Table ⊙

CUMBRIA

Stone Arthur ⊙

Pendragon Castle ⊙ ❺

Isle of Man

Irische See

Coetan Arthur ⊙

Almondbury (Camelodunum) ■

Alderley Edge ⊙

Dinas Emrys ○

Moel Arthur ⊙

Bwrdd Arthur ⊙

Coetan Arthur ⊙

Caer Gai ❷

Carn March Arthur ⊙

WALES

Trent

ENGLAND

Severn

Coetan Arthur ⊙

Arthur's Stone ⊙

King Arthur's Cave ⊙

Colchester (Camulodunum) ■

Carmarthen ○

Arthur's Stone ⊙

Caerleon ■

Caerwent ■

Themse

Bristol Channel

Bath ⊙ ❹

Glastonbury ❶

Stonehenge ○

South Cadbury ■

Winchester ■ ❼

Insel Wight

Slaughterbridge, Camelford ❸

Tintagel ⊙ ⦿

Dozmary Pool ⊙

Arthur's Bed ⊙

Killibury ■

Castle Dore (King Mark's Palace) ⦿

Tristan's Stone ⦿

CORNWALL

Merlin's Rock ○

Ärmelkanal

Scilly-Inseln

Orte, die traditionell in Verbindung gebracht werden mit:

■ Camelot

⊙ Stätten aus der Artus-Geschichte

○ Merlin

⦿ König Mark von Cornwall bzw. Tristan

— Ungefähre Südgrenze des Pikten-Gebiets, um 500

— Ungefähre Westgrenze angelsächsischer Herrschaft, um 500

▫ Von Britannien kontrolliertes Gebiet, um 500

0   100 km

Die Skoten und die Pikten

Im 4. Jh. begannen irische Piraten Britannien zu überfallen. Sie nannten sich selbst »Scotti«, was »Räuber« bedeutet. Bald hießen alle Iren so, ob Piraten oder nicht. Im späten 5. Jh. gewann die nordirische Dynastie Dál Riata die Kontrolle über Argyll. In den folgenden Jahrhunderten dehnte sie ihre Macht über den größten Teil Nordbritanniens aus und gründete das Königreich Schottland.

ALTER SCHOTTISCHER ÜBERLIEFERUNG zufolge geht die irische Besiedlung von Argyll auf König Fergus MacErc (gestorben 501) zurück, der Kintyre erobert hatte und dessen Brüder Loarn und Oengus die Insel Islay und Lorn eroberten. Die Geschichte wurde möglicherweise erfunden, um die Aufteilung des schottischen Dál Riata (Argyll) unter drei Stämme zu erklären: Cenel Loairn, Cenel nOengusa und Cenel nGabrain (nach Fergus' Enkel Gabran). Fergus und seine Nachfolger herrschten über beide Teile Dál Riatas – das irische Stammland und Argyll –, bis beide 637 voneinander unabhängige Reiche wurden.

Die Skoten brachten mit Gälisch eine neue Sprache nach Britannien sowie die irische Oghamschrift, die die Pikten übernahmen. Irische Mönche folgten nach und gründeten Klöster. Das von Kolumban d. Ä. auf Iona gegründete Kloster wurde eine der einflussreichsten Missionskirchen auf den Britischen Inseln und das Zentrum für die Bekehrung der nördlichen Pikten und Northumbrier im späten 6. und frühen 7. Jh. Die Christianisierung der südlichen Pikten hatten die Britannier schon im 5. Jh. begonnen. Das Christentum inspirierte die piktische Kunst, die großartige Kreuztafeln schuf, in denen sich einheimische, northumbrische und irische Kunststile verbanden.

Kenneth MacAlpin (um 840–858) vom schottischen Dál Riata eroberte 843 das piktische Fortriu und gründete damit ein neues Königreich, das um 900 Alba (irisch für »Britannien«) bzw. Scotia hieß. Nie war der Einfluss der Skoten auf die Pikten größer. Seit dem 8. Jh. waren die meisten Pikten-Könige skotischer Abstammung, und als einer von diesen, Eoganan, 839 im Kampf gegen die Wikinger den Tod fand, nutzte Kenneth die Gunst der Stunde und eroberte Fortriu. Und noch ein rivalisierendes skotisches Herrscherhaus

Erläuterungen zur Karte

❶ *Der 6 Meter hohe Sueno's Stone ist die größte piktische Kreuztafel, vielleicht die letzte. Sie erinnert an einen Sieg im 9. oder 10. Jh.*

❷ *Als die Northumbrier die Pikten unterwerfen wollten, wurden sie 685 von Bridei mac Bili bei Nechtansmere nahe Dunnichen Moss vernichtend geschlagen.*

❸ *Auf Iona wurden traditionell (9.–11. Jh.) die skotischen Könige begraben, u.a. auch Kenneth MacAlpin und Macbeth.*

❹ *Im 7. Jh. wurden die Herrscher von Fortriu die Hochkönige der Pikten, deren Machtbereich sich bis zu den Orkneys ausdehnte.*

❺ *In Dunadd, oft als das Machtzentrum des skotischen Teils von Dál Riata bezeichnet, wurden bei Ausgrabungen kunsthandwerkliche und importierte Objekte zutage gefördert, wie man sie vor einer Hauptstadt erwartet.*

(Unten links) Behauene Steinplatte aus Rosemarkie, Ross-shire, 8.–9. Jh. Sie vereinigt christliche Symbole mit den piktischen Zeichen »Z und Doppelscheibe« und »V und Halbmond«.

(Unten rechts) In eine Steinplatte eingemeißelter Fußabdruck auf dem felsigen Hügel von Dunadd, dem Machtzentrum der Skoten von Dál Riata. Der Fußabdruck wird mit Königszeremonien in Verbindung gebracht.

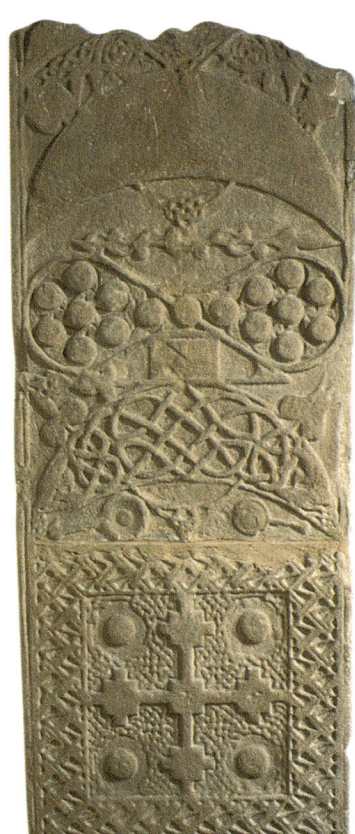

Shetland-Inseln

Hauptinsel
Bressay
Papil
St Ninian's Isle

0   50 km

1. St. Serf's Island
2. Clatchard Craig
3. Abernethy
4. Dundurn 683

Herrscherfamilien:

Cenel Loairn
Cenel nGabrain
Cenel nOengusa
Irisch-Dál Riata

→ Skotische Ausdehnung, 8.–9. Jh.

Pikten-Gebiet

Piktische Kreuztafeln (Symbolsteine der 2. und 3. Kategorie)

• Einzelfund
◉ Mehrfachfund
⚡ Piktische Ogham-Inschrift
⚡ Irische Ogham-Inschrift
■ Herrscherhäuser
◉ Mönchsorden

Freistehendes Steinkreuz

✚ Irisch
✚ Angelsächsisch

— Königreich Alba um 850

🔥 Frühe Wikingereinfälle

Skandinavische Siedlungen, 9. Jh.

✕ Schlacht

Papa Westray
North Ronaldsay
Orkney-Inseln
Brough of Birsay
Hauptinsel
Deerness

Nordsee

CAIT

Äußere Hebriden

Portmahomack
Fearn
Burghead   Aberdour
Rosemarkie
Craig Phadrig   Sueno's Stone ❶   Deer
Urquhart Castle
Moray Firth
MORAY   Spey   Don
Glen Mor   Dee
CIRCINN
Dunnottar 681 694
Caluim-Chille
Tobar na Maor
Skye 795
Applecross
PICTAVIA
Barra 869
Canna
Eigg
Aberlemno
Nechtansmere 685
ATHFOTLA
Meigle
Tay
ALBA
Dunkeld
St Vigeans ❷
Tiree 673
Scone 3
❹ FORTRIU
Lismore
Dunollie
Cella-Duini
Earn
St Andrews
Mull 795
Forteviot
❸ Iona
Eileach an Naoimh
698 714 731
Dunadd
Aberfoyle
Dunblane
Tyninghame
Colonsay
❺
Strathcashel   Forth   FIB
Coldingham
DÁL RIATA (SKOTEN)
Knock
Dumbarton
Glasgow
Abercorn
Firth of Forth
Lindisfarne 793
679
Luss
Islay 683 736
Tarbert
Cambuslang
LOTHIAN
Yeavering
Inner Farne
Kildonan
Jura
St Ninian's Isle
Clyde   Tweed
Melrose
Bamburgh
Kintyre
Arran
STRATHCLYDE (BRITANNIER)
NORTHUMBRIA (ANGELN)
Coquet Island
Dunseverick
Dunaverty 712
Firth of Clyde
Degsastan 603

nutzte die durch die Wikingereinfälle entstandene instabile Lage und eroberte Moray. Doch auch die Skoten litten unter den Wikingern und verloren im späten 9. Jh. ihre Westküstengebiete an sie. Die Wikinger hatten sich in so großer Zahl in Orkney, Shetland und Caithness niedergelassen, dass die piktischen Einwohner von ihnen vollständig assimiliert wurden. Das gleiche Schicksal erlitten die Pikten unter skotischer Herrschaft. Schon Ende des 9. Jh.s war ihre Symbolschrift verschwunden, und die letzte zeitgenössische Erwähnung der Pikten datiert um 900. Die Sprache der Pikten wurde durch das Gälisch verdrängt und starb kurz darauf aus. Kein literarisches Zeugnis der Pikten ist auf uns gekommen, so rücksichtslos haben die Skoten die piktische Kultur unterdrückt.

Verzierter silberner Konus, wahrscheinlich Teil eines Schwertgürtels aus einem piktischen Silberhort, gefunden in der Ruine einer frühchristlichen Kirche auf der Insel St. Ninian's (Shetlandinseln), wo er um 800 vor den Wikingern versteckt und vergraben wurde.

Die Anfänge von Wales 500–900 n. Chr.

Im 9. Jh. lag das Kerngebiet der unabhängig gebliebenen Britannier im Bergland im Westen der Insel, es entspricht in etwa dem heutigen Wales. Diese Region, wenn auch nicht politisch geeint, hatte doch durch Gesetz, Schrift und Sprache ein eigenes kulturelles Gepräge, auf das sich heute noch das nationale Selbstverständnis der Waliser gründet. Der englische Name »Wales« (auf walisisch lautet er *Cymru*) leitet sich von *waelisc* (»Ausländer«) her, der angelsächsischen Bezeichnung für die Britannier.

DAS GLEICHGEWICHT DER KRÄFTE, das in Britannien seit dem britannischen Sieg von Mount Badon herrschte, neigte sich Mitte des 6. Jh.s zugunsten der Angelsachsen, die sich schon früh die besten Anbaugebiete Britanniens angeeignet und damit dauerhafte Vorteile verschafft hatten, mit denen sie auch eine schwere militärische Niederlage verkraften konnten. Um 600 waren die Angelsachsen bis zur Westküste vorgestoßen und hatten damit Britannien in drei isolierte Territorien geteilt: in Strathclyde (Schottland), Wales und Dumnonia (Devon und Cornwall bzw. »West-Wales«, wie die Angelsachsen letzteres nannten). Im 8. Jh. eroberten die Westangelsachsen Dumnonia kampflos, beließen aber bis ins 9. Jh. seine Könige als Lehnsträger im Amt. Während Devon bereits im 8. Jh. anglisiert wurde, überdauerte die keltische Sprache in Cornwall bis ins 18. Jh.

Politisch zwar uneinig, behaupteten die Britannier von Wales ihre Unabhängigkeit; und Ende des 6. Jh.s hatte sich ihr brythonischer Dialekt zur walisischen Sprache entwickelt. Zu dieser Zeit waren die Angelsachsen bis zu den ersten Ausläufern der Cambrian Mountains vorgedrungen, also etwa bis zur heutigen walisischen Grenze. Um 790 ließ König Offa von Mercia einen 240 Kilometer langen Wall als Grenzsicherung gegen die Übergriffe der Waliser errichten. Aber »Offa's Dyke« hielt nicht stand: Die Angelsachsen überrannten ihn an mehreren Stellen auf ihrem Vormarsch nach Westen, und die Waliser von der anderen Seite in Richtung Osten, als sie verlorene Gebiete zurückeroberten. Im 9. Jh. stieg Gwynedd zum mächtigsten walisischen Königreich auf, aber König Rhodri Mawrs Versuch, Wales politisch zu einen, war nur ein kurzer Erfolg beschieden, da es nach seinem Tod 877 unter seinen Söhnen wieder aufgeteilt wurde.

Zwischen Britanniern und Angelsachsen gab es wenig kulturellen Austausch die keltischen Einflüsse bei den Angelsachsen kamen von den Iren. Die Britannier scheinen nicht einmal versucht zu haben, die heidnischen Angelsachsen zu bekehren. Das britannische Volk wurde von den angelsächsischen Eroberern keineswegs ausgerottet, sondern es ging in ihnen auf, indem es ihre Sprache und Kultur annahm. Dass es Mischehen in der britannischen und angelsächsischen Oberschicht gab, lassen die Namen der ersten Westsachsenkönige vermuten, z. B. Cerdic (gest. 534), der Gründer jenes Königreiches, das England vereinigen sollte.

Das Lichfield-Evangeliar, um 730, enthält die frühesten uns bekannten schriftlichen Zeugnisse in walisischer Sprache. Auf dem Rand der lateinischen Textseiten stehen Erläuterungen von Mönchen aus dem 9. Jh.

Erläuterungen zur Karte

❶ Der Sieg der Westangelsachsen bei Dyrham führte zum Fall von Gloucester, Cirencester und Bath.

❷ Das frühwalisische Heldenepos Gododdin erzählt von dem vergeblichen Versuch der Britannier, die Angelsachsen aus Catterick zu vertreiben.

❸ In den Fenlands überlebte ein Keltisch sprechendes Volk bis etwa 700.

❹ Britannische Enklave bis um 700.

❺ Offa's Dyke war der längste der vielen Schutzwälle, die Britannier und Angelsachsen errichtet hatten.

❻ Die britannischen Namen der ersten northumbrischen Reiche deuten an, dass die Angelsachsen hier die alten britannischen Institutionen übernahmen.

Offa's Dyke bei Spring Hill, Shropshire. Im 8. Jh. hatte der Wall keine Tore, was zeigt, wie ernst Offa die Bedrohung durch die Waliser nahm.

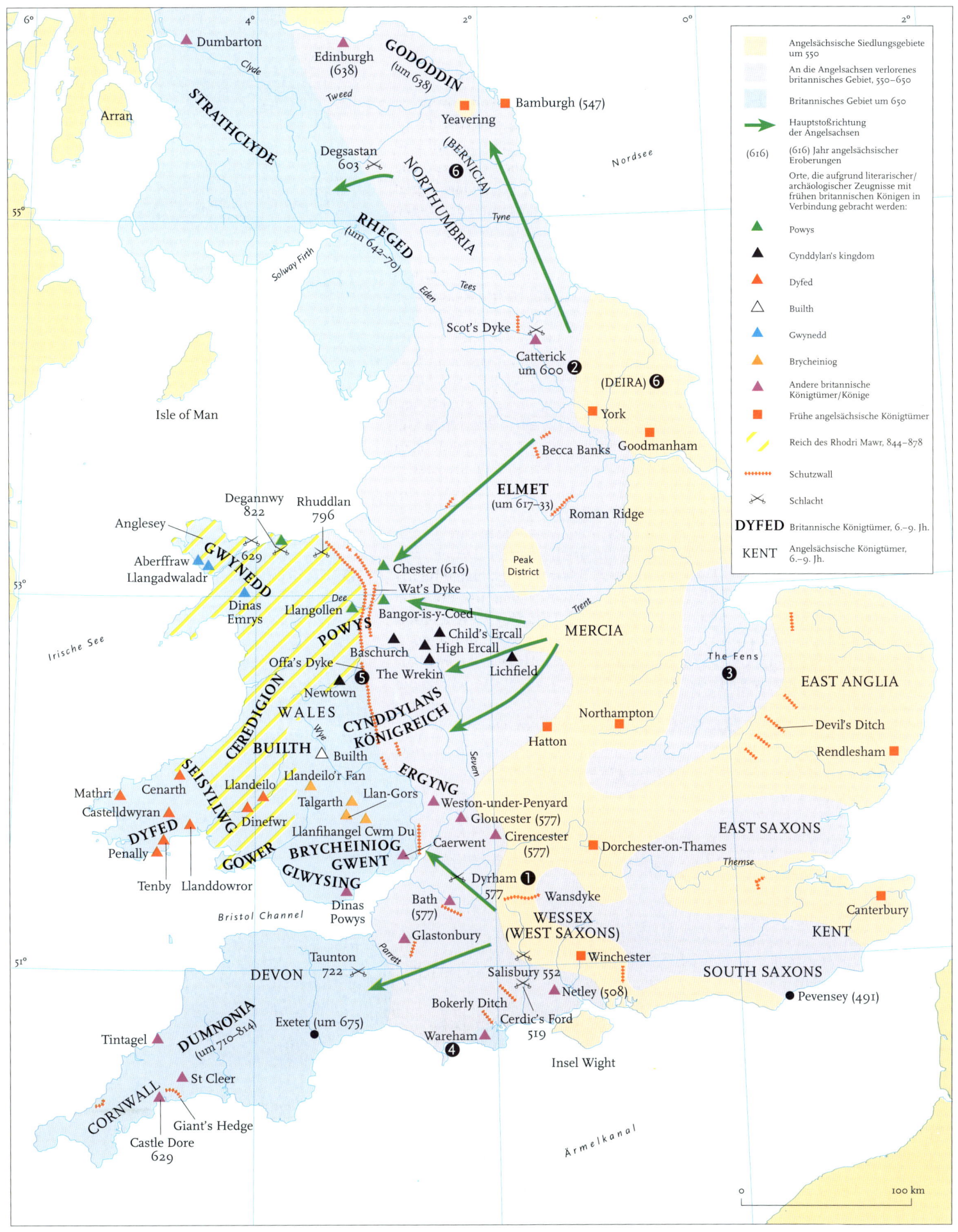

Dumbarton

Edinburgh
(638)

GODODDIN
(um 638)

Clyde

Tweed

STRATHCLYDE

Arran

Bamburgh (547)

Yeavering

(BERNICIA)

⑥

NORTHUMBRIA

Nordsee

Degsastan
603 ✂

RHEGED
(um 642–70)

Solway Firth

Tyne

Eden

Isle of Man

Tees

Scot's Dyke ✂

Catterick
um 600 ❷

(DEIRA) ⑥

York

Goodmanham

Becca Banks

ELMET
(um 617–33)

Roman Ridge

Peak
District

Trent

Degannwy
822

Rhuddlan
796

Anglesey

GWYNEDD

Aberffraw

Llangadwaladr

🔺 629

Dinas
Emrys

Llangollen

Dee

Chester (616)

Wat's Dyke

Bangor-is-y-Coed

Child's Ercall

High Ercall

Lichfield

MERCIA

Irische See

POWYS

Baschurch

Offa's Dyke

Newtown

WALES

CEREDIGION

The Wrekin

**CYNDDYLANS
KÖNIGREICH**

❺

The Fens ❸

EAST ANGLIA

Devil's Ditch

Rendlesham

Northampton

Hatton

BUILTH

△ Builth

Mathri

Cenarth

SEISYLLWG

Llandeilo

Llandeilo'r Fan

Castelldwyran

Dinefwr

DYFED

Penally

Tenby

Llanddowror

Talgarth

Llan-Gors

ERGYNG

Severn

Wye

Llanfihangel Cwm Du

BRYCHEINIOG

GWENT

GLWYSING

Weston-under-Penyard

Gloucester (577)

Caerwent

Cirencester
(577)

EAST SAXONS

GOWER

Dinas
Powys

Bath
(577)

Glastonbury

Bristol Channel

Dyrham
577 ❶

Wansdyke

Dorchester-on-Thames

Themse

Canterbury

Parrett

Taunton
722 ✂

DEVON

Salisbury 552 ✂

WESSEX
(WEST SAXONS)

Winchester

Bokerly Ditch

Cerdic's Ford
519

Netley (508)

SOUTH SAXONS

KENT

Pevensey (491) ●

Tintagel

DUMNONIA
(um 710–814)

Exeter (um 675) ●

Wareham

❹

Insel Wight

St Cleer

CORNWALL

Giant's Hedge

Castle Dore
629

Ärmelkanal

0   100 km

Legend:

Angelsächsische Siedlungsgebiete um 550

An die Angelsachsen verlorenes britannisches Gebiet, 550–650

Britannisches Gebiet um 650

→ Hauptstoßrichtung der Angelsachsen

(616) (616) Jahr angelsächsischer Eroberungen

Orte, die aufgrund literarischer/archäologischer Zeugnisse mit frühen britannischen Königen in Verbindung gebracht werden:

▲ Powys

▲ Cynddylan's kingdom

▲ Dyfed

△ Builth

▲ Gwynedd

▲ Brycheiniog

▲ Andere britannische Königtümer/Könige

■ Frühe angelsächsische Königtümer

Reich des Rhodri Mawr, 844–878

Schutzwall

✂ Schlacht

DYFED Britannische Königtümer, 6.–9. Jh.

KENT Angelsächsische Königtümer, 6.–9. Jh.

Das frühchristliche Irland 400–700 n. Chr.

Erläuterungen zur Karte

❶ Die Heiden glaubten, Crúachain (Rathcroghan) sei eines der Tore zum Jenseits.

❷ Tara galt in der heidnischen Mythologie als Sitz des Gottes Lugh.

❸ Die aus Connacht stammenden Dynastien Uí Néill gründeten ihre Reiche im 5. Jh.

❹ Die Dynastien Eóganacht sollen in Britannien regiert haben. Der Name ihrer Hauptstadt Cashel leitet sich von lat. castellum ab.

❺ Die Oghamschrift kommt aus Südostirland, wo der römische Einfluss am stärksten war.

❻ Der Überlieferung nach der Todesort des heiligen Patrick, was aber nicht gesichert ist, wie vieles in der Vita des Heiligen.

Handelsbeziehungen zwischen Irland und dem römischen Britannien gab es bereits im 1. Jh. n. Chr. Mit dem Ende der römischen Herrschaft überfielen die Iren Britannien, machten Beute und Sklaven und siedelten sich dort im 5. Jh. an. Irland erlebte dadurch zwar keine Romanisierung, erhielt aber die Anregung für seine Oghamschrift und die ersten Kontakte mit dem Christentum.

BRITANNISCHE SKLAVEN waren wohl die ersten Christen in Irland, und einer von ihnen war der heilige Patrick (Patricius), Ende des 4. Jh.s als Jugendlicher verschleppt. Nach sechs Jahren entkam er, kehrte aber um 435 als Missionsbischof zurück. Patrick war nicht der erste, aber der bedeutendste Missionar Irlands. Schon Ende des 4. und Anfang des 5. Jh.s waren Missionare von Gallien gekommen. 431 war die irische Christengemeinde so groß, dass Papst Cölestin I. den Diakon Palladius zum Bischof der Iren ernannte. Während frühere Missionare in Südostirland wirkten, begann Patrick mit der Bekehrung der heidnischen Nordhälfte. Die Verbreitung früher Kirchen mit dem Namenszusatz *Domnach Pátraic* (»Kirchenbau des Patrick«) lässt ahnen, wie groß Patricks Missionsgebiet war, selbst wenn er nicht alle Kirchen persönlich gegründet hat. Nach Patricks Ankunft wurden die gallischen Missionare durch britannische ersetzt. Im 6. Jh. hatte das Christentum das Heidentum verdrängt. Nach irischer Überlieferung hat es keine Märtyrer gegeben, die Christianisierung dürfte friedlich verlaufen sein.

Im 6. Jh. herrschten über Irland sieben Oberkönige, eine Reihe Unterkönige sowie örtliche Adelsgeschlechter. Das blieb so bis in die Wikingerzeit. Die Länder der nördlichen und südlichen Uí Néill wurden von einzelnen Dynastien beherrscht; Laigin wurde von den Häusern Uí Dúnlaige und Uí Chenneselaig regiert; Munster von den Eóganacht, Connacht von den Uí Briúin und Uí Fiachrach; Ulaid von den Dál Fiatach, während Airgialla eine Föderation kleinerer Herrscherhäuser war. Ulaid und Laigin wurden durch die beiden erstarkenden Uí-Néill-Dynastien geschwächt. Die südlichen Uí Néill genossen als Herren der vorgeschichtlichen Kultstätte Tara zwar einiges Ansehen, doch zum Hochkönigtum hatten sie es noch nicht gebracht. Viele Missionskirchen, wie St. Patrick's in Armagh, wurden in der Nähe heidnischer Heiligtümer irischer Königshäuser gegründet, und sicher nicht zufällig, war dies doch kirchliche Praxis in ganz Europa.

Typisch für jene Zeit waren kleinere Befestigungsanlagen wie die Crannogs und Grubenhäuser in verschiedenen Regionen und die überall anzutreffenden Ringforts, von denen über 45 000 bekannt sind.

Der Kilnasaggart-Stein, Armagh, markiert jenes Land, das »Ternóc, Sohn von Ciardán dem Kleinen«, dem heiligen Petrus als Begräbnisstätte überließ. Das älteste mit Kreuzen versehene Monument Irlands datiert aus dem 7. Jh.

Mittelalterliche Kirche auf dem Hügel von Slane, Meath. Hier soll Patrick – dem König Loégaire von Tara und seinen Druiden zum Trotz – ein Osterfeuer entzündet haben.

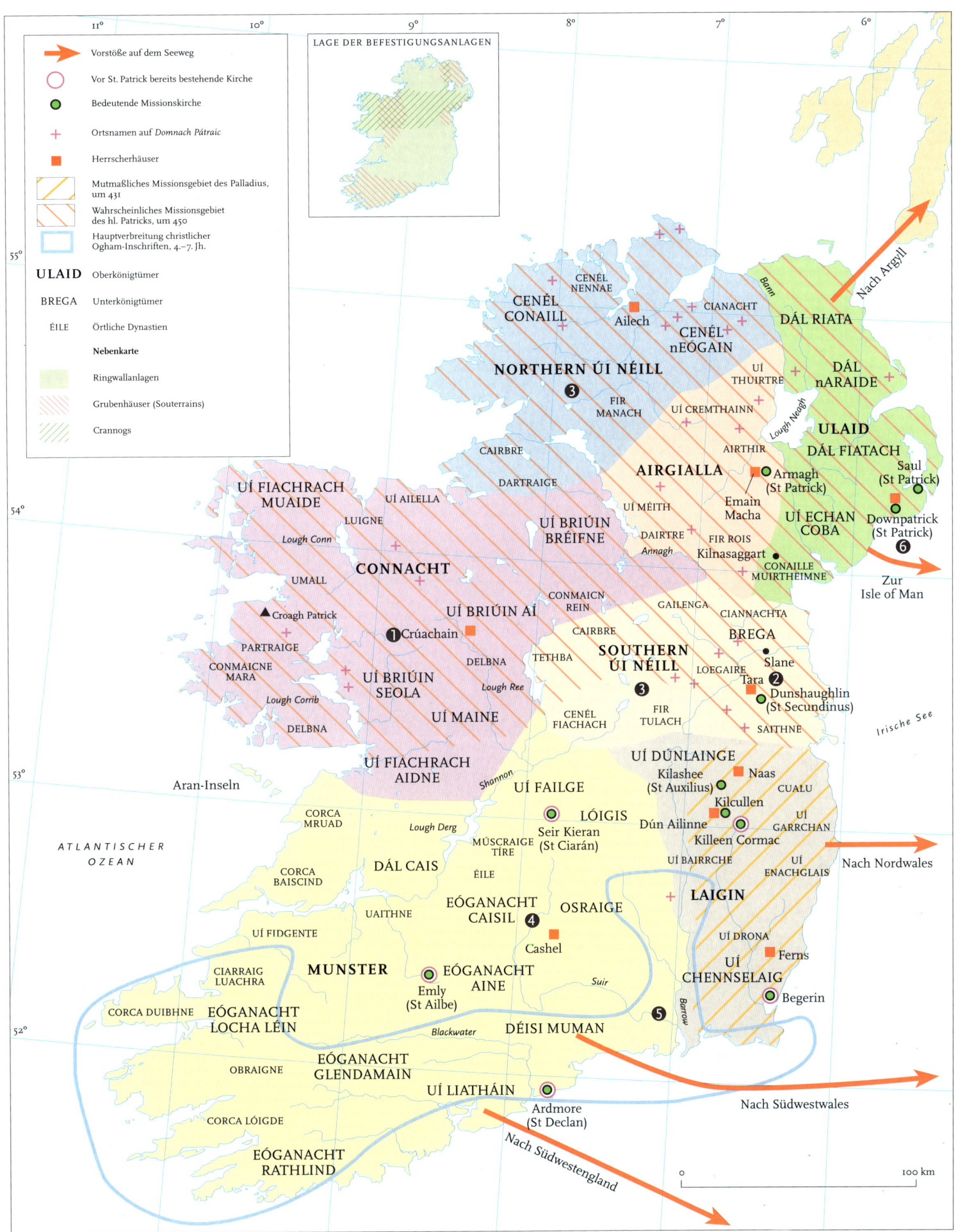

Legend:

Vorstöße auf dem Seeweg

Vor St. Patrick bereits bestehende Kirche

Bedeutende Missionskirche

Ortsnamen auf *Domnach Pátraic*

Herrscherhäuser

Mutmaßliches Missionsgebiet des Palladius, um 431

Wahrscheinliches Missionsgebiet des hl. Patricks, um 450

Hauptverbreitung christlicher Ogham-Inschriften, 4.–7. Jh.

ULAID Oberkönigtümer

BREGA Unterkönigtümer

ÉILE Örtliche Dynastien

Nebenkarte

Ringwallanlagen

Grubenhäuser (Souterrains)

Crannogs

LAGE DER BEFESTIGUNGSANLAGEN

Map labels:

CENÉL NENNAE
CENÉL CONAILL
Ailech
CIANACHT
CENÉL nEÓGAIN
DÁL RIATA
Nach Argyll
UÍ THUIRTRE
DÁL nARAIDE
NORTHERN ÚI NÉILL ③
FIR MANACH
UÍ CREMTHAINN
Lough Neagh
Bann
ULAID
DÁL FIATACH
Saul (St Patrick)
CAIRBRE
DARTRAIGE
AIRGIALLA
Armagh (St Patrick)
Emain Macha
UÍ ECHAN COBA
Downpatrick (St Patrick) ⑥
UÍ FIACHRACH MUAIDE
UÍ AILELLA
UÍ MÉITH
UÍ BRIÚIN BRÉIFNE
DAIRTRE
FIR ROIS
Kilnasaggart
CONAILLE MUIRTHEIMNE
Zur Isle of Man
LUIGNE
Lough Conn
Annagh
CONNACHT
UMALL
CONMAICN REIN
GAILENGA
CIANNACHTA
BREGA
Croagh Patrick
UÍ BRIÚIN AÍ
CAIRBRE
SOUTHERN ÚI NÉILL
Slane
① Crúachain
TETHBA
Tara ②
DELBNA
Lough Ree
LOEGAIRE
Dunshaughlin (St Secundinus)
PARTRAIGE
③
CONMAICNE MARA
UÍ BRIÚIN SEOLA
UÍ MAINE
CENÉL FIACHACH
FIR TULACH
SAITHNE
DELBNA
Lough Corrib
UÍ FIACHRACH AIDNE
Aran-Inseln
Shannon
UÍ DÚNLAINGE
Kilashee (St Auxilius)
Naas
CUALU
ATLANTISCHER OZEAN
CORCA MRUAD
UÍ FAILGE
Kilcullen
UÍ GARRCHAN
Lough Derg
LÓIGIS
Dún Ailinne
Killeen Cormac
MÚSCRAIGE TÍRE
Seir Kieran (St Ciarán)
UÍ BAIRRCHE
UÍ ENACHGLAIS
Nach Nordwales
DÁL CAIS
ÉILE
CORCA BAISCIND
EÓGANACHT CAISIL ④
OSRAIGE
LAIGIN
UAITHNE
Cashel
UÍ FIDGENTE
UÍ DRONA
Ferns
CIARRAIG LUACHRA
MUNSTER
EÓGANACHT AINE
Suir
UÍ CHENNSELAIG
EÓGANACHT LOCHA LÉIN
Emly (St Ailbe)
Begerin
⑤
DÉISI MUMAN
Blackwater
Barrow
EÓGANACHT GLENDAMAIN
OBRAIGNE
UÍ LIATHÁIN
Ardmore (St Declan)
Nach Südwestwales
CORCA LÓIGDE
CORCA DUIBHNE
Nach Südwestengland
EÓGANACHT RATHLIND
Irische See
Nach Südwestengland

100 km

Irland im Goldenen Zeitalter um 550–850 n. Chr.

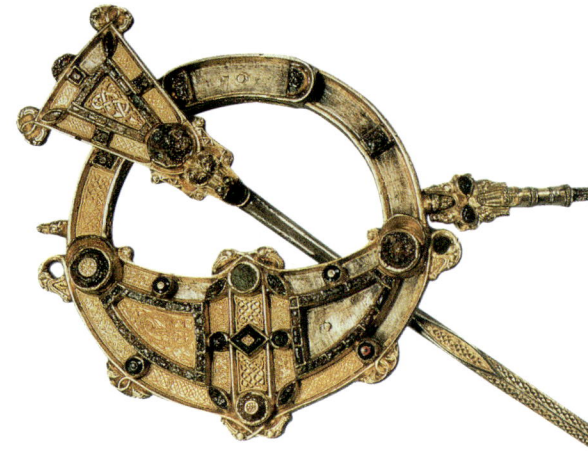

Während das kulturelle Leben im größten Teil Europas im »Finsteren Zeitalter« versank, entstand im 7. Jh. in den irischen Klöstern eine einzigartige irisch-christliche Kultur. Zwei Jahrhunderte lang stand sie in voller Blüte, fand ihren Weg nach Britannien und auf das Festland, bis ihr die Wikinger im 9. Jh. ein Ende setzten.

AUCH WENN IHRE BISCHÖFE einflussreich und geachtet waren, so gab es in der frühen irischen Kirche keine klerikale Hierarchie, wie sie die Bistümer auf dem Kontinent kennzeichnete. Um die Gläubigen kümmerten sich die Klöster, und die vom selben Stifter gegründeten Orden hatten sich zu so genannten *paruchiae* (Gemeindebezirken) zusammengeschlossen, die – im Unterschied zum Amtsbezirk einer Diözese – in etwa dem Missionsgebiet ihres Gründers entsprachen. Ab dem 6. Jh. nahmen sich irische Mönche mit großem Enthusiasmus der kirchlichen und klassischen Literatur an. Irische Gelehrte fertigten in kurzer Zeit viele Handschriften in lateinisch und gälisch an: Bibelkommentare, Heiligenviten, Abhandlungen über Recht, Grammatik und Mathematik, Annalen und Gedichte – einzigartig für die damalige abendländische Kultur. Bezeichnenderweise richteten sich viele der irischen gelehrten Schriften insbesondere an den Laien, und das förderte die Bildung der Mönche ungemein. Darauf, nicht auf die Werke einzelner Genies, gründete der Ruf, den irische Mönche wegen ihrer Gelehrsamkeit in ganz Europa hatten.

Im frühmittelalterlichen Irland gab es keine urbanen Siedlungen, aber die großen Klöster wie Armagh, Clonmacnois und Kildare erfüllten bereits städtische Aufgaben. Weil ihnen das meiste Land gehörte, oblag den Orden u.a. die Verwaltung der landwirtschaftlichen Überschüsse, die die Bauern als Pacht abzuliefern hatten. Mit ihrem wirtschaftlichen Reichtum zogen die Klöster Kaufleute und Handwerker an, die ihre Dienste dem Klerus und den Pilgern anboten. Und da sie unter dem Schutz der Heiligen standen, verwahrten die großen Abteien den Kronschatz; Könige und Hofstaat kamen oft zu Besuch. Gefördert von der Kirche, entstanden großartige Kunstwerke aus Stein und Metall, doch die Meisterwerke des »Goldenen Zeitalters« – die wunderschönen illuminierten Handschriften wie das *Book of Durrow* – schufen die Mönche selbst. Die Kunst jener Epoche vereint die geometrischen Muster des späten Insel-La-Tène mit den verschlungenen Tierornamenten der Angelsachsen und brachte in ihrer feinen Ausführung einzigartige Werke hervor.

Die irischen Mönche waren strengster Askese unterworfen, und das Leben auf einer einsamen Atlantikinsel wie Skellig Michael muss in der Tat hart gewesen sein. Aber die säkularen Tendenzen anderer Orden führten im 8. Jh. zur der Culdee-Reformbewegung, die sich für eine Wiederbelebung des Askesegebots einsetzte. Zwar bewirkte sie wenig, bestand aber als Reformkraft bis ins 12. Jh.

Die Tara-Brosche aus Bettystown, Grafschaft Meath; um 700. Mit seinen raffiniert verschlungenen Tiermustern in Goldfiligran zeigt der Silberbronzeschmuck den Einfluss angelsächsischer Kunst.

Erläuterungen zur Karte

❶ *Ein paar Steinhütten auf einer schroffen Insel. Skellig Michael ist, das beste Beispiel asketischen Mönchstums in Irland.*

❷ *Armagh, wo der heilige Patrick gewirkt hat, galt als das kirchliche Zentrum Irlands.*

❸ *Clonmacnois, günstig an einem Fluss und einem Handelsweg gelegen, gehörte zu den wohlhabenden und einflussreichen Klöstern Irlands.*

❹ *Einer der gut erhaltenen Kloster-Rundtürme, 9.–12. Jh.; sie dienten als Glockenturm und bei Wikingerüberfällen als Schutzraum.*

❺ *Die heilige Brigitta war wohl ursprünglich eine heidnische Göttin; am Ort ihres Schreins entstand im 7. Jh. eine große Klosteranlage.*

Die Kapelle von Gallarus, Kerry; frühes Mittelalter. Das Kraggewölbe ist typisch für den irischen Klosterbau.

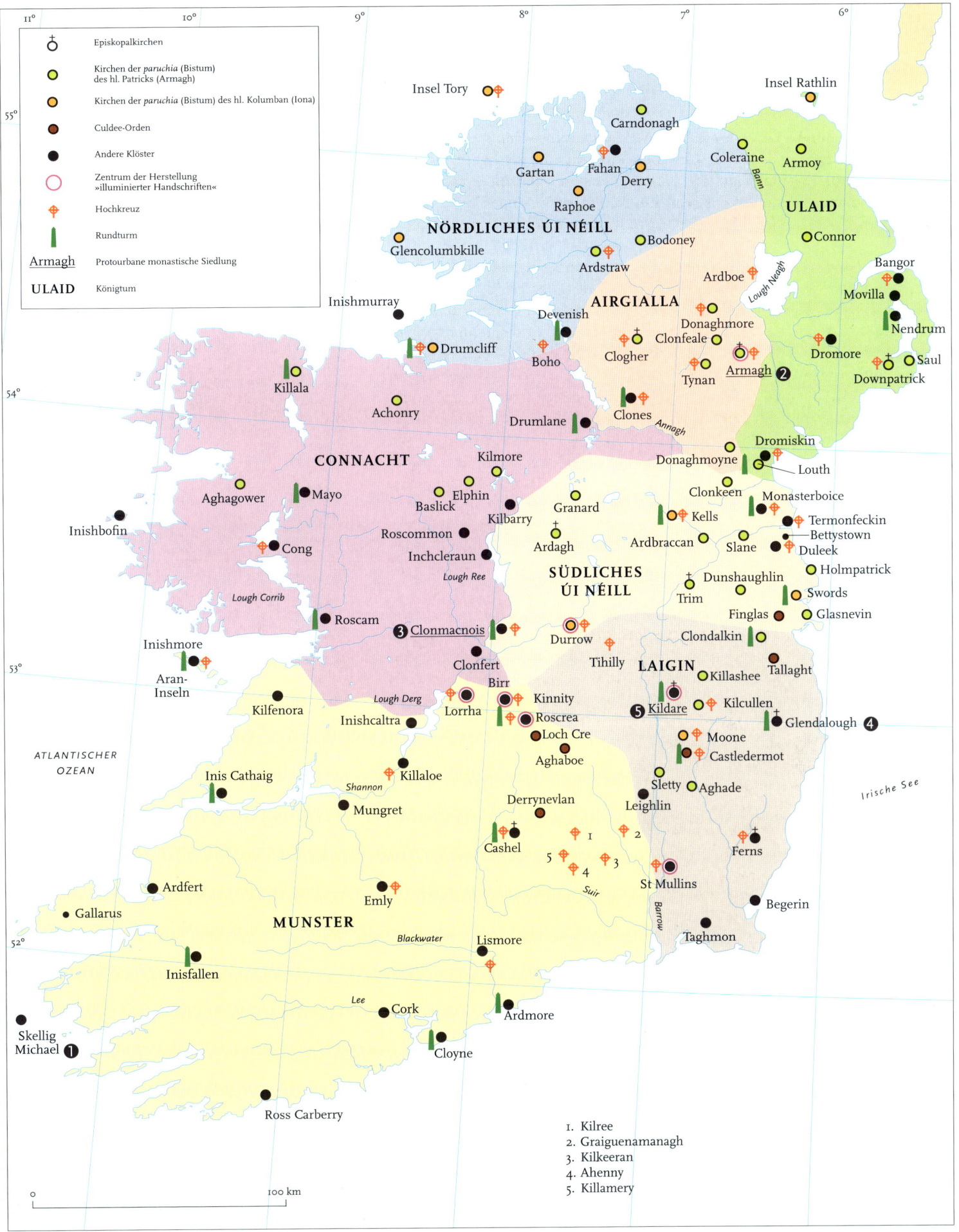

Legend:

- ✝ (open) Episkopalkirchen
- ● (yellow-green) Kirchen der *paruchia* (Bistum) des hl. Patricks (Armagh)
- ● (orange) Kirchen der *paruchia* (Bistum) des hl. Kolumban (Iona)
- ● (brown) Culdee-Orden
- ● (black) Andere Klöster
- ○ (pink) Zentrum der Herstellung »illuminierter Handschriften«
- ✠ Hochkreuz
- ▌ Rundturm
- <u>Armagh</u> Protourbane monastische Siedlung
- **ULAID** Königtum

Insel Tory

Carndonagh

Insel Rathlin

Gartan   Fahan   Coleraine   Armoy

Derry

ULAID

Raphoe

NÖRDLICHES ÚI NÉILL

Bodoney

Connor

Glencolumbkille

Ardstraw

Bangor

Movilla

Ardboe

Nendrum

Devenish

Donaghmore

Clonfeale

Inishmurray

Clogher

Dromore

Saul

Drumcliff

Boho

AIRGIALLA

Tynan   <u>Armagh</u> ❷   Downpatrick

Killala

Achonry

Drumlane

Clones

Dromiskin

CONNACHT

Kilmore

Donaghmoyne

Louth

Aghagower   Mayo

Elphin   Baslick

Kilbarry

Granard

Clonkeen

Monasterboice

Inishbofin

Cong

Roscommon

Kilbarry

Ardagh   Ardbraccan

Kells

Slane

Termonfeckin

Bettystown

Duleek

Inchcleraun

Lough Ree

SÜDLICHES ÚI NÉILL

Dunshaughlin

Holmpatrick

Lough Corrib

Trim   Swords

Roscam

Finglas   Glasnevin

Inishmore

❸ <u>Clonmacnois</u>

Durrow

Clondalkin

Aran-Inseln

Clonfert

Tihilly

LAIGIN

Killashee   Tallaght

Birr

Kinnity

Clondalkin

Kilfenora

Lorrha

Roscrea

❺ <u>Kildare</u>   Kilcullen

Inishcaltra

Loch Cre

Glendalough ❹

Lough Derg

Aghaboe

Moone

Killaloe

Castledermot

Inis Cathaig

Derrynevlan

Sletty   Aghade

Mungret

Leighlin

Ardfert

Cashel

Ferns

Gallarus

Emly

1

2

MUNSTER

5

Begerin

Blackwater

4   3

St Mullins

Lismore

Taghmon

Inisfallen

Lee   Cork

Ardmore

Skellig Michael ❶

Cloyne

Ross Carberry

ATLANTISCHER OZEAN

Irische See

Lough Neagh

Bann

Annagh

Shannon

Suir

Barrow

1. Kilree
2. Graiguenamanagh
3. Kilkeeran
4. Ahenny
5. Killamery

0 ———— 100 km

Keltische Missionare und Gelehrte in Europa
400–1200 n. Chr.

Das frühmittelalterliche Irland galt im Ausland als »Insel der Heiligen und Gelehrten«. Irische Mönche und Gelehrte reisten viel – manche, um die Einsamkeit langer Seereisen zu suchen, andere, um in Britannien und auf dem Kontinent zu studieren, lehren und missionieren. Weniger bekannt sind die Unternehmungen britannischer Missionare in der Bretagne und in Spanien.

DER IRISCHE BRAUCH, »in die Welt hinauszuziehen«, kommt aus der alten Tradition mönchischer Askese. Mönche, die sich zur Kontemplation zurückzogen, lebten in kleinen Gemeinschaften oder Einsiedeleien auf abgelegenen Inseln, zunächst entlang der irischen Küste, dann auf den Hebriden, den Orkney- und Shetlandinseln und schließlich in unbekannter Ferne. Die Iren nannten das *peregrinatio* – »Reisen für Gott«. Viele dieser *Peregrini* kamen nie zurück, andere kehrten wohlbehalten heim und berichteten von ihren Erlebnissen. Irische Mönche waren die Ersten, die um 800 n. Chr. Färöer und Island besuchten. In seinem Reisebericht *Brendans Meerfahrt* schildert der heilige Brendanus seine siebenjährige abenteuerliche Seereise, die ihn, so glauben manche, bis nach Nordamerika führte. Der teils fantastische Bericht ist oft mehrdeutig.

Nicht alle *Peregrini* suchten die völlige Weltabgeschiedenheit. Kolumban d. Ä. zog sich 563 auf die Hebriden-Insel Iona zurück, missionierte aber unter den Pikten. Der heilige Aidan, ein anderer Mönch von Iona, spielte eine wesentliche Rolle bei der Christianisierung des angelsächsischen Königreichs Northumbrien. Missionare wie Fursa und Kolumban d. J. trugen das typisch irische Mönchtum auf den Kontinent. Der Einfluss der Iren reichte bis Süditalien, konzentrierte sich jedoch auf das Gebiet zwischen Seine und Rhein – das wirtschaftliche und politische Zentrum des Fränkischen Reichs. Als nach dem 8. Jh. die Benediktiner mit ihrer Verpflichtung zum sesshaften Klosterleben an Einfluss gewannen, starb die Tradition des *peregrinatio* allmählich aus; allerdings behielten die irischen Klöster (Schottenklöster) in Süddeutschland bis zur Reformation ihre Bedeutung.

Im 8. und 9. Jh. folgten irische Gelehrte den Missionaren auf den Kontinent. Viele wurden am Hof Karls des Großen (768–814) in Aachen mit offenen Armen aufgenommen. Karl förderte die Neubelebung des abendländischen Geisteslebens, indem er Vertreter der drei großen Gelehrtennationen des frühmittelalterlichen Westeuropa zusammenbrachte: Iren, Engländer und Italiener. Zu den irischen Gelehrten, die zur karolingischen Renaissance beitrugen, gehörten der Dichter Sedulius Scottus, der Geograph Diculi und der Philosoph John Eriugena, einer der wenigen genialen Denker jener Zeit.

Die Aktivitäten britannischer Missionare in Europa waren weniger spektakulär. Sie wirkten in den britannischen Siedlungen auf dem Kontinent, vor allem in der Bretagne, aber auch in der weniger bekannten Kolonie Britonia in Galicien. Im Gegensatz zu den Iren bemühten sich die Britannier nicht um die Bekehrung ihrer englischen Nachbarn, was der angelsächsische Gelehrte Beda als Verbrechen empfand, als niederträchtigen Versuch der Britannier, die Angelsachsen vom Paradies fern zu halten.

Erläuterungen zur Karte

❶ Das bedeutende irische Missionszentrum Péronne war auch als Peronna Scottorum bekannt (»Péronne der Iren«).

❷ Bretoña war im 6. Jh. wahrscheinlich der Sitz des britannischen Bischofs Mailoc.

❸ Die Palastschule in Aachen war im späten 8. und im 9. Jh. ein Zentrum für Gelehrte aus Irland, England und Italien.

❹ Kolumban d. J. wurde 609 nach einer Auseinandersetzung mit Theoderich II. aus Luxeuil verbannt. Er ließ sich 613 in Bobbio nieder, wo er 615 starb.

❺ Das Kloster auf Iona, der einflussreichste irische Orden in Britannien, spielte bei der Bekehrung der Pikten und Northumbrier eine führende Rolle.

(Oben) Eine Seite aus dem Evangeliar von St. Gallen, Schweiz; sie zeigt Markus, umgeben von den Symbolen für die vier Evangelisten. Das im irischen Stil gestaltete Buch wurde wohl von einem in der Schweiz lebenden irischen Mönch illustriert.

Der Frankenkönig Karl der Große verwirklichte mit Hilfe irischer Mönche seine Pläne zu einer tief greifenden Bildungs- und Kirchenreform.

Britannische Missionare,
5.–6. Jh.
Reisen irischer *Peregrini*,
6.–9. Jh.
Kolumban der Ältere, 563
Kolumban der Jüngere, 591–615
Fursa um 630–650
Aidan, 635

Klostergründungen Kolumbans d. J.
Andere irische Klöster, 6.–8. Jh.
Wirkungsstätten irischer Gelehrter
im Karolingerreich, 9. Jh.
Wirkungsstätten irischer Gelehrter,
10.–12. Jh.
Irische Benediktinerklöster
(Schottenklöster), 1089–1231
Einflüsse Ionas, 664
Kirchen britannischen Ursprungs
oder Einflusses, 5.–6. Jh.

0   250 km

Nach Island
Färoer

Shetland-
Inseln

Hebriden

Orkney-
Inseln

Applecross
Eigg   Deer
Tiree   Piktland
Iona   Lismore
5   Cella-Duini
Northumbrien

Nordsee

Derry   Melrose   Lindisfarne
Bangor
Armagh
IRLAND
Kells

ATLANTISCHER
OZEAN

Inis Cathaig

Irische See

Bangor

St. Davids

Malmesbury
Bradwell

Glastonbury

Bremen   Mecklenburg
Verden

Münster

Aubigny   Cambrai   Lüttich   Köln   Erfurt
2   Fosses
1. St. Saëns   1   4   5   10   Aachen   3   Fulda
2. St. Valery   3   7   8   11   Mainz
3. Corbie   6   9   Trier   Würzburg
4. St. Quentin   St. Denis   Nürnberg
5. Péronne   15   Lagny   12   Metz   Eichstätt   Regensburg
6. Soissons   Toul   Honau   Kelheim   Passau
7. Laôn   Auxerre   Donau   Göttweig
8. Mont-Saint-Michel   Luxeuil   13   Reichenau
9. Reims   4   14   Konstanz   Melk   Wien
10. Waulsort   Mazerolles   Lure   Rheinau   St. Gallen
11. Fescau   Murbach   Alpen
12. Verdun   Angoulême
13. Annegray
14. Fontaine   Loire
15. Chelles

BRETAGNE
Landévennec

Bretoña   2

»BRITONIA«

GALICIEN

Caronne

Tagus

Ebro

Pyrenäen

Rhône

Mailand
Pavia   Verona
Bobbio

Lucca
Fiesole
Korsika

Apennin

Adria

Balearen   Sardinien

Mittelmeer

Kelten und
Wikinger in Irland   795–1014 n. Chr.

Vom Reichtum der kaum geschützten Klöster angelockt, überfielen die Wikinger im späten 8. Jh. Irland. Zwar richteten sie große Verwüstungen an und beendeten das »Goldene Zeitalter«, gründeten aber die ersten Städte Irlands und banden die Insel enger in die Wirtschaft Europas ein als je zuvor.

DIE WIKINGER, DIE SKANDINAVISCHEN PIRATEN, tauchten in Irland erstmals 795 auf. Sie plünderten die Klöster und küstennahen Siedlungen, raubten die Schätze, das Vieh und nahmen Gefangene – und erst nach über 30 Jahren waren die Iren zu einer organisierten Verteidigung in der Lage. Die Wikinger profitierten davon, dass wegen der dezentralen Strukturen Irlands ein gemeinsames Vorgehen der einzelnen Königreiche kaum zustande kam. Ab etwa 830 fuhren die Wikinger mit ihren Schiffen die Flüsse hinauf und bauten im Landesinneren befestigte Lager, von wo sie das ganze Jahr über auf Raub ausgingen. Manche ihrer Stützpunkte, wie Dublin, entwickelten sich zu Handelszentren und später zu Städten, den ersten Irlands. Nachdem die Wikinger dauerhaft in befestigten Siedlungen lebten, konnten sie dort von den Iren besser angegriffen werden und wurden von diesen langsam zurückgedrängt. Im inneririschen Machtkampf spielten die Wikinger fortan nur noch eine Rolle unter vielen; mal waren sie die Verbündeten des einen, mal des anderen einheimischen Fürsten, die sich gegenseitig bekämpften. Auf ebendiese Weise erlangte Osraige im 9. Jh. vorübergehend die Vorherrschaft.

902 wurden die Wikinger von den Iren vertrieben, kehrten jedoch 914 zurück, ließen sich in Dublin, Waterford, Wexford, Cork und Limerick nieder und unternahmen von dort ihre Rachefeldzüge. Diesmal gelang es den Iren, sie in ihren Küstenstädten in Schach zu halten, und am Ende des Jahrhunderts hatten sie die Wikinger unterworfen. Die Iren warfen die »Ostmen«, wie die Wikinger nun genannt wurden, nicht aus dem Land. Man hatte den wirtschaftlichen Nutzen erkannt, den die Städte der »Ostmänner« brachten. Die Iren profitierten vom Tribut, den die Wikinger für ihre Freiheit zahlen mussten. Außerdem schienen die nun bekehrten Wikinger weniger bedrohlich.

Mit Brian Borus Sieg bei Clontarf 1014 endet die Wikingerzeit in Irland. Brian war 976 König von Dál Cais geworden und beherrschte bald Munster. 984 begann er mit der Unterwerfung ganz Irlands und machte sich Osraige tributpflichtig. 1002 wurde Brian Hochkönig, und bereits 1004 zahlten alle irischen Könige und die Wikingerstädte Tribut, was ihn zum erfolgreichsten frühirischen König machte (daher sein Beiname *bóraime*, »König der Tribute«). Auf seinen Triumphzügen durch Irland, 1005 und 1006, demonstrierte er seine Macht, aber 1013 erhoben sich Laigin und Dublin und verbündeten sich mit Wikingern von der Insel Man und den Orkneys gegen ihn. Vereint besiegten sie Brian Boru bei Clontarf, der in dieser Schlacht den Tod fand. Dann erhoben sich die tributpflichtigen Könige und beendeten die Vorherrschaft Munsters. Andere versuchten es Brian nachzumachen, doch vor 1169 gelang das keinem.

Kloster-Rundturm auf Devenish Island, Lower Lough Erne, Fermanagh. Solche Türme dienten als Glockenturm und Schatzkammer und bei Wikingerüberfällen als Schutzraum.

Erläuterungen zur Karte

❶ *Die arme und dünn besiedelte Westküste Irlands blieb von den Wikingern weitgehend verschont.*

❷ *Armagh, das kirchliche Zentrum Irlands, wurde 840 gleich drei Mal geplündert.*

❸ *841 gründeten die Wikinger Dublin als Flottenstützpunkt und Sklavenmarkt.*

❹ *Im 9. Jh. war Osraige dank seines Bündnisses mit den Dublin-Wikingern eines der mächtigsten Königreiche Irlands.*

❺ *Dál Cais führte den Namen des Königshauses; im 11. Jh. nannte sich die Dynastie aber Uí Briain, nach ihrem berühmten König Brian Boru.*

Die Wikinger schlugen ihre Beute meist in Stücke, um sie besser verteilen zu können. Dieser Reliquienschrein blieb heil und gelangte von Irland über Schottland nach Norwegen, wo er einer Frau als Schmuckschatulle diente, die ihren Namen Ranvaik in Runenschrift auf den Boden eingravieren ließ.

Wikingerstadt

Siedlungsgebiet der Skandinavier

Wikingerüberfall, 795–902

Wiederholte Wikingerüberfälle, 795–902

Gebiet der Dublin-Wikinger, 917–1014

LAIGIN Oberkönigtum um 1000

DÁL RIATA Unterkönigtum um 1000

Feldzug Brian Borus

Triumphzug Brian Borus durch Irland 1005

Schlacht

0   50 km

ATLANTISCHER OZEAN

Rathlin-Insel

DÁL RIATA

CENÉL CONNAILL

Derry

CENÉL nEÓGAIN

Bann

NÖRDLICHES UÍ NÉILL

856

DÁL nARAIDE

Bangor

Lough Neagh

DÁL FIATACH

Inishmurray

Lower Lough Erne

Devenish

Clogher

1007

Armagh

Downpatrick

811

UÍ BRIÚIN BRÉIFNE

Upper Lough Erne

AIRGIALLA

1010

852

CONNACHT

Muckno

CONAILLE MUIRTEMNE

Dundalk

812

Louth

846

Kells

Barrow

Slane

Monasterboice

SÜDLICHES UÍ NÉILL (MIDE)

Duleek

Lambay Island

Lough Ree

Lough Owel

998

993

Athlone

Durrow

Tara 980

Clontarf 1014

Dublin 847, 919

997

Clonmacnoise

Clonfert

999, 1000, 1014

LAIGIN (LEINSTER)

Lough Derg

Kildare

Glendalough

Inishcaltra

Roscrea

DÁL CAIS

Kincora

991, 996, 998, 1003, 1013

OSRAIGE

977

977

968

Limerick

983, 984

Ferns

987

Cashel

UÍ FIDGENTE

St Mullins

Wexford

MUNSTER

985

DÉISI

Blackwater

860

Waterford

825

Inisfallen

Lismore

DESMUMU (DESMOND)

Cork

Dairinis

866

847

Cloyne

Skellig Michael

Shannon

Slaney

Irische See

Das Königreich der Skoten

900–1300 n. Chr.

Als Kenneth MacAlpin 843 die Pikten unterwarf, betrachteten sich die Skoten nicht als schottisches Volk, vielmehr fühlten sie sich mit ihrer Kultur und Sprache als ein Volk der Iren. Erst als Schottland im 13. Jh. annähernd seine heutige Ausdehnung erreicht hatte, gab es ein schottisches Nationalgefühl.

DIE ANWESENHEIT DER WIKINGER an der Westküste veranlasste die MacAlpin-Dynastie, sich im alten piktischen Kernland um Perth und Strathearn niederzulassen. Der Erste, der sich »König von Schottland« (gälisch *rí Alban*) nannte, war Donald II. (889–900). Mit »Schottland« *(Alba)* war damals das Gebiet zwischen den Flüssen Forth und Moray gemeint; erst im 13. Jh. wurde es üblich, damit das gesamte Gebiet zu bezeichnen, das dem heutigen Schottland entspricht. Die Macht der schottischen Könige wuchs ständig ab dem 10. Jh. Das von den Wikingern geschwächte britannische Strathclyde wurde von Schottland abhängig und schließlich um 1018 ganz annektiert. Lothian mit seiner englischsprachigen Bevölkerung wurde schon 973 einverleibt. Im 11. Jh. begannen die Machtkämpfe mit dem rivalisierenden skotischen Königtum von Moray. Nachdem Malcolm Canmore (1058–1093) im Jahre 1057 Macbeth besiegt und getötet hatte, fiel Moray um 1130 an das schottische Königreich. Im 12. Jh. eroberte Schottland Galloway und das von Norwegen beherrschte Gebiet Caithness. Der größte Teil der Hebriden fiel 1156 an den Gälenführer Somerled, blieb jedoch bis 1266 unter norwegischer Oberhoheit. Damit hatte Schottland fast seine heutige Größe erreicht. Die letzten Landgewinne waren die Orkney- und Shetlandinseln, die Dänemark 1468/69 abtreten musste.

1100 war Schottland noch immer ein Königreich ohne Nation: Die Skoten betrachteten sich als Iren, und die englischen und britannischen Bewohner fühlten sich ihrem jeweiligen Volk zugehörig. Als David I. (1124–1153) anglo-normannische Einwanderer nach Schottland holte, wurde Englisch zur Hof- und Kirchensprache und verdrängte in Strathclyde das Walisische sowie in Fife und Angus das Gälische. Während sich in den Highlands, wohin die Macht des Königs nicht reichte, die alten gälischen Geschlechter an der Macht hielten, entwickelte sich in den Lowlands eine Feudalgesellschaft. Folge dieser Veränderungen war, dass sich die Skoten im 13. Jh. nicht mehr als Iren, sondern als ein eigenständiges Volk fühlten. Das sich entwickelnde Nationalgefühl der Skoten erhielt durch die Unabhängigkeitskriege gegen England (1296–1328) enorme Impulse. Aber das schottische Selbstverständnis hatte zwei Gesichter; die Trennung von englischsprachigen Lowlandern und gälischsprachigen Highlandern bestand bis ins 19. Jh. fort. Als Spätankömmlinge im schottischen Vielvölkerstaat trugen die Orkney- und Shetlandinseln nichts zur Bildung einer Nation bei; sie hielten an ihrer skandinavischen Herkunft fest und haben bis heute ihre besondere Identität bewahrt.

Kolorierte Initiale mit den Königen David I. und Malcolm IV., aus einer Überlassungsurkunde Malcolms an die Kelso Abbey; 1159. Während der Regierungszeit Davids verblasste der keltische Charakter des schottischen Königtums.

Erläuterungen zur Karte

❶ *Von der Plünderung seiner Hauptstadt Dumbarton durch die Dublin-Wikinger 870 hat sich Strathclyde nie wieder erholt.*

❷ *Die um 1100 erbauten Rundtürme von Brechin und Abernethy zeigen den anhaltenden irischen Einfluss in Schottland.*

❸ *Von etwa 1100 bis 1436 war Perth die Hauptstadt Schottlands, dann wurde es von Edinburgh abgelöst.*

❹ *Die Schlacht von Largs war Norwegens letzter Versuch, den schottischen Einfluss auf die westlichen Inseln abzuwehren.*

❺ *Die Niederschlagung einer Rebellenarmee 1130 festigte die schottische Herrschaft über Moray, aber 1142, 1156, 1221 und 1228 kam es zu weiteren Aufständen.*

❻ *Obwohl viel umkämpft, hat sich die 1092 festgelegte schottische Grenze bis heute kaum geändert.*

Die Hunterston-Brosche aus Ayrshire, um 700, zeigt irische und angelsächsische Einflüsse. Die Beute der Wikinger gehörte später einer Frau, die ihren irischen Namen Melbrigda in skandinavischer Runenschrift eingravieren ließ.

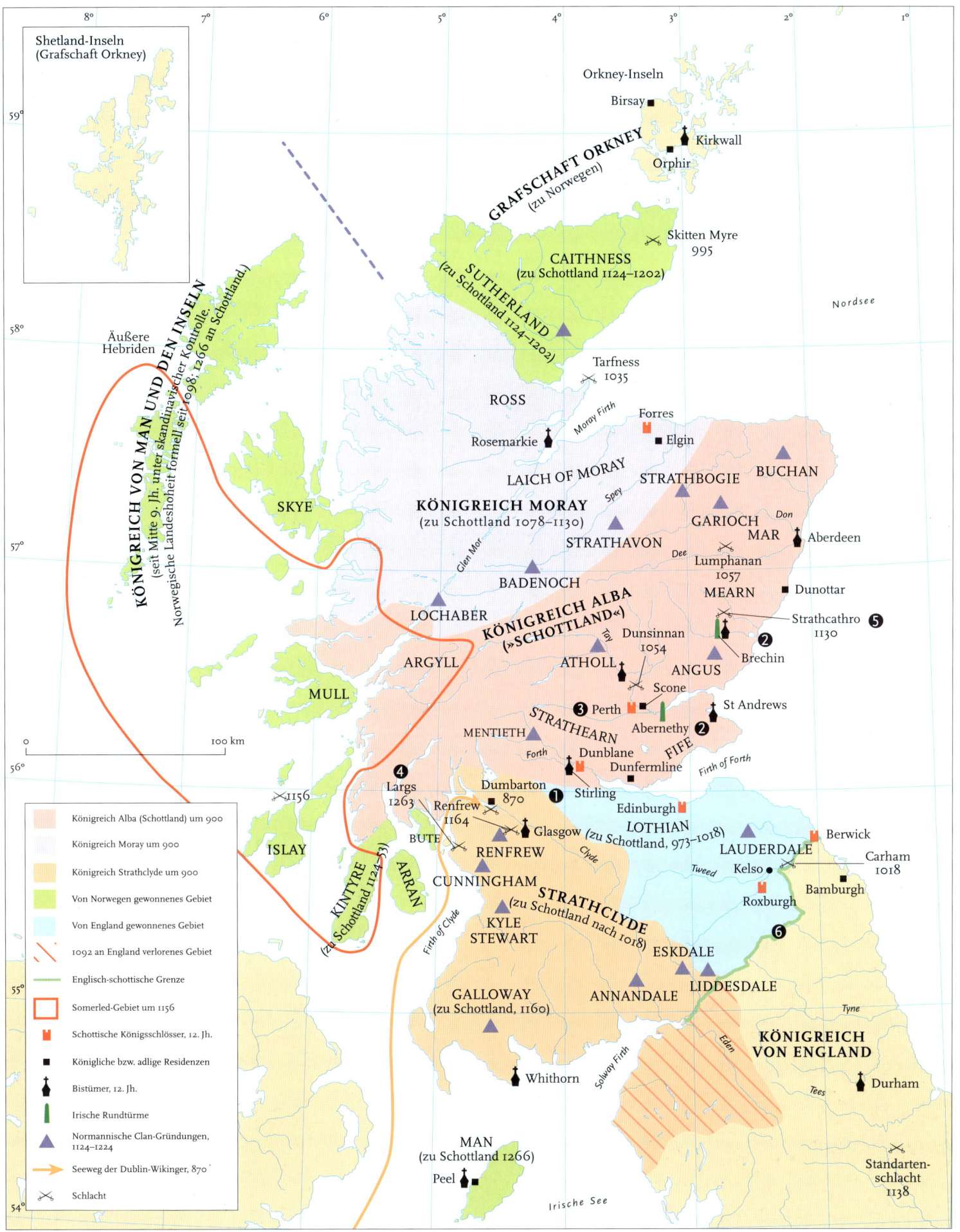

Shetland-Inseln
(Grafschaft Orkney)

GRAFSCHAFT ORKNEY
(zu Norwegen)

Orkney-Inseln
Birsay
† Kirkwall
Orphir

CAITHNESS
(zu Schottland 1124–1202)

⚔ Skitten Myre
995

SUTHERLAND
(zu Schottland 1124–1202)

Nordsee

⚔ Tarfness
1035

ROSS

Forres
Rosemarkie
Moray Firth
Elgin

KÖNIGREICH VON MAN UND DEN INSELN
(seit Mitte 9. Jh. unter skandinavischer Kontrolle.
Norwegische Landeshoheit formell seit 1098, 1266 an Schottland.)

Äußere
Hebriden

LAICH OF MORAY

STRATHBOGIE

BUCHAN

SKYE

KÖNIGREICH MORAY
(zu Schottland 1078–1130)

Spey
GARIOCH
MAR
Don
† Aberdeen

STRATHAVON

Dee
⚔ Lumphanan
1057

Glen Mor
BADENOCH

MEARN
■ Dunottar

LOCHABER

KÖNIGREICH ALBA
(»SCHOTTLAND«)

Strathcathro
1130 ➎

ARGYLL

Dunsinnan
1054
Tay
ATHOLL
ANGUS
➋ Brechin

MULL

Scone
St Andrews

➌ Perth

Abernethy ➋

STRATHEARN

MENTIETH

FIFE

Forth
Dunblane
Dunfermline
Firth of Forth

ISLAY

➍

Largs
1263
Dumbarton
870
① Stirling

Renfrew
1164
Edinburgh

LOTHIAN
(zu Schottland, 973–1018)

Carham
1018

BUTE
Glasgow

LAUDERDALE
Berwick

RENFREW
Clyde

Kelso ●

KINTYRE
(zu Schottland 1124–53)

CUNNINGHAM

Tweed
Roxburgh
Bamburgh

ARRAN

STRATHCLYDE
(zu Schottland nach 1018)

➏

KYLE
STEWART

ESKDALE

Firth of Clyde

ANNANDALE
LIDDESDALE

GALLOWAY
(zu Schottland, 1160)

Tyne

**KÖNIGREICH
VON ENGLAND**

Solway Firth
Eden
Tees
† Durham

Whithorn

MAN
(zu Schottland 1266)

† Peel

Irische See

Standarten-
schlacht
1138

Legende

- Königreich Alba (Schottland) um 900
- Königreich Moray um 900
- Königreich Strathclyde um 900
- Von Norwegen gewonnenes Gebiet
- Von England gewonnenes Gebiet
- 1092 an England verlorenes Gebiet
- Englisch-schottische Grenze
- Somerled-Gebiet um 1156
- ■ Schottische Königsschlösser, 12. Jh.
- ■ Königliche bzw. adlige Residenzen
- † Bistümer, 12. Jh.
- ▌ Irische Rundtürme
- ▲ Normannische Clan-Gründungen, 1124–1224
- → Seeweg der Dublin-Wikinger, 870
- ⚔ Schlacht

⚔ 1156

0   100 km

Das »Reich der Inseln«   1266–1545 n. Chr.

Das erfolgreichste der alten gälischen Fürstentümer des schottischen Hochlands war das »Reich der Inseln« unter dem MacDonald-Clan. Im 15. Jh. entwickelten sich die *Lords of the Isles* zu machthungrigen Untertanen, deren Expansionsstreben die Sicherheit des schottischen Königreichs bedrohte und schließlich ihren eigenen Untergang herbeiführte.

DIE ANFÄNGE DES INSELREICHS gehen auf das Jahr 1266 zurück, als Norwegen die Inseln an Schottland abtrat. Allerdings hatte der Wechsel der Oberhoheit keine Konsequenzen für die Territorialfürsten. Da Somerled einen Großteil der Äußeren Hebriden bereits 1156 faktisch unter gälische Herrschaft gebracht hatte, gab es für seine Nachfahren nichts weiter zu tun, als einen schottischen König statt eines norwegischen anzuerkennen. Die Inselbevölkerung war mittlerweile ebenfalls gälisch, da die skandinavischen Siedler durch Mischehen und Übertritt zum Christentum von der gälischsprachigen Bevölkerung assimiliert worden waren.

Der Aufstieg des Inselreichs begann unter Angus Og MacDonald, einem Nachfahren von Somerleds Enkel Donald. Er hatte Robert Bruce im Machtkampf um den schottischen Thron unterstützt, und dieser ernannte ihn 1307 zum »Lord of Islay«. Für seine Dienste als Führer des Inselheers in der siegreichen Schlacht von Bannockburn 1314 wurde er mit Ardnamurchan, Morvern und Lochaber belohnt. Angus' Sohn und Nachfolger John of Islay gelang es, sein Erbe durch Diplomatie und Heirat beträchtlich zu vergrößern. Als John 1354 den offiziellen Titel »Lord of the Isles« annahm, kontrollierte er bis auf Skye sämtliche Inseln und die Festlandgebiete Kintyre, Knapdale und Garmoran. Die größte Ausdehnung erreichte das »Reich der Inseln« unter Alexander, dem dritten *Lord of the Isles*, als dieser 1424 von seiner Mutter die Grafschaft Ross erbte.

Die Krone, ob norwegisch oder schottisch, hatte auf den Inseln nie großen Einfluss gehabt, so dass die Inselfürsten praktisch souverän herrschten. Politisches Zentrum des Reichs war Finlaggan Castle auf Islay, wo der Rat der Inseln zusammentrat. Amtssprache war

Erläuterungen zur Karte

❶ *Finlaggan Castle stand auf einer Insel in einem See. Der Rat der Inseln trat auf einer Nachbarinsel zusammen, die durch einen Damm mit der Burg verbunden war.*

❷ *Auf den Inseln und an der Westküste Schottlands standen die Steinburgen am dichtesten; die meisten dienten der Kontrolle der Seewege.*

❸ *Mit seiner Niederlage gegen die königliche Armee in Harlaw zerschlugen sich die Pläne Donalds, des zweiten Lord of the Isles, Ross zu erobern; die Grafschaft sollte später seinem Sohn Alexander zufallen.*

❹ *Angus, der über die Inseln herrschen wollte, besiegte seinen Vater John II. in einer Seeschlacht. Er wurde ermordet, ehe er seinen Sieg auskosten konnte.*

❺ *John II., vierter und letzter Lord of the Isles, starb 1503 im Gefängnis von Dundee.*

❻ *Bis zum 15. Jh. hatten sich die Skoten aus England über den gesamten Nordosten Schottlands ausgebreitet. Die meisten schottischen Städte lagen im englischsprachigen Gebiet.*

(Links) Grabplatte aus dem 15. Jh. in der Kapelle von Kilmory Knap, Argyll. Das Langboot der Highlands, ein in dieser Küstenregion auf Grabplatten häufig anzutreffendes Symbol der Macht, dokumentiert den dauerhaften Einfluss der Schiffsbautradition der Wikinger.

(Unten) Tioram Castle, auf einer Gezeiteninsel am Eingang des Loch Moidart, war eine der großen Festungen an der Westküste Schottlands. Die Inselfürsten hatten die im 13. Jh. erbaute Burg samt Grundbesitz als Entlohnung für ihre Seekriegsdienste erhalten.

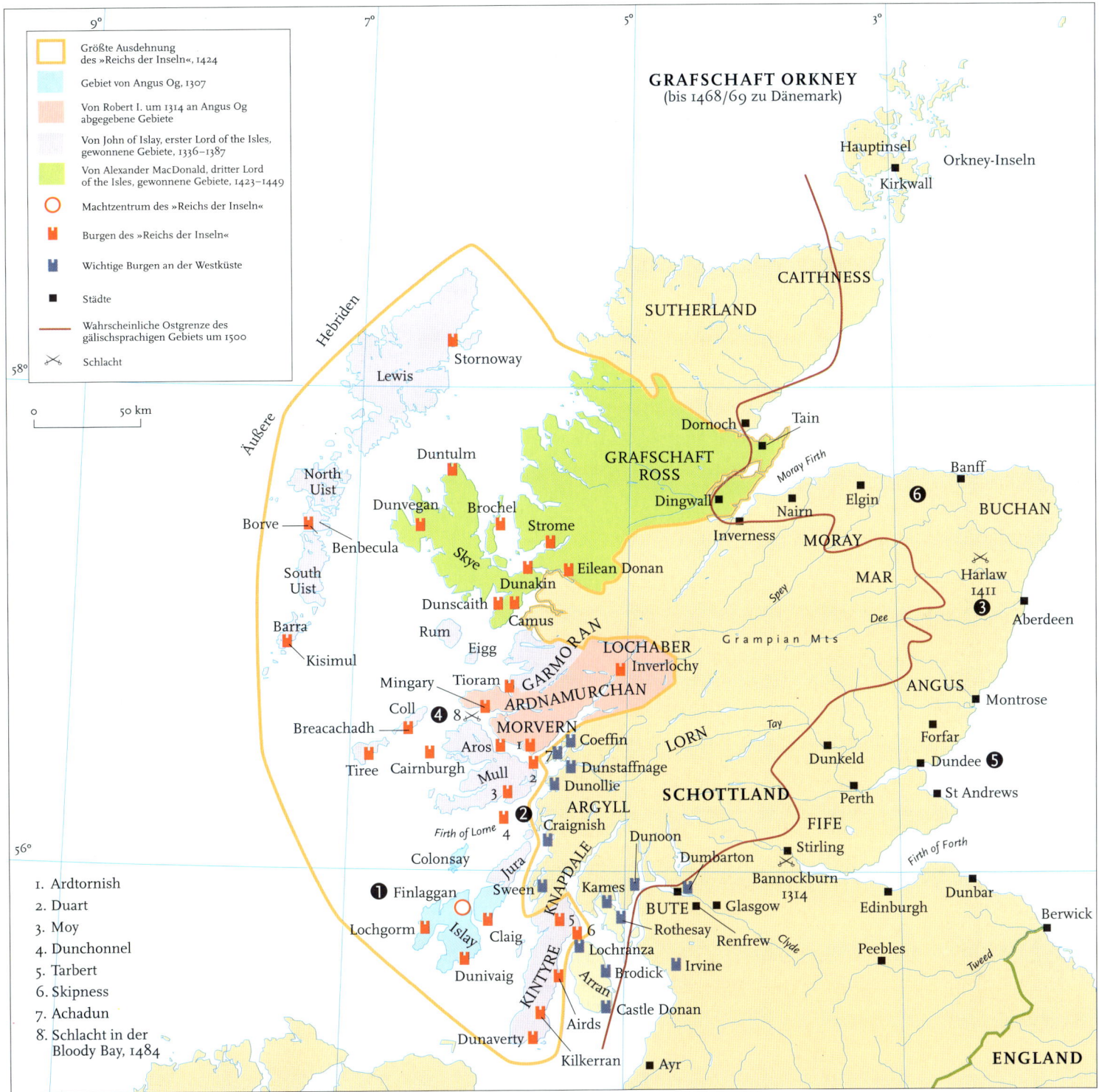

Größte Ausdehnung des »Reichs der Inseln«, 1424

Gebiet von Angus Og, 1307

Von Robert I. um 1314 an Angus Og abgegebene Gebiete

Von John of Islay, erster Lord of the Isles, gewonnene Gebiete, 1336–1387

Von Alexander MacDonald, dritter Lord of the Isles, gewonnene Gebiete, 1423–1449

Machtzentrum des »Reichs der Inseln«

Burgen des »Reichs der Inseln«

Wichtige Burgen an der Westküste

Städte

Wahrscheinliche Ostgrenze des gälischsprachigen Gebiets um 1500

Schlacht

9°   7°   5°   3°

50 km

58°

56°

GRAFSCHAFT ORKNEY
(bis 1468/69 zu Dänemark)

Hauptinsel

Orkney-Inseln

Kirkwall

Hebriden

CAITHNESS

SUTHERLAND

Äußere

Stornoway

Lewis

Duntulm

North Uist

Dunvegan

Brochel

Strome

Borve

Benbecula

Skye

Eilean Donan

South Uist

Dunakin

Dunscaith

Camus

Barra

Rum

Eigg

Kisimul

Mingary

Tioram

Coll

Breacachadh

Aros

Tiree

Cairnburgh

Mull

GARMORAN

ARDNAMURCHAN

MORVERN

LOCHABER

Inverlochy

Coeffin

Dunstaffnage

Dunollie

Craignish

Dunoon

Colonsay

Jura

Sween

Finlaggan

Lochgorm

Islay

Claig

Dunivaig

KNAPDALE

Kames

KINTYRE

Airds

Dunaverty

Kilkerran

Arran

Lochranza

Brodick

Castle Donan

Dornoch

Tain

Moray Firth

GRAFSCHAFT ROSS

Dingwall

Inverness

Nairn

Elgin

Banff

BUCHAN

MORAY

Spey

MAR

Harlaw 1411

Aberdeen

Grampian Mts

Dee

ANGUS

Montrose

Tay

LORN

Forfar

Dunkeld

Dundee

SCHOTTLAND

ARGYLL

Perth

St Andrews

FIFE

Firth of Lorne

Firth of Forth

Stirling

Dumbarton

Bannockburn 1314

BUTE

Rothesay

Glasgow

Renfrew

Clyde

Irvine

Edinburgh

Dunbar

Peebles

Berwick

Tweed

Ayr

ENGLAND

1. Ardtornish
2. Duart
3. Moy
4. Dunchonnel
5. Tarbert
6. Skipness
7. Achadun
8. Schlacht in der Bloody Bay, 1484

Gälisch. So mächtig die *Lords* auf den Inseln waren, in ihren Festlandsterritorien wurden sie der Clan-Fehden nicht Herr.

Als sich Donald, der zweite *Lord*, 1405 mit Heinrich IV. von England verbündete, um Ross zu erobern, fühlte sich die schottische Krone durch das riesige Inselreich ernsthaft bedroht. 1462 schloss John II., vierter *Lord*, mit Eduard IV. von England ein Bündnis, was ihn 1476 Kintyre, Knapdale und Ross kostete. 1493 nahm König Jakob II. John gefangen und löste das Inselreich auf. Das Territorium wurde unter den Clans aufgeteilt, und keiner sollte je wieder so mächtig werden dürfen. Doch der MacDonald-Clan hatte viele Anhänger, und als Johns Enkel, Donald Dubh, 1545 Heinrich VIII. als König von England anerkannte, um das Inselreich wiederherzustellen, fand er allgemeine Unterstützung.

Wales zur Zeit Llywelyns des Großen

1066–1274 n. Chr.

Nachdem die Normannen England erobert hatten, versuchten sie Ende des 11. Jh.s ihre Expansionspolitik in Wales fortzusetzen. Aber ein Jahrhundert später hatten sie erst das südliche Drittel unter ihre Kontrolle gebracht. Im 13. Jh. war selbst diese Eroberung gefährdet, als Llywelyn der Große, Herrscher von Gwynedd, und seine Nachfolger sich die politische Schwäche Englands zunutze machten, um die Waliser zusammenzuführen und die Basis für eine nationale Einheit zu schaffen.

DER WEG ZU EINEM GEEINTEN WALES war lang. Im 10. und 11. Jh. gelang es einigen Fürsten, einen Großteil Wales', im Falle Gruffydd ap Llywelyns (gest. 1063) sogar das gesamte Wales, unter ihrer Herrschaft zu vereinen. Doch diese Reiche überlebten nicht ihre Gründer. Kein König konnte direkt sein Reich regieren, sondern war auf Lehnskönige angewiesen, die sich ihm nicht ohne weiteres unterwarfen und jede Gelegenheit wahrnahmen, ihre Unabhängigkeit wiederzuerlangen. Außerdem galt in Wales das Prinzip der Erbteilung, so dass es schwierig war, einmal erreichte Machtfülle dauerhaft zu erhalten.

Im 10. und 11. Jh. gab es ständige Grenzkonflikte mit den Engländern, deren massive Überfälle die walisischen Könige häufig zwangen, sich der englischen Krone zu unterwerfen. Mit solchen Eroberungen begründeten die Engländer später ihren Herrschaftsanspruch auf Wales. Nach der normannischen Eroberung Englands drangen anglonormannische Fürsten nach und nach in Wales vor. Während die kleineren Königtümer im Süden fielen, konnten im Norden und Westen die ersten anglonormannischen Vorstöße abgewehrt werden. Viele walisische Herrscher, u.a. Rhys ap Gruffydd, König von Deheubarth (gest. 1197), übernahmen auch einiges von den Normannen, etwa Burgbau- und Belagerungstechniken, sie trieben die Kirchenreform voran und förderten das Mönchswesen, um die walisische Kirche der römischen anzupassen.

Am erfolgreichsten war Llywelyn ab Iorwerth, Fürst von Gwynedd (1195–1240). Er nutzte den Bürgerkrieg in England und eroberte die unabhängigen walisischen Königreiche, was ihm den Namen Llywelyn der Große einbrachte. Die englischen Markgrafen konnte er in Schach halten. Um sicherzustellen, dass sein walisisches Reich über seinen Tod hinaus bestand, setzte sich Llywelyn über geltendes Erbrecht hinweg und machte seinen Sohn Dafydd (gest. 1246) zum Alleinerben. Aber Dafydd war zu schwach, das Reich zerbrach an inneren Konflikten und die Engländer fielen ein. Erst unter Llywelyn ap Gruffydd (1246–1282), der 1258 den Titel »Prince of Wales« annahm, wurde Wales wieder geeint. Llywelyn war ehrgeizig und eroberte Gebiete zurück, die seit über einhundert Jahren in englischer Hand waren. Obwohl er 1267 Heinrich III. von England zur Anerkennung seines Reichs und seines Titels zwang, war Llywelyn in Gwynedd ein ungeliebter Herrscher; selbst sein Bruder Dafydd lief zu den Engländern über. Wales' Einheit war keineswegs sicher.

Hywel Dda (Hywel der Gute), König von Deheubarth, um 900–950, in einer Handschrift aus dem 13. Jh. Hywel machte sich mit der systematischen Zusammenstellung walisischer Gesetzestexte einen Namen.

Erläuterungen zur Karte

❶ *Nachdem Powys 1160 geteilt wurde und unter die Oberhoheit Gwynedds geriet, verlor es zunehmend an Bedeutung.*

❷ *Das Königreich Deheubarth ging aus der Vereinigung von Dyfed und Seisyllwg im 10. Jh. hervor. Königssitz war Dinefwr.*

❸ *Mit der flämischen und englischen Besiedlung um Haverfordwest Anfang des 12. Jh.s entstand eine dauerhafte Sprachgrenze zwischen Walisisch und Englisch.*

❹ *Sitz der Könige von Gwynedd.*

❺ *Hauptbistum von Wales. Einem päpstlichen Dekret zufolge entsprachen zwei Wallfahrten nach St. Davids einer Pilgerreise nach Rom.*

Dolbadarn Castle bei Llanberis, Gwynedd, wurde vor 1230 von Llywelyn dem Großen erbaut, um die wichtige Nord-Süd-Route durch die Berge von Snowdonia zu kontrollieren.

Legende:

Unabhängige walisische Königtümer um 1200

Englische Markgrafschaften um 1200

Gebiet unter zeitweiliger normannischer Herrschaft

Reich Llywelyns des Großen um 1234

Feldzüge Llywelyns d. G.:

1231

1233

Eroberungen Llywelyn ap Gruffydds, 1260–1262

Offa's Dyke

Burg

Bistum

Zisterzienserkloster

Benediktinerkloster

Andere Klöster

Karte:

LANCASHIRE

Irische See

Mersey

CHESHIRE

Basingwerk

Penmon

Degannwy

Rhuddlan

Ewloe

Chester

Anglesey

Bangor

St Asaph (Llanelwy)

Harwarden

TEGEINGL

Aberffraw

GWYNEDD

Dinas Bran

Dee

MAELOR

Dolbadarn

Valle Crucis

Snowdonia

(POWYS FADOG)

Oswestry

ENGLAND

Carn Madryn

Deudraeth

Dee

❶ POWYS

Strata Marcella

Cambrian Mts

Powis

Caus

Shrewsbury

Cymer

(POWYS WEN-WYNWYN)

SHROPSHIRE

MEIRIONYDD

Montgomery

Clun

Ludlow

Cardigan Bay

Llanbadarn

MAELIENYDD

Knighton

Cwm Hir

Wigmore

Richards Castle

Ystrad Meurig

Rhayader

Radnor

CEREDIGION

Strata Florida

BUELLT

Builth

ELFAEL

Teifi

❷ DEHEUBARTH

Hay

HEREFORDSHIRE

Weobley

St Dogmaels

Cardigan

Clifford

Hereford

Newport

Cilgerran

Newcastle Emlyn

Brecon

Wye

EWYAS

Abbey Dore

CEMAIS

Tywi

BRYCHEINIOG

Longtown

Ewyas Harold

PEBIDIOG

The Landsker

CARMARTHEN

Dinefwr

Crickhowel

Grace Dieu

St Davids ❺

❸

Whitland

Carmarthen

Ust

Abergavenny

Monnow

Monmouth

Haverfordwest

Narberth

ABERGAVENNY

Pil

St Clears

KIDWELLY

NEWPORT

GWENT

Pembroke

Tallacharn

Kidwelly

Caerleon

Tintern

Manorbier

Llangennydd

GOWER

Swansea

Neath

GLAMORGAN

CAERLEON

Chepstow

Margam

Llantarnam

Newport

GLOUCESTERSHIRE

Ewenny

Llandaff

Cardiff

Bristol Channel

Avon

Das Ende des unabhängigen Wales

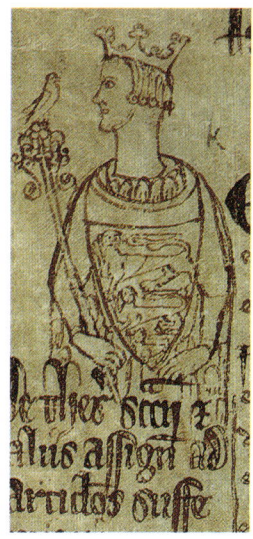

*Eduard I., der land-
hungrigste englische
König des Mittelalters,
zerschlug den wali-
sischen Widerstand
in drei Feldzügen zwi-
schen 1277 und 1295.
Sein Versuch, Schott-
land auf demselben
Wege zu unterwerfen,
war ein katastrophaler
Fehlschlag.*

Als Heinrich III. von England im Vertrag von Montgomery 1267 Llywelyn ap Gruffydd als Prince of Wales anerkannte, stand Wales im Zenit seiner mittelalterlichen Größe. Aber wie alle früheren Versuche, ein geeintes Wales zu regieren, scheiterte auch die Regentschaft Llywelyns alsbald unter dem Druck englischer Angriffe und innerer Konflikte.

LLYWELYN HATTE DIE KRISE, die zum Zusammenbruch seines Reichs führte, selbst heraufbeschworen. Seinen politischen Triumph über Heinrich III. überschätzend, beging er den verhängnisvollen Fehler, Heinrichs Sohn Eduard I., der seinen Vater 1272 beerbt hatte, zu unterschätzen. Das Protokoll missachtend, blieb Llywelyn der Krönung Eduards 1274 in London fern. Und als sei dies nicht schon Provokation genug, verweigerte er dem neuen König den Treueeid und tat kund, die Tochter von Simon de Monfort zu heiraten, der den Aufstand englischer Barone gegen Heinrich III. geführt hatte. Llywelyn war zu einer Bedrohung für die Markgrafen geworden, und so sammelte Eduard 1276 seine Truppen für einen Großangriff auf Wales. Im Sommer 1277 führte er sein Heer nach Nordwales, kleinere Truppenteile griffen Mittel- und Südwestwales an. Die englische Flotte brachte Truppen, die dem Hauptkontingent der walisischen Armee bei Conwy in die Flanke fallen und Anglesey, die Kornkammer des Landes, verwüsten sollten. Schon nach wenigen Monaten musste Llywelyn einlenken und verhandeln. Mit dem Vertrag von Aberconwy wurde seine Macht zerschlagen. Die einheimischen Territorialfürsten erhielten ihre Unabhängigkeit, und Llywelyns Bruder Dafydd wurde für seine Unterstützung König Eduards mit Ländereien in Nordwales entschädigt.

Nach dem ersten walisischen Unabhängigkeitskrieg blieben viele Probleme ungelöst; es gab Streitigkeiten zwischen den walisischen Prinzen und der englischen Krone. Dafydd fühlte sich benachteiligt, probte im März 1282 den Aufstand und griff Hawarden an. Mit Llywelyns Entschluss, seinem Bruder zu Hilfe zu eilen, beginnt der zweite und letzte walisische Unabhängigkeitskrieg. Eduard übte schwere Vergeltung, aber die Waliser schlugen sich anfangs erstaunlich gut. Der Tod Llywelyns im Dezember 1282 bei Builth war für die Waliser ein schwerer Schlag, von dem sie sich nicht mehr erholten. Nun führte Dafydd die Truppen, aber mit seinen politischen Machenschaften hatte er sich zu viele Feinde unter den eigenen Leuten geschaffen. Im Juni 1283 wurde er an die Engländer verraten und in Shrewsbury hingerichtet. Nach seinem Sieg enteignete Eduard alle walisischen Fürsten, die Llywelyn unterstützt hatten. Nur Powys Wenwynwyn blieb in der Hand einer walisischen Familie, die aber der Krone direkt unterstand. Die Einführung englischen Rechts mit dem Erlass von Rhuddlan 1284 war der erste Schritt, Wales in das englische Reich einzugliedern (was 1536 mit dem Vereinigungsgesetz geschah). Um die Eroberung Wales' zu sichern, begann Eduard mit einem ehrgeizigen Burgenbauprogramm – eine Maßnahme, die dringend geboten war, da es 1294/95 erneut zu einem großen Aufstand gegen die englische Vorherrschaft in Wales kam, den die Krone kaum niederschlagen konnte.

Erläuterungen zur Karte

1 *Anglesey, die Kornkammer Wales', war vor Angriffen der englischen Flotte kaum zu schützen.*

2 *Die Berge von Snowdonia waren ein ideales Terrain für den Partisanenkampf, doch gab es keinerlei Ressourcen für einen längeren Widerstand. Die Engländer versuchten das Gebiet von seinen Nachschubwegen abzuschneiden.*

3 *Llywelyn fand den Tod, als die Engländer überraschend Irfon Bridge angriffen und einnahmen.*

4 *Castell-y-Bere, die letzte Bastion der Waliser, fiel im März 1283.*

Eduard I. verfolgt die Hinrichtung Dafydd ap Gruffydds, des letzten Herrschers eines unabhängigen Wales, 1283 in Shrewsbury. Kolorierte Handschrift aus dem 14. Jh.

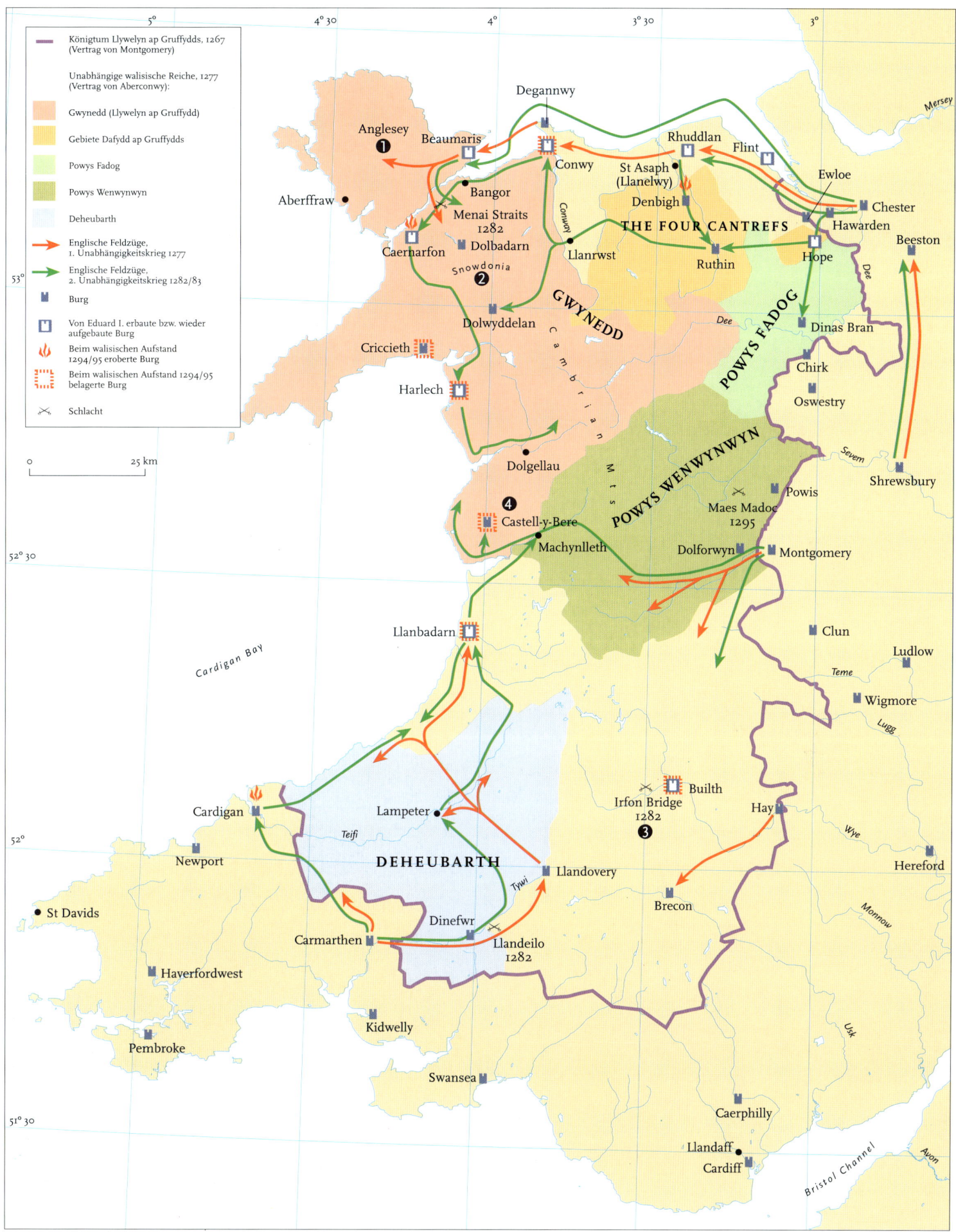

Legende:

Königtum Llywelyn ap Gruffydds, 1267 (Vertrag von Montgomery)

Unabhängige walisische Reiche, 1277 (Vertrag von Aberconwy):
- Gwynedd (Llywelyn ap Gruffydd)
- Gebiete Dafydd ap Gruffydds
- Powys Fadog
- Powys Wenwynwyn
- Deheubarth

Englische Feldzüge, 1. Unabhängigkeitskrieg 1277

Englische Feldzüge, 2. Unabhängigkeitskrieg 1282/83

Burg

Von Eduard I. erbaute bzw. wieder aufgebaute Burg

Beim walisischen Aufstand 1294/95 eroberte Burg

Beim walisischen Aufstand 1294/95 belagerte Burg

Schlacht

0 — 25 km

Kartenbeschriftung:

Anglesey ❶

Aberffraw

Beaumaris

Bangor

Menai Straits 1282

Caernarfon

Snowdonia ❷

Degannwy

Conwy

St Asaph (Llanelwy)

Denbigh

Rhuddlan

Flint

Ewloe

Chester

Hawarden

THE FOUR CANTREFS

Ruthin

Hope

Beeston

Llanrwst

Dolbadarn

Dolwyddelan

GWYNEDD

Criccieth

Harlech

Dolgellau

Cambrian Mts

POWYS FADOG

Dinas Bran

Chirk

Oswestry

POWYS WENWYNWYN

Maes Madoc 1295

Powis

Shrewsbury

❹ Castell-y-Bere

Machynlleth

Dolforwyn

Montgomery

Clun

Ludlow

Teme

Wigmore

Lugg

Llanbadarn

Cardigan Bay

DEHEUBARTH

Lampeter

Teifi

Irfon Bridge 1282

Builth

❸

Hay

Wye

Llandovery

Cardigan

Newport

Tywi

Hereford

Monnow

St Davids

Carmarthen

Dinefwr

Llandeilo 1282

Brecon

Haverfordwest

Kidwelly

Pembroke

Swansea

Caerphilly

Usk

Llandaff

Cardiff

Bristol Channel

Avon

Mersey

Dee

Severn

Glyndŵrs Aufstand

1400–1410 n. Chr.

Erläuterungen zur Karte

❶ Nach seiner Gefangennahme bei Pilleth verbündete sich Edmund Mortimer, Earl of March, mit Glyndŵr. Das Massengrab der in der Schlacht Gefallenen entdeckte man in einer Kirche.

❷ Heinrichs IV. Sieg bei Shrewsbury hinderte die nordenglischen Rebellen, sich mit den Walisern zu verbünden.

❸ 1404 rief Glyndŵr in Machynlleth das erste walisische Parlament zusammen.

❹ Glyndŵr machte das 1404 eroberte Harlech zu seinem Hauptquartier, wo er sich zum Prince of Wales krönen ließ. 1408 eroberten die Engländer die Festung zurück und verschleppten Glyndŵrs Frau, Tochter und Enkel.

❺ Monnington Court bei Vowchurch in Herfordshire soll Glyndŵrs Grabstätte sein.

Nachdem König Edward das Land erobert hatte, taten die Engländer im folgenden Jahrhundert wenig, um den Walisern die Fremdherrschaft zu erleichtern. 1400 wurden die Missstände so unerträglich, dass es landesweit zu Aufständen kam, die für die nächsten Jahre Englands Macht auf eine Hand voll Burgen und befestigte Städte beschränkte.

DER ANFÜHRER DER REVOLTE war Owain Glyndŵr (geb. 1359), Herrscher von Glyndyfrdwy in Nordostwales. Er stammte aus einer walisischen Fürstenfamilie, und niemand hätte je geglaubt, dass er eines Tages Revolutionär werden würde. Er hatte in London die Rechte studiert, den Hof des Grafen von Arundel verwaltet und in der Armee Richards II. in Schottland gedient. Richards Absetzung durch Heinrich IV. 1399 könnte zu Glyndŵr illoyaler Gesinnung geführt haben, doch es wird wohl eher der unbedeutende Streit um Land mit Lord Grey of Ruthin gewesen sein, der ihn 1400 zum Rebell werden ließ. Von seinen Anhängern zum Prince of Wales ernannt, begann Glyndŵr englische Grenzstädte zu überfallen. Ende des 14. Jh.s war es schon zu kleineren Aufständen in Wales gekommen, als in den wirtschaftlich schweren Jahren nach der Pest die englischen Landbesitzer immer höhere Abgaben verlangten und damit Glyndŵr immer mehr Anhänger in die Arme trieben. 1405 hatte der Aufstand ganz Wales erfasst. Glyndŵr mied offene Feldschlachten, führte eine Art Guerillakrieg und ließ die englischen Gegenangriffe ins Leere laufen.

Glyndŵr hatte ehrgeizige Pläne; er wollte ein unabhängiges Fürstentum Wales, mit Parlament, Verwaltung, Universitäten und einer unabhängigen walisischen Kirche mit Erzbistum in St. Davids. Unter den englischen Adelsfamilien fand er Verbündete in den Percys und Mortimers, die sich dem Usurpator Heinrich IV. widersetzten. Sie planten 1405 eine Dreiteilung Englands, bei welcher die an Wales angrenzenden englischen Grafschaften an das Fürstentum Wales fallen sollten. Glyndŵr verhandelte auch mit Frankreich, das 1405 ein Expeditionskorps entsandte. Die Franzosen eroberten Worcester, konnten es aber nicht halten, womit sich für Glyndŵr das Blatt wendete. 1406 zogen sich die Franzosen zurück, und ohne die Hoffnung auf Unterstützung von außen, brach der Aufstand allmählich in sich zusammen. 1408 hatten die Engländer den größten Teil von Süd- und Mittelwales wieder unter ihrer Gewalt, doch in den Bergen von Nordwales wurde noch jahrelang Widerstand geleistet. Glyndŵr zog sich 1410 in seine Schlupfwinkel zurück. 1415 lehnte er das Begnadigungsangebot von Heinrich V. ab – zugleich sein letztes dokumentiertes Lebenszeichen, der Rest ist Legende.

Der Aufstand hatte Wales ins Elend gestürzt. In den Kriegsjahren wurden die Städte und das Land verwüstet, und bis 1485, bis der walisische Tudor-König Heinrich VII. den englischen Thron bestieg, wurden die Waliser mit repressiven, antiwalisischen Gesetzen regiert. Das Scheitern der walisischen Revolution machte jede Hoffnung auf Unabhängigkeit zunichte.

(Unten links) Das Siegel von Owain Glyndŵr zeigt ihn inthronisiert als Prince of Wales.

(Unten rechts) Unter Richard II. plünderten die Engländer rücksichtslos Wales, was Hass und Aufstände im Land schürte.

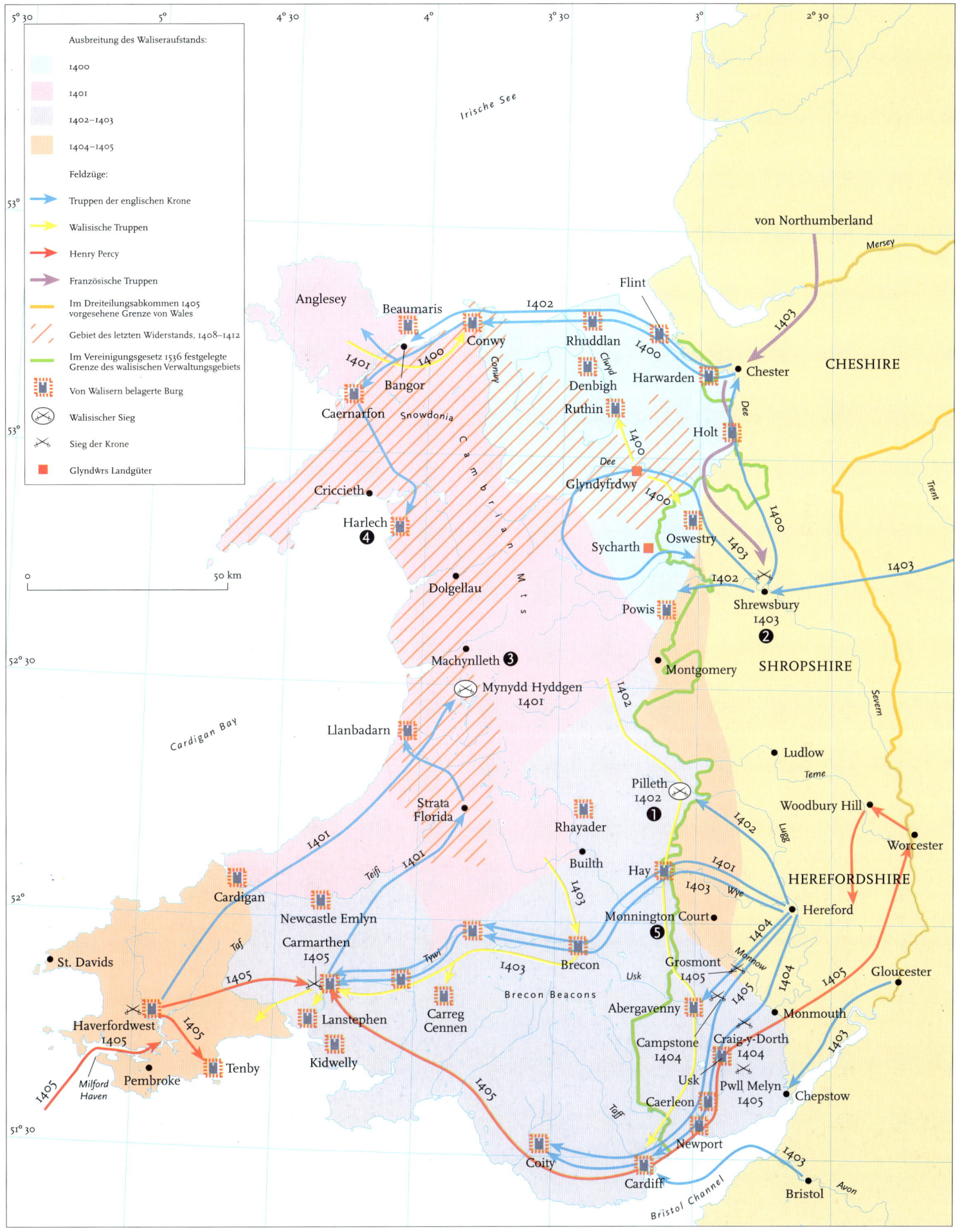

Ausbreitung des Waliseraufstands:

- 1400
- 1401
- 1402–1403
- 1404–1405

Feldzüge:

- Truppen der englischen Krone
- Walisische Truppen
- Henry Percy
- Französische Truppen
- Im Dreiteilungsabkommen 1405 vorgesehene Grenze von Wales
- Gebiet des letzten Widerstands, 1408–1412
- Im Vereinigungsgesetz 1536 festgelegte Grenze des walisischen Verwaltungsgebiets
- Von Walisern belagerte Burg
- Walisischer Sieg
- Sieg der Krone
- Glyndŵrs Landgüter

0   50 km

Irische See

Anglesey

Beaumaris

Conwy

Bangor

Caernarfon

Snowdonia

Criccieth

Harlech ❹

Dolgellau

Cambrian Mts

Machynlleth ❸

Cardigan Bay

Llanbadarn

Strata Florida

Mynydd Hyddgen 1401

St. Davids

Cardigan

Newcastle Emlyn

Carmarthen 1405

Haverfordwest 1405

Milford Haven

Pembroke

Lanstephen

Kidwelly

Carreg Cennen

Coity

Cardiff

Flint

Rhuddlan

Denbigh

Ruthin

Harwarden

Chester

CHESHIRE

von Northumberland

Mersey

Holt

Dee

Clwyd

Glyndyfrdwy

Sycharth

Oswestry

Powis

Montgomery

SHROPSHIRE

Shrewsbury 1403 ❷

Ludlow

Teme

Pilleth 1402 ❶

Rhayader

Builth

Hay

Monnington Court ❺

Brecon

Brecon Beacons

Woodbury Hill

Worcester

HEREFORDSHIRE

Hereford

Wye

Gloucester

Grosmont 1405

Abergavenny

Campstone 1404

Craig-y-Dorth 1404

Usk

Caerleon

Pwll Melyn 1405

Monmouth

Chepstow

Newport

Bristol

Bristol Channel

Avon

Severn

Trent

Lugg

Monnow

Usk

Taff

Taf

Tywi

Teifi

Tenby

1400   1401   1402   1403   1404   1405

Irland und die Anglonormannen

Rory O'Connor, König von Connacht und letzter Hochkönig Irlands, war es nicht gelungen, die vordringenden Anglonormannen aufzuhalten; der in Ungnade gefallene Monarch dankte 1183 zugunsten seines Sohnes Conchobar ab.

DIE KETTE DER EREIGNISSE, die zur anglonormannischen Invasion führten, nahm 1166 ihren Anfang, als Hochkönig Rory O'Connor den König von Leinster, Diarmait MacMurchada, aus seinem Reich vertrieb. Diarmait suchte beim englischen König Heinrich II. Zuflucht und durfte mit den walisischen Markgrafen ein Heer aufstellen, um sein Reich zurückzuerobern. 1167 kehrte er mit einer kleinen Streitmacht aus anglonormannischen Rittern und Bogenschützen nach Irland zurück und hatte nach zwei Jahren seine Macht wiedererlangt. 1170 traf Markgraf Richard FitzGilbert de Clare, genannt »Strongbow«, mit Entsatztruppen ein und eroberte Waterford und Dublin, wofür er Diarmaits Tochter Aoife in die Ehe führen durfte. Als Diarmait 1171 ohne Erben starb, fiel das Königreich Leinster an Strongbow. Dies beunruhigte König Heinrich. Um zu verhindern, dass sein Vasall ein eigenes unabhängiges Reich gründete, landete er mit einer Armee in Irland und zwang Strongbow und die einheimischen irischen Könige, seine Oberhoheit anzuerkennen. Nur Rory O'Connor widersetzte sich anfangs, musste aber 1175 klein beigeben: Ganz Irland fiel, zumindest nominell, an die englische Krone.

Die spektakulären Erfolge der Anglonormannen waren ihren gepanzerten Rittern und Bogenschützen zu verdanken. Das verschaffte ihnen gegenüber den Iren, die seit der Eisenzeit lediglich mit Lanzen kämpften, enorme Vorteile. Auch im Bau von Befestigungsanlagen waren die Anglonormannen den Iren überlegen. In kurzer Zeit entstanden Hunderte hölzerne Erdhügelburgen, die nach und nach durch eine kleinere Anzahl beachtlicher Steinburgen und befestigter Städte ersetzt wurden. Um ihre Eroberungen zu sichern, holten die Anglonormannen englische Siedler ins Land, die sich meist in den Städten und an der Ostküste niederließen, gegenüber den Iren aber in der Minderheit blieben. Die von den Anglonormannen kontrollierten Gebiete erreichten eine gewisse Stabilität: Die irischen Bauern gelangten zu Wohlstand und lebten dort besser als die englischen Siedler. Die rapide Ausdehnung der Agrarflächen veränderte das Gesicht der Landschaft. Ende des 13. Jh.s zeigte sich aber, dass es nicht gelingen würde, die einheimischen irischen Dynastien zu verdrängen. Ihre militärische Überlegenheit nützte den Anglonormannen immer weniger, als die Iren zum Partisanenkampf übergingen und dann auch noch schwer bewaffnete schottische Söldner einsetzten. Überdies wurden die anglonormannischen Heerführer von der englischen Krone im Stich gelassen, die an Irland nicht interessiert war; die Regierung in Dublin war zeitweise völlig untätig.

Siegel von Richard FitzGilbert de Clare, genannt »Strongbow«, Fürst von Striguil im Südwesten von Wales. Als Strongbow den Thron von Leinster bestieg, beschloss Heinrich II., in Irland einzufallen.

Erläuterungen zur Karte

❶ *1170 schlugen 10 anglonormannische Ritter mit Unterstützung von 70 Bogenschützen eine 3000 Mann starke irische Armee bei Waterford in die Flucht.*

❷ *Am dichtesten siedelten die Anglonormannen in der fruchtbaren Region Meath und der Gegend zwischen Wexford und Limerick.*

❸ *König Johann machte 1204 Dublin zum englischen Regierungssitz in Irland.*

❹ *1260 vereitelten englische Kolonisten Brian O'Neills Versuch, das Hochkönigtum wieder einzuführen.*

❺ *Söldner von den Hebriden verhalfen den Iren in der Schlacht von Athankip 1270 zu ihrem Sieg über die Engländer.*

Carrickfergus Castle, Antrim. Der 1180 errichtete Bau war die erste Steinburg Irlands und blieb bis zum 17. Jh. das englische Machtzentrum in Ulster.

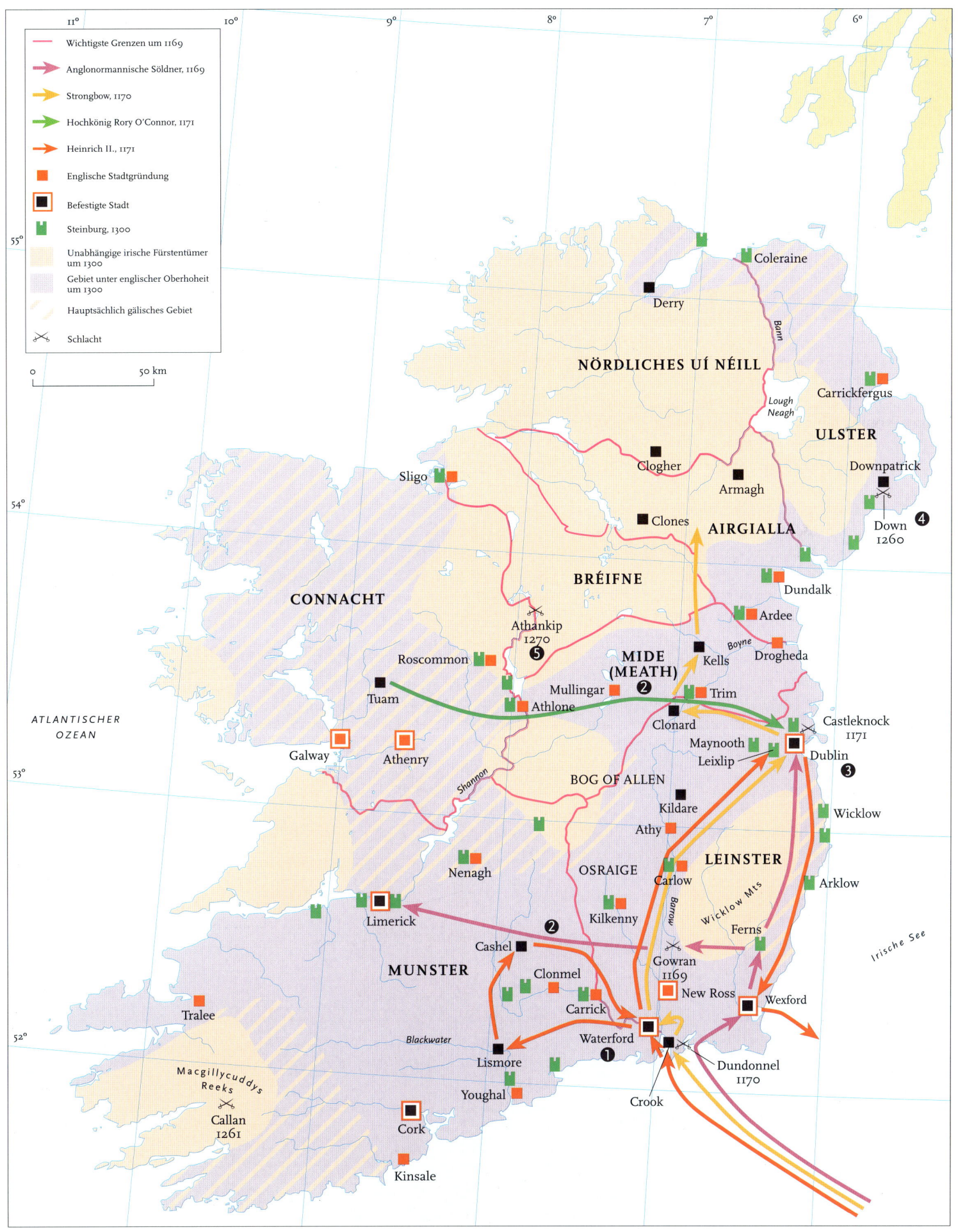

Legend

- Wichtigste Grenzen um 1169
- Anglonormannische Söldner, 1169
- Strongbow, 1170
- Hochkönig Rory O'Connor, 1171
- Heinrich II., 1171
- Englische Stadtgründung
- Befestigte Stadt
- Steinburg, 1300
- Unabhängige irische Fürstentümer um 1300
- Gebiet unter englischer Oberhoheit um 1300
- Hauptsächlich gälisches Gebiet
- Schlacht

0   50 km

ATLANTISCHER OZEAN

NÖRDLICHES UÍ NÉILL

Coleraine
Derry
Carrickfergus
ULSTER
Clogher
Downpatrick
Armagh
Down 1260 ❹
Clones
AIRGIALLA
Sligo
BRÉIFNE
Dundalk
Ardee
Athankip 1270 ❺
Drogheda
Roscommon
Kells
MIDE (MEATH) ❷
Boyne
CONNACHT
Mullingar
Trim
Tuam
Athlone
Clonard
Castleknock 1171
Maynooth
Leixlip
Dublin ❸
Shannon
BOG OF ALLEN
Galway
Athenry
Kildare
Wicklow
Athy
LEINSTER
Nenagh
OSRAIGE
Carlow
Arklow
Limerick
❷
Kilkenny
Barrow
Ferns
Wicklow Mts
Cashel
Gowran 1169
MUNSTER
Clonmel
New Ross
Irische See
Carrick
Wexford
Tralee
Blackwater
Waterford ❶
Dundonnel 1170
Lismore
Crook
Macgillycuddys Reeks
Youghal
Callan 1261
Cork
Kinsale

Englische und gälische Fürstentümer in Irland 1300–1500 n. Chr.

Im späten Mittelalter begannen die Engländer ihre Vorherrschaft in Irland zu verlieren. Ende des 15. Jh.s kontrollierten sie nur noch das »English Pale« um Dublin. Der Machtverlust der englischen Krone ging mit einer bemerkenswerten Renaissance gälischer Kultur einher.

BIS 1300 HATTEN DIE IRISCHEN FÜRSTEN die Engländer wieder zurückdrängen können. Aber Letzteren, verschanzt in ihren Burgen und Städten, gelang es, eine große schottische Invasion (1315–1318) abzuwehren, die Eduard, der Bruder des schottischen Königs Robert Bruce, führte. Doch den Engländern drohte noch eine ganz andere Gefahr: die Assimilation durch die Iren. Diese Situation verschärfte sich, als zwischen 1348–1350 vierzig Prozent der in den Städten lebenden englischen Siedler der Pest zum Opfer fielen, während die auf dem Land lebenden Iren, nämlich die Mehrheit der Inselbevölkerung, verschont blieben.

Mit dem Erstarken des gälischen Irlands blühte auch dessen Kultur wieder auf. Dies war einigen Familien des gälischen Bildungsadels zu verdanken, die sich der Pflege von Lyrik und Musik, Medizin oder Geschichts- und Rechtswissenschaften verschrieben hatten. Das irische Königtum hatte die anglonormannische Invasion zwar überstanden, war aber im Niedergang begriffen. Im 14. Jh. wurden die alten Krönungszeremonien wieder eingeführt und an Orten abgehalten, die zum Teil seit der Eisenzeit Zentren irischer Macht gewesen waren – z.B. Tara und die Festung Navan (oder Emain Macha). Gleichwohl waren die irischen Könige im 14. Jh. Kriegerfürsten, die englischen Fürsten eiferten ihnen nach, waren schon bald von den einheimischen Herrschern kaum noch zu unterscheiden, zumal viele neben Englisch auch Gälisch sprachen. Auch viele englische Siedler hatten die irische Lebensweise angenommen. Um dieser Entwicklung entgegenzuwirken, erließ die englische Regierung 1366 die »Verfügungen von Kilkenny«, die es den Engländern in Irland untersagte, Mischehen einzugehen, irische Barden zu beherbergen, irische Sportarten auszuüben oder Gälisch zu sprechen. Ende des 14. Jh.s versuchte die englische Krone ihre Siedler in Irland zu unterstützen, was aber trotz hohen finanziellen Aufwands wenig fruchtete. Im 15. Jh. übertrug sie daher die politische Macht außerhalb des *English Pale* an englische Großgrundbesitzer, an die FitzGeralds in Kildare und Ormond sowie die Butlers in Desmond, die damit autonom herrschten. 1460 erklärte das irische Parlament, das von diesen beiden Clans dominiert wurde, dass es sich an die vom englischen Parlament erlassenen Gesetze nicht gebunden fühle, solange es diesen nicht zugestimmt habe. Der Graf von Kildare regierte als Vizekönig, bis Heinrich VII. 1494 Sir Edward Poynings nach Irland sandte, um die Macht der Krone in Anglo-Irland durchzusetzen.

Erläuterungen zur Karte

❶ *Das* English Pale, *eine stark anglisierte Region, war im 15. Jh. fest in der Hand der Dubliner Regierung, die bis 1495 überall Verteidigungsanlagen bauen ließ.*

❷ *Maynooth Castle war im 15. Jh. Sitz der einflussreichen Grafen von Kildare.*

❸ *Ende des 15. Jh.s beherrschte die mächtige irische O'Neill-Dynastie ganz Ulster.*

❹ *Bis Ende des 16. Jh.s trieben die MacMurroughs im Pale Schutzgelder ein.*

❺ *Hügel wie der Cnoc Buadha (60–150 m hoch), von denen die Fürsten ihr Herrschaftsgebiet überschauen konnten, waren bevorzugte Orte der Inthronisation.*

Der Kampf 1399 zwischen den gepanzerten englischen Rittern (links) und Art MacMurchada, König von Leinster, der, typisch für die Iren, ohne Steigbügel reitet. Handschrift, frühes 15. Jh.

Wohnturm des Cloghmore Castle, Insel Achill, Mayo, 15. Jh. Gälische und englische Regionalfürsten ließen im 15. und 16. Jh. solche Wohntürme zu Tausenden bauen – deutliche Zeichen der kriegerischen Zeiten.

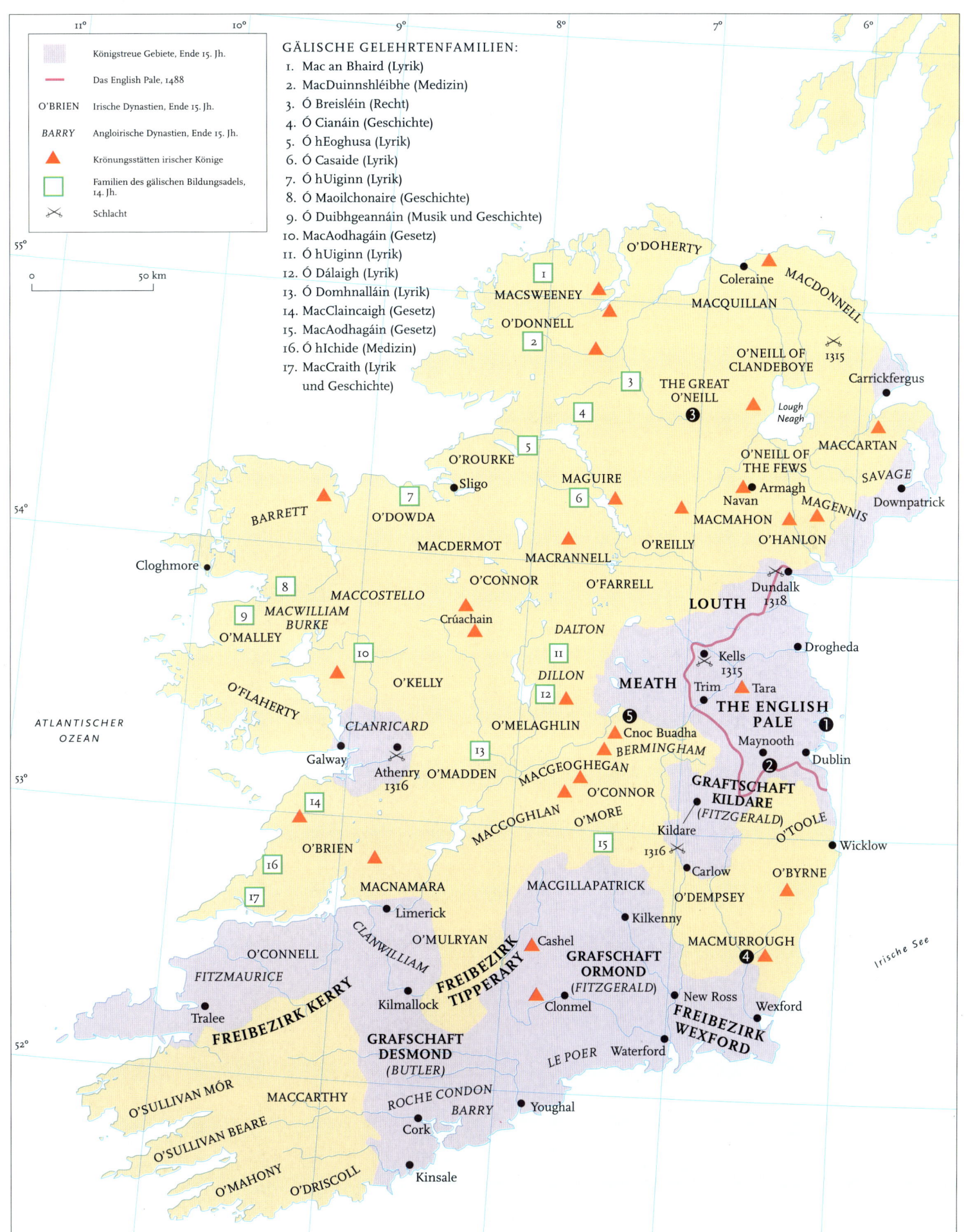

GÄLISCHE GELEHRTENFAMILIEN:

1. Mac an Bhaird (Lyrik)
2. MacDuinnshléibhe (Medizin)
3. Ó Breisléin (Recht)
4. Ó Cianáin (Geschichte)
5. Ó hEoghusa (Lyrik)
6. Ó Casaide (Lyrik)
7. Ó hUiginn (Lyrik)
8. Ó Maoilchonaire (Geschichte)
9. Ó Duibhgeannáin (Musik und Geschichte)
10. MacAodhagáin (Gesetz)
11. Ó hUiginn (Lyrik)
12. Ó Dálaigh (Lyrik)
13. Ó Domhnalláin (Lyrik)
14. MacClaincaigh (Gesetz)
15. MacAodhagáin (Gesetz)
16. Ó hIchide (Medizin)
17. MacCraith (Lyrik und Geschichte)

Legende:

- Königstreue Gebiete, Ende 15. Jh.
- Das English Pale, 1488
- O'BRIEN — Irische Dynastien, Ende 15. Jh.
- *BARRY* — Angloirische Dynastien, Ende 15. Jh.
- ▲ Krönungsstätten irischer Könige
- ▢ Familien des gälischen Bildungsadels, 14. Jh.
- ⚔ Schlacht

0 — 50 km

ATLANTISCHER OZEAN

O'DOHERTY
MACSWEENEY
O'DONNELL
MACDONNELL
Coleraine
MACQUILLAN
O'NEILL OF CLANDEBOYE
Carrickfergus
1315
Lough Neagh
THE GREAT O'NEILL ❸
MACCARTAN
SAVAGE
Downpatrick
O'NEILL OF THE FEWS
Armagh
MAGENNIS
O'ROURKE
MAGUIRE
Sligo
MACMAHON
O'HANLON
BARRETT
O'DOWDA
O'REILLY
MACDERMOT
MACRANNELL
Dundalk 1318
LOUTH
Drogheda
Cloghmore
O'CONNOR
O'FARRELL
MACCOSTELLO
Crúachain
DALTON
Kells 1315
MEATH
MacWILLIAM BURKE
O'MALLEY
DILLON
Trim
Tara
O'FLAHERTY
O'KELLY
THE ENGLISH PALE ❶
Maynooth
Dublin
CLANRICARD
O'MELAGHLIN
Cnoc Buadha ❺
BERMINGHAM
Galway
Athenry 1316
O'MADDEN
MACGEOGHEGAN
GRAFTSCHAFT KILDARE (FITZGERALD)
O'CONNOR
O'TOOLE
Wicklow
MACCOGHLAN
O'MORE
Kildare
O'BRIEN
1316
Carlow
O'BYRNE
MACNAMARA
MACGILLAPATRICK
O'DEMPSEY
Limerick
Kilkenny
MACMURROUGH ❹
O'CONNELL
O'MULRYAN
Cashel
GRAFSCHAFT ORMOND (FITZGERALD)
FITZMAURICE
CLANWILLIAM
FREIBEZIRK TIPPERARY
New Ross
Wexford
FREIBEZIRK KERRY
Kilmallock
Clonmel
FREIBEZIRK WEXFORD
Tralee
GRAFSCHAFT DESMOND (BUTLER)
LE POER
Waterford
O'SULLIVAN MÓR
MACCARTHY
ROCHE CONDON
BARRY
Youghal
O'SULLIVAN BEARE
Cork
O'MAHONY
O'DRISCOLL
Kinsale
Irische See

O'Neills Aufstand und das Ende des gälischen Irlands 1534–1603 n. Chr.

Da Irland die Reformation ablehnte, fürchtete die englische Krone, dass die feindlichen katholischen Mächte Europas Irland als Stützpunkt für eine Invasion Englands nutzen könnten. Energischer denn je sollte nun die Loyalität Irlands erzwungen werden.

1536 WURDE DIE REFORMATION vom irischen »Reformationsparlament« offiziell eingeführt; es erkannte zugleich König Heinrich VIII. als obersten Kirchenherrn Irlands an. 1541 festigte Heinrich seine Macht, indem er Irland zu einem eigenständigen Königreich erklärte und den Titel »König von Irland« annahm (zuvor nannten sich die englischen Könige »Lord von Irland«). Man begann mit der Auflösung der ersten Klöster, doch eine umfassende Kirchenreform blieb vorerst aus. Als Heinrichs Nachfolger Eduard VI. protestantische Glaubenssätze vorschrieb, ohne sich vorher mit dem irischen Parlament zu beraten, regte sich Widerstand. In den 80er Jahren folgten schärfere antikatholische Maßnahmen, doch die »Old English« (wie man die etablierten englischen Familien Irlands nannte) lehnten den anglikanischen Gottesdienst und die Staatskirche immer entschiedener ab, die in den gälischen Fürstentümern ohnehin nie akzeptiert worden war.

Als die Tudor-Könige Maßnahmen zur Anglisierung der irischen Verwaltung trafen und auf kommunaler Ebene Grafschaften nach englischem Vorbild einführten, bedrohte dies den Status der gälischen Fürsten und altenglischen Großgrundbesitzer; es kam zu mehreren Aufständen. Um die Anglisierung voranzutreiben, stationierte die englische Krone Truppen und gründete auf den konfiszierten Ländereien der Aufständischen »neuenglische« Siedlungen. Die meisten *Plantations* – die erste entstand 1556 in Leix-Offaly – bestanden nicht lange, da sie im Partisanenkampf von den ehemaligen Grundbesitzern zurückerobert wurden.

Der Widerstand gegen die Anglisierung erreichte 1593 seinen Höhepunkt, als Hugh O'Neill, Graf von Tyrone, mit Unterstützung der O'Donnells von Tyrconnell und der Maguires von Fermanagh eine Revolte anzettelte, die sich zu einem neunjährigen Krieg ausweitete. Obwohl O'Neill die katholischen »Old English« mit seinem Ruf nach Gewissensfreiheit nicht für sich gewinnen konnte, erkannte Elisabeth I. die bedrohliche Lage, klagte O'Neill 1595 wegen Hochverrats an und entsandte 1598 ein großes Heer unter dem Grafen von Essex, mit dem O'Neill jedoch kurzen Prozess machte. Anstelle von Essex ging nun Lord Mountjoy gegen O'Neill vor. 1601 traf in Kinsale ein spanisches Heer zu O'Neills Unterstützung ein, doch bevor es die Rebellenarmee erreichte, brachten die Engländer O'Neill und O'Donnell die entscheidende Niederlage bei. 1603 ergab sich O'Neill und schloss Frieden. Vier Jahre später flohen O'Neill, Rory O'Donnell und Cúchonnacht Maguire aus ihren Grafschaften und gingen auf dem Kontinent ins Exil. »Die Flucht der Grafen« bedeutete das Ende gälischer Herrschaft in Irland. Auch wenn die Sprache der Gälen überlebte, ihre Kultur sollte ohne die Förderung der gälischen Fürsten untergehen.

Hugh O'Neill, Graf von Tyrone, trieb jahrelang ein doppeltes Spiel mit Elisabeth I. Er heuchelte Loyalität, unterstützte aber den Aufstand und traf geheime Absprachen mit Spanien.

Erläuterungen zur Karte

❶ *Mit Hilfe der konfiszierten Ländereien des aufständischen Grafen von Desmond gründete die Krone 1583 die Munster Plantation.*

❷ *Die Aufteilung der Grafschaft Monaghan unter königstreuen Iren war einer der Hauptgründe für den Neunjährigen Krieg.*

❸ *Der ungewöhnliche Name dieser Schlacht rührt daher, dass eine englische Militärkolonne bei Enniskillen in einen Hinterhalt geriet und ihre Lebensmittelvorräte verlor.*

❹ *Nach der schweren englischen Niederlage im Neunjährigen Krieg konnte O'Neill die Plantation ungehindert angreifen.*

❺ *»Die Flucht der Grafen«: Hugh O'Neill und seine Anhänger flohen 1607 von Rathmullan auf den Kontinent.*

Zeitgenössische Darstellung der irischen Belagerung von Enniskillen im Neunjährigen Krieg. Ohne Kanonen hatten es die Iren mit ihren Belagerungsversuchen schwer.

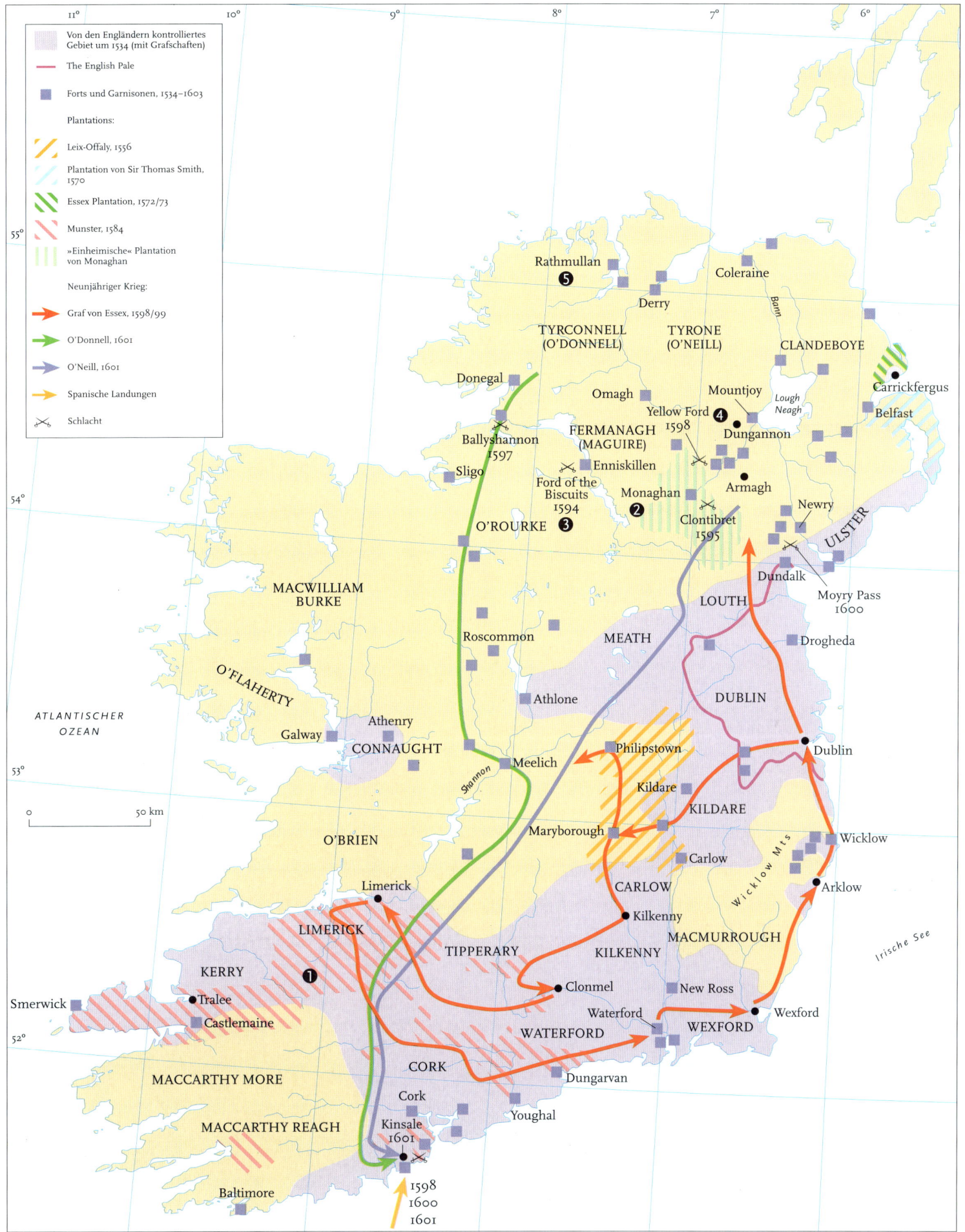

Legend:

Von den Engländern kontrolliertes Gebiet um 1534 (mit Grafschaften)

The English Pale

Forts und Garnisonen, 1534–1603

Plantations:

Leix-Offaly, 1556

Plantation von Sir Thomas Smith, 1570

Essex Plantation, 1572/73

Munster, 1584

»Einheimische« Plantation von Monaghan

Neunjähriger Krieg:

Graf von Essex, 1598/99

O'Donnell, 1601

O'Neill, 1601

Spanische Landungen

Schlacht

Map labels:

Rathmullan ⑤
Coleraine
Derry
TYRCONNELL (O'DONNELL)
TYRONE (O'NEILL)
CLANDEBOYE
Omagh
Mountjoy
Carrickfergus
Yellow Ford 1598 ④
Lough Neagh
Belfast
Donegal
Dungannon
Ballyshannon 1597
FERMANAGH (MAGUIRE)
Sligo
Enniskillen
Armagh
Newry
Ford of the Biscuits 1594
Monaghan ②
ULSTER
O'ROURKE ③
Clontibret 1595
Dundalk
Moyry Pass 1600
MACWILLIAM BURKE
LOUTH
Drogheda
Roscommon
MEATH
O'FLAHERTY
Athlone
DUBLIN
ATLANTISCHER OZEAN
Galway
Athenry
CONNAUGHT
Meelich
Shannon
Philipstown
Dublin
Kildare
KILDARE
Wicklow
Maryborough
Carlow
O'BRIEN
CARLOW
Wicklow Mts
Arklow
Limerick
Kilkenny
LIMERICK
TIPPERARY
KILKENNY
MACMURROUGH
KERRY
Clonmel
New Ross
Irische See
Smerwick
Tralee
Waterford
WEXFORD
Wexford
Castlemaine
WATERFORD
MACCARTHY MORE
CORK
Dungarvan
Cork
Youghal
MACCARTHY REAGH
Kinsale 1601
Baltimore
1598 1600 1601
①

Scale: 0 — 50 km

Die »Plantations« in Irland

Nachdem O'Neills Aufstand niedergeschlagen war, etablierte die englische Krone in Irland eine neue, protestantische Führungsschicht, konfiszierte den Landbesitz und siedelte dort englische und schottische Protestanten an. Das irische Problem wollte man lösen, indem man sich der Iren entledigte.

DIE ERSTEN PLANTATIONS entstanden unter den Tudors, die das Land aufständischer irischer oder altenglischer Magnaten unter wenigen neuenglischen und zum Teil auch loyalen irischen Grundherren aufteilten. In Munster kam das ethnischen Säuberungen gleich. Eine kurz aufflammende Revolte in Donegal 1608 nahm die Regierung des Stuart-Königs Jakob I. (Jakob VI. von Schottland) zum Anlass, dasselbe auch in Ulster in die Wege zu leiten. Das Ansiedlungsgesetz von 1609 sah die Zwangsumsiedlung großer Teile der irischen Bevölkerung in eigens ausgewiesene Gebiete vor, damit das fruchtbare Land mit protestantischen Pächtern aus Schottland oder England besiedelt werden konnte. Die Neuansiedlung scheiterte aus denselben Gründen, aus denen solche Besiedlungsprojekte in Irland bisher immer fehlgeschlagen waren: Irland galt als gewalttätige, rebellische Provinz. Die Verwalter der Regierung in den *Plantations* stellten fest, dass es wünschenswert war, irische Siedler auf ihrem Land zu lassen, da diese bereit waren, dafür auch die hohe Pacht zu zahlen. Lediglich in Antrim und Down gelang es, eine protestantische Mehrheit anzusiedeln – zumeist Schotten aus den Lowlands.

Obwohl religiöse Diskriminierung, Landenteignungen, hohe Pachtzinsen und die wachsende Armut den Unmut der Iren heraufbeschworen, kam der irische Aufstand von 1641 für die Regierung völlig überraschend. Der schwelende Konflikt zwischen Karl I. und dem englischen Parlament entlud sich 1642 in einem Bürgerkrieg, und es dauerte zehn Jahre, ehe Oliver Cromwell im Auftrag der neuen republikanischen Regierung die englische Oberhoheit in Irland wiederherstellen konnte. Etwa ein Drittel der irischen Bevölkerung war während des Aufstands umgekommen; allerdings waren weit mehr Menschen Seuchen und Hungersnöten zum Opfer gefallen als den Massakern, die beide Seiten verübt hatten. Das Land der wenigen noch verbliebenen einheimischen und altenglischen Adligen wurde konfisziert, und alle Katholiken sollten nach Connacht umgesiedelt werden, um den Veteranen der Parlamentsarmee Platz zu machen. Doch diese waren von der Idee, Neusiedler in Irland zu werden, wenig begeistert; vielmehr zog es sie in die blühenden Kolonien in der Neuen Welt. So blieben die Katholiken auf ihrem Land.

Hatte die englische Krone ihr eigentliches Ziel auch nicht erreicht, so hatte sie doch die von den Tudors eingeleitete endgültige Zerstörung des traditionellen Sozialgefüges im gälischen Irland bewirkt. Länger als 200 Jahre herrschte eine kleine Elite protestantischer Grundbesitzer über die katholische Mehrheit im Land. Der Katholizismus wurde zum verbindenden Element zwischen Altengländern und Iren, die immer mehr zusammenrückten, so dass es schließlich die Religion war, die Irland spaltete.

Monea Castle, Fermanagh, Verwaltungssitz einer Plantation. Die 1616 von dem Schotten Malcom Hamilton errichtete Burg in schottischem Stil überstand den katholischen Aufstand von 1641.

Erläuterungen zur Karte

❶ Die Ulster Plantation *wurde geplant, nachdem Sir Cahir O'Doherty, ein Clan-Führer aus Denogal, 1608 Derry niedergebrannt hatte.*

❷ *Die Plantation von Antrim und Down war eine private Unternehmung des einheimischen katholischen Aristokraten Sir Randal McDonnell.*

❸ Die Munster Plantation *wurde im Neunjährigen Krieg zerstört und erlebte nach ihrer Wiederherstellung einen Aufschwung Anfang des 17. Jh.s.*

❹ *Die Catholic Confederation of Kilkenny kontrollierte zwischen 1642 und Cromwells Invasion 1649/50 große Teile Irlands.*

❺ *Um die Iren vom Meer abzuschneiden, gab Cromwell den Veteranen der Parlamentsarmee einen etwa 1,5 km breiten Küstenstreifen von Connacht als Siedlungsgebiet.*

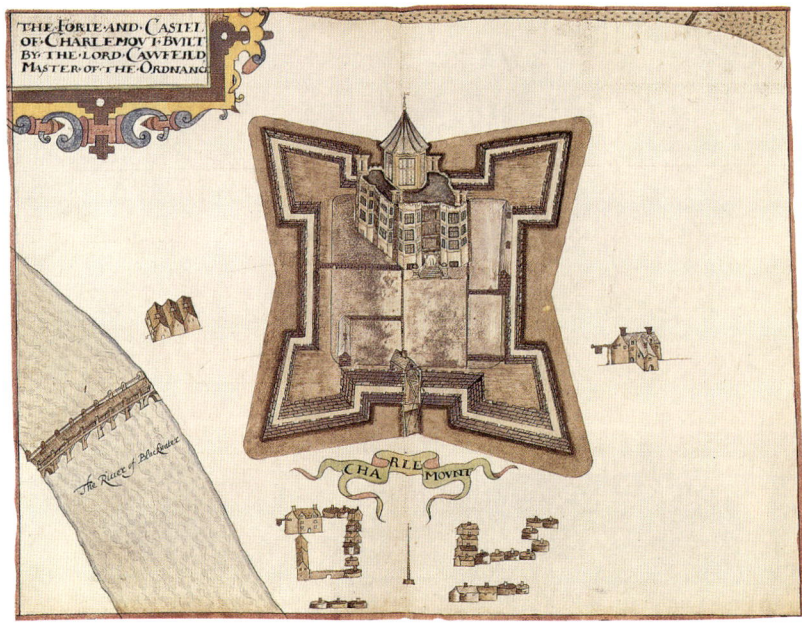

Charlemont Castle, ein Artilleriefort aus der Tudor-Zeit, das im Neunjährigen Krieg und beim katholischen Aufstand 1641 eine wichtige Rolle spielte, diente in Friedenszeiten als Landsitz.

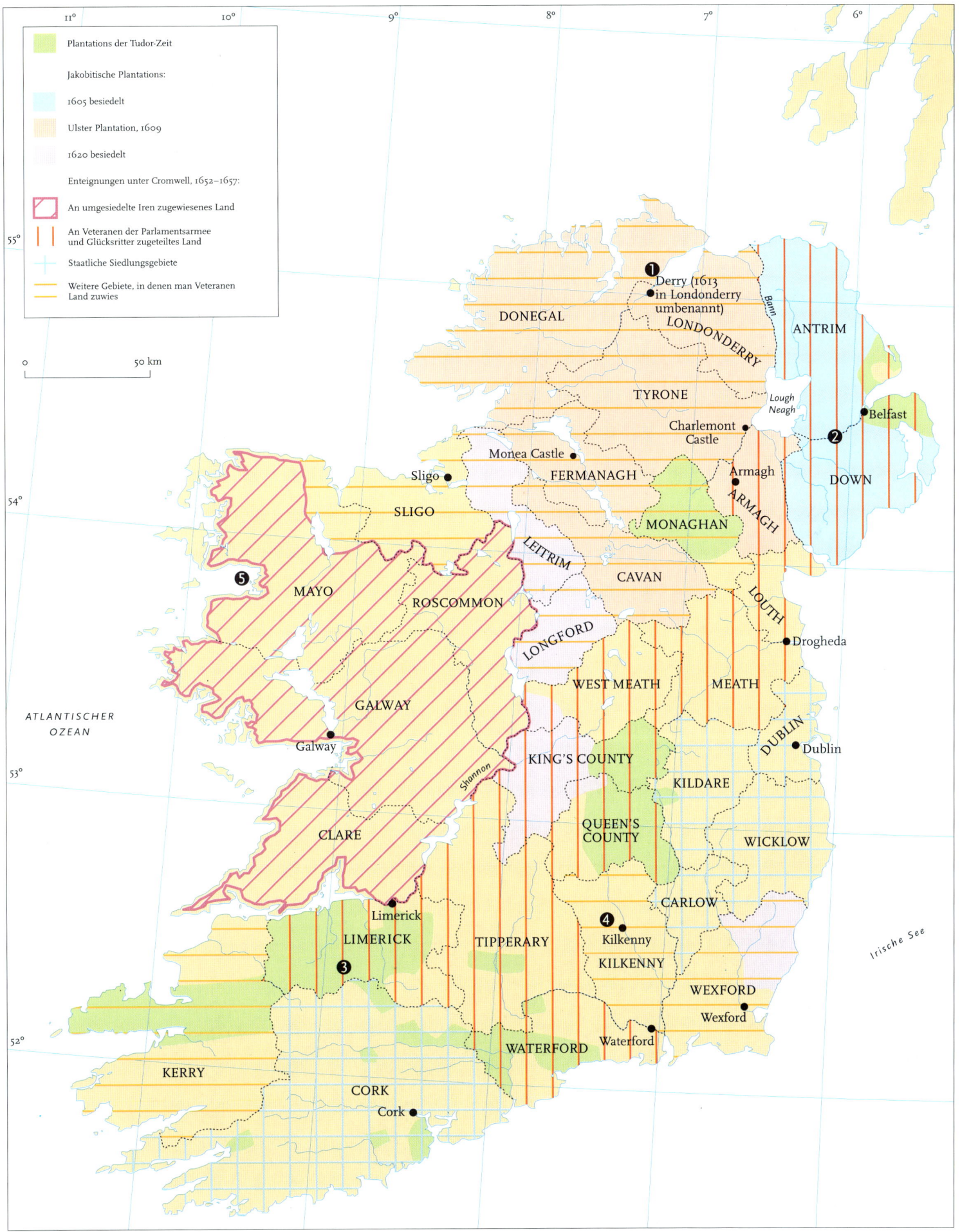

Legende

- Plantations der Tudor-Zeit

Jakobitische Plantations:
- 1605 besiedelt
- Ulster Plantation, 1609
- 1620 besiedelt

Enteignungen unter Cromwell, 1652–1657:
- An umgesiedelte Iren zugewiesenes Land
- An Veteranen der Parlamentsarmee und Glücksritter zugeteiltes Land
- Staatliche Siedlungsgebiete
- Weitere Gebiete, in denen man Veteranen Land zuwies

0 — 50 km

ATLANTISCHER OZEAN

Irische See

DONEGAL
LONDONDERRY
❶ Derry (1613 in Londonderry umbenannt)
Bann
ANTRIM
TYRONE
Lough Neagh
Charlemont Castle
Belfast
❷
DOWN
Armagh
ARMAGH
Monea Castle
FERMANAGH
Sligo
MONAGHAN
SLIGO
LEITRIM
CAVAN
LOUTH
MAYO
❺
ROSCOMMON
LONGFORD
Drogheda
WEST MEATH
MEATH
GALWAY
Galway
Shannon
KING'S COUNTY
DUBLIN
Dublin
KILDARE
QUEEN'S COUNTY
WICKLOW
CLARE
Limerick
CARLOW
❹ Kilkenny
LIMERICK
KILKENNY
❸
TIPPERARY
WEXFORD
Wexford
WATERFORD
Waterford
KERRY
CORK
Cork

Die Highlands und
der Jakobitenaufstand 1688–1746 n. Chr.

Highland-Clans – auf tatsächliche oder vermeintliche Verwandtschaft gegründete gälische Sippenverbände – gab es seit dem frühen 12. Jh., doch erst nach der Zerschlagung des »Reichs der Inseln« 1493 gewannen sie an Einfluss. Die Beschlüsse des Edinburgher Parlaments wurden in den Highlands kaum beachtet. Die Clan-Führer hielten bis ins 18. Jh. an den überkommenen Sozialstrukturen fest. Sie besaßen erbliche Rechtshoheit über ihre Lehnsleute, die ihnen Waffendienst schuldeten. Mit ihren Privatarmeen befehdeten sich die Clan-Oberhäupter, führten untereinander Kleinkriege und stahlen sich gegenseitig das Vieh.

DIE ZERSTÖRUNG DER SOZIALEN ORDNUNG war eine indirekte Folge des Staatsstreichs von 1688, bei dem der katholische Stuart-König Jakob II./VII. zugunsten des Protestanten Wilhelm von Oranien gestürzt wurde. Jakobs Anhänger, Jakobiten genannt, kämpften für die Wiedereinsetzung ihres Königs und nach dessen Tod 1701 auch für die seines Sohnes Jakob bzw. seines Enkels Charles Edward (»Bonnie Prince Charlie«). Von den drei Jakobitenaufständen 1689/90, 1715 und 1745/46 hätte der letzte fast zum Erfolg geführt, doch die überwältigende Niederlage bei Culloden 1746 setzte der militärischen Kraft der Jakobiten ein Ende.

Die Jakobitenbewegung hatte ihre Anhänger in allen Teilen des Inselreichs, doch wegen der führenden Rolle einiger Highland-Clans bei den Aufständen wurde die Revolte im Nachhinein als Sache der Highland-Clans gesehen. Da die Stuarts eine schottische Dynastie waren, fanden die Jakobiten dort mehr Unterstützung als in England, zumal England durch das Unionsgesetz von 1707 nicht gerade an Popularität gewonnen hatte. Doch ihr katholischer Anstrich ließ bei den meisten Schotten keine Begeisterung für die

Charles Edward Stuart, »der junge Thronanwärter«, überschätzte seine Fähigkeiten. Seine stümperhafte Militärführung beim Aufstand von 1745/46 hatte für die Jakobitenbewegung und die Highlands verheerende Folgen. Er unterlag bei Culloden und floh durch die Highlands; gleichwohl wurde »Bonnie Prince Charlie« zum romantischen Helden verklärt.

Corgarff Castle, Grampian. Der Wohnturm aus dem 16. Jh. wurde 1748 zur Kaserne für hannoveranische Truppen umgebaut. Nach jahrelangen vergeblichen Versuchen, den Whiskey-Schmuggel zu unterbinden, wurde die Garnsion 1831 abgezogen.

Der Turm bei Glenfinnan markiert den Ort, wo Charles Edward Stuart im August 1745 das Banner seines Vaters hisste und damit das Signal für den Jakobitenaufstand von 1745 gab.

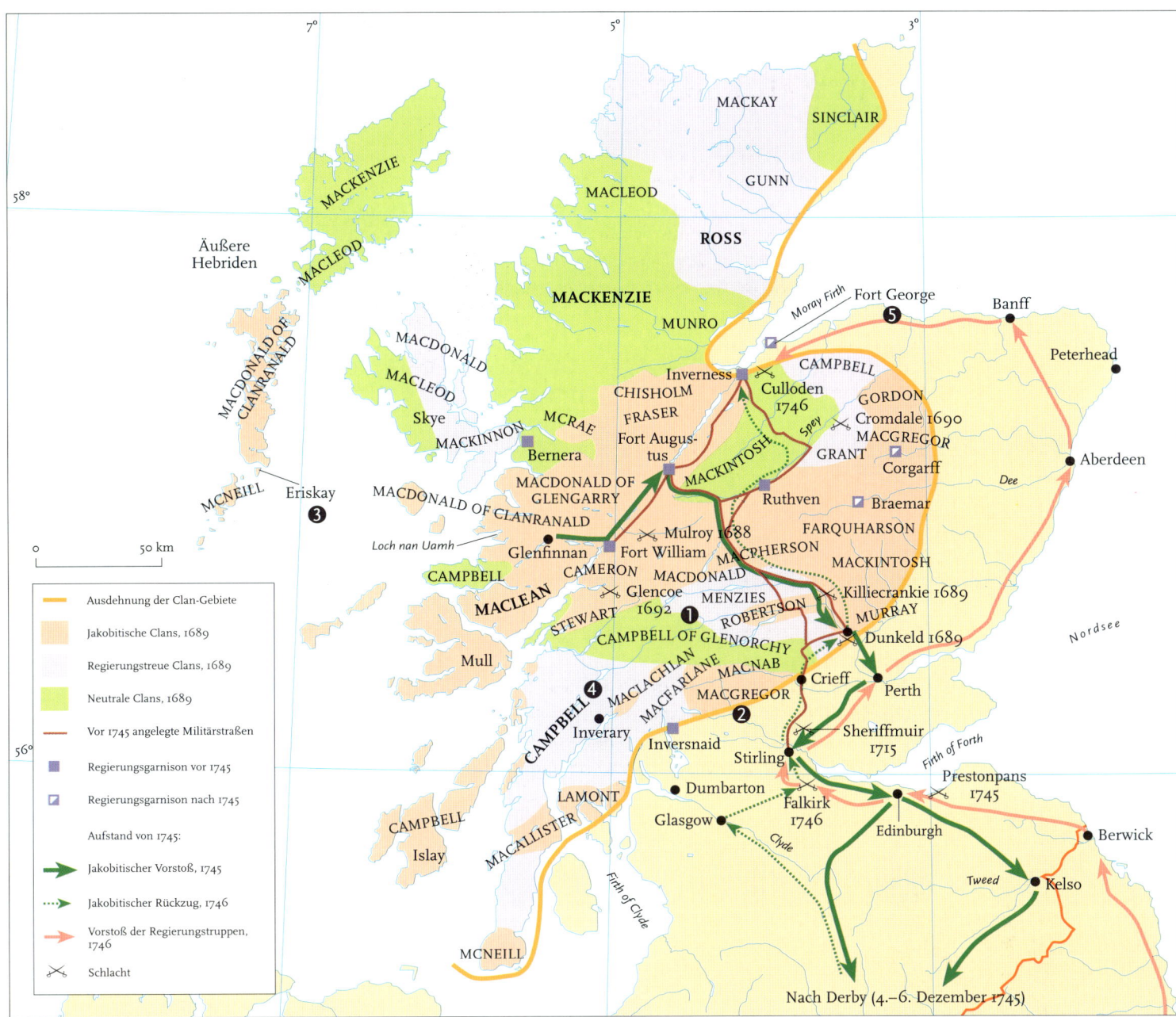

Ausdehnung der Clan-Gebiete

Jakobitische Clans, 1689

Regierungstreue Clans, 1689

Neutrale Clans, 1689

Vor 1745 angelegte Militärstraßen

Regierungsgarnison vor 1745

Regierungsgarnison nach 1745

Aufstand von 1745:

Jakobitischer Vorstoß, 1745

Jakobitischer Rückzug, 1746

Vorstoß der Regierungstruppen, 1746

Schlacht

Map labels: MACKAY, SINCLAIR, GUNN, MACKENZIE, MACLEOD, ROSS, MUNRO, Äußere Hebriden, MACKENZIE, MACDONALD, MACLEOD, Skye, MACKINNON, MCRAE, CHISHOLM, FRASER, Inverness, Culloden 1746, CAMPBELL, GORDON, Cromdale 1690, MACGREGOR, GRANT, Corgarff, Braemar, Banff, Peterhead, Aberdee, Fort George, Moray Firth, MACDONALD OF CLANRANALD, Bernera, Fort Augustus, MACKINTOSH, Spey, Dee, Nordsee, MCNEILL, Eriskay, MACDONALD OF GLENGARRY, MACDONALD OF CLANRANALD, Ruthven, FARQUHARSON, Loch nan Uamh, Glenfinnan, Fort William, MACPHERSON, MACKINTOSH, Killiecrankie 1689, Mulroy 1688, CAMPBELL, CAMERON, Glencoe 1692, MACDONALD, MENZIES, ROBERTSON, MURRAY, Dunkeld 1689, MACLEAN, STEWART, CAMPBELL OF GLENORCHY, Mull, MACLACHLAN, MACFARLANE, MACNAB, Crieff, Perth, Sheriffmuir 1715, CAMPBELL, Inveray, MACGREGOR, Inversnaid, Stirling, Firth of Forth, Prestonpans 1745, LAMONT, Dumbarton, Glasgow, Falkirk 1746, Edinburgh, Berwick, CAMPBELL, Islay, MACALLISTER, Clyde, Tweed, Kelso, Firth of Clyde, MCNEILL, Nach Derby (4.–6. Dezember 1745)

Bewegung aufkommen. Selbst in den Highlands wurden sie nicht überall unterstützt. Manche Clans versuchten neutral zu bleiben, während andere, wie die Campbells, die Regierung unterstützten. Die Bedeutung der Highlands für die Jakobiten lag weniger in der Stärke ihrer Gefolgschaft, als vielmehr in der Tatsache, dass ihre Anhänger große Kampfverbände aufstellen konnten.

Nach der Niederlage bei Culloden folgte eine systematische Zerschlagung des Clan-Wesens, die sicherstellen sollte, dass von den Highlands nie wieder eine große Rebellion ausgehen konnte. Dabei wurde kein Unterschied zwischen jakobitischen und regierungstreuen Clans gemacht. Das Land der Jakobiten wurde konfisziert und die Macht der Clans mit der Abschaffung der erblichen Rechtshoheit beschnitten. Verboten wurde: Waffen zu tragen, Dudelsack zu spielen, Highland-Tracht zu tragen oder Gälisch zu sprechen. Nur das Waffenverbot ließ sich durchsetzen. Das von General Wade um 1720 begonnene Militärstraßensystem wurde ausgebaut, und bis ins 19. Jh. waren in den Highlands Truppen stationiert, obwohl von den Jakobitenaufständen längst keine Rede mehr war.

Erläuterungen zur Karte

❶ *Die letzte Clan-Schlacht trugen die Mackintoshs und die MacDonalds von Keppoch untereinander aus.*

❷ *Der Clan von Rob Roy MacGregor (gest. 1734); der berüchtigte Viehdieb und Schutzgelderpresser wurde nach seinem Tod zum schottischen Robin Hood verklärt.*

❸ *Im Juli 1745 landete Charles Edward Stuart mit einem französischen Schiff auf der Insel Eriskay und betrat zum ersten Mal schottischen Boden.*

❹ *Die Campbells, der wichtigste antijakobitische Clan, kämpfte mit den Regierungstruppen bei Culloden.*

❺ *Gewaltiges Artilleriefort, das nach dem Aufstand von 1745 errichtet wurde, um die Highlands zu sichern. Es ist die besterhaltene Festung aus dem 18. Jh. in Großbritannien.*

Die Vertreibungen aus den Highlands

1763–1886 n. Chr.

Erläuterungen zur Karte

❶ Die ersten Schafzuchtfarmen in den Highlands entstanden 1752 um Arrochar und Lochgoilhead.

❷ 1765 wurden in Pertshire die ersten Cheviot-Schafe aus dem Grenzgebiet eingeführt; sie sollten die typische Highlands-Rasse werden.

❸ 1792 – im »Schafsjahr« – wurden Truppen nach Kildermorie geschickt, weil Einheimische die Schafe von den Weiden verjagt hatten.

❹ Der Widerstand gegen die Vertreibung vom Grundbesitz der Gräfin von Sutherland in Kildonan hielt 6 Monate an.

❺ Beim ersten Zwischenfall im Highland-Bauernkrieg kämpften die Pachtverweigerer gegen Polizisten, von denen sie vertrieben werden sollten.

Nach dem Jakobitenaufstand von 1745 nahmen die Oberhäupter der Highland-Clans ihre traditionelle Funktion als Lehnsherren der Clan-Mitglieder nicht mehr wahr und wurden einfache Großgrundbesitzer. Die einstigen Lehnsleute, die früher ihren Kriegsdienst geleistet hatten, waren nun zu einer Bürde geworden und wurden aus Profitgier zu Tausenden von den Ländereien vertrieben. Das Clan-Wesen verfiel und die Highlands verödeten, was ihren heute so rau und unberührt wirkenden Charakter erklärt.

DIE ENTVÖLKERUNG VERLIEF IN DREI PHASEN: Zunächst waren Angehörige der Clan-Aristokratie betroffen, ehemalige Militärführer, die von der Unterverpachtung ihres Clan-Landes lebten. Schon vor 1745 sah man in ihnen bloß noch überflüssige Mittelsmänner. Wegen der hohen Pachten wanderten viele nach Nordamerika aus. Die zweite Vertreibungswelle begann Ende des 18. Jh.s, als die Großgrundbesitzer die Kleinpächter von ihren Ländereien vertrieben, um dort große Schafzuchtfarmen aufzubauen. Wenn sich die Pächter wehrten, gingen die Grundherren mit Gewalt vor. Die Bauern hatten die Wahl, entweder auszuwandern oder in die neu gegründeten Dörfer an der Küste umzusiedeln, wo sie in der Landwirtschaft, Fischerei oder Kelpindustrie arbeiten konnten. Trotzdem wuchs die Bevölkerungszahl in den Highlands während dieser Phase, was wohl auf das verbesserte Gesundheitswesen zurückzuführen ist (z. B. Impfungen), aber auch auf den Anbau neuer Feldfrüchte (z. B. Kartoffeln).

Der Import billiger Düngemittel führte nach 1815 zu einem Rückgang des Kelphandels, und bald fielen auch die Wollpreise infolge der Konkurrenz aus Australien und Neuseeland. Die Kartoffelfäule in den 40er

Aus Glencalvie (Easter Ross) 1845 vertriebene Kleinbauern suchten Schutz in der Kirche von Croick. Sie ritzten Abschiedsgrüße in die Kirchenfenster, bevor sie das Tal verließen.

Restauriertes »Blackhouse« (oben und unten) in Arnol, Insel Lewis. Noch im 19. Jh. war es das typische Wohnhaus der Highlands. Die fenster- und kaminlosen Katen waren dunkel und verraucht (daher ihr Name), aber warm und einfach instand zu halten.

Jahren (von der ganz Europa betroffen war) löste in den Highlands eine große Hungersnot aus. Mit der einsetzenden Massenemigration und der Abwanderung in die Industriestädte der schottischen Lowlands kehrte sich die Bevölkerungsentwicklung der letzten 60 Jahre um. Der Zustrom von Highlandern in das schottische Tiefland trug viel zur allmählichen »Keltisierung« der Lowlander bei. Als Landbesitzer aus der neu erwachten Begeisterung für die Pirschjagd Kapital schlugen, setzte um 1860 eine dritte Vertreibungswelle ein, die bis zum Ende des 19. Jh.s einen dramatischen Rückgang der Highland-Bevölkerung zur Folge hatte. Durch den Erfolg der *Irish Land League* angespornt, gründeten die im Hochland verbliebenen Kleinpächter 1882 die *Highland Land League* (die Vorläuferin der *Scottish National Party*), um bessere Pachtbedingungen durchzusetzen. Der »Highland-Bauernkrieg« – eine breite Protestbewegung unter der Bauernschaft – bewirkte 1886 zwar umfassende Reformen, diese konnten aber den bis heute anhaltenden Bevölkerungsrückgang nicht aufhalten.

Statue des George Granville Leveson-Gowers, erster Graf von Sutherland, in Goldspie, Sutherland. Durch seine Heirat mit Gräfin Elisabeth von Sutherland kam Leveson-Gower in den Besitz großer Ländereien. Er war für seine rigorosen Vertreibungen 1812–1820 berüchtigt. Im Gegensatz zu humaneren Landbesitzern, die angesichts sinkender Pachteinnahmen ihre Güter verkaufen mussten, konnte er seinen Besitz erhalten.

Im 18. Jh. waren die Tage keltischer Unabhängigkeit gezählt,
und von einer keltischen Identität war schon lange keine Rede mehr.
Heute betrachten sich wieder Millionen Menschen überall
auf der Welt als Kelten, und Millionen anderer entdecken ihre keltischen Wurzeln.
Dieses Wiederaufleben keltischen Selbstverständnisses ist
ein faszinierendes Phänomen unserer Zeit, dessen historische Gründe
in der kulturellen und politischen Entwicklung Europas liegen:
in der Romantik und im Nationalismus.

(Oben) Moderne Brosche im keltischen Stil des frühen Mittelalters eines zeitgenössischen Juweliers auf North Uist, Schottland.

(Links) Druiden unserer Tage bei einer Sonnenwendfeier in Stonehenge. Das Megalithmonument aus der Jungsteinzeit hat keinen historischen Bezug zum frühen Druidentum. Obwohl der heutige Druidenkult eine Kunstreligion ist, symbolisiert er das Wiederaufleben keltischer Identität.

Die Kelten heute

DIE KELTISCHE RENAISSANCE ging aus keiner sozialen Bewegung hervor, denn schließlich gab es keine kontinuierliche Tradition keltischen Selbstverständnisses, an die man hätte anknüpfen können. Es hatte zwar einige frühe keltischsprachige Völker auf dem Kontinent gegeben, die sich als Kelten bezeichneten und für sich eine wie auch immer geartete keltische oder gallische Identität beanspruchten, aber von diesem Selbstverständnis war im Mittelalter nichts mehr zu spüren. Obwohl in Britannien, Irland und der Bretagne Keltisch sprechende Gemeinschaften überlebt hatten, gab es über tausend Jahre lang in Europa keine Menschen, die sich als Kelten bezeichnet hätten. Erst die Wiederentdeckung der frühen Kelten Ende des 17. und Anfang des 18. Jh.s durch die Altertumsforschung machte die Neubelebung keltischer Identität möglich. Ironischerweise wurde ein Großteil der wissenschaftlichen Forschung fernab der keltischsprachigen Gebiete geleistet, allerdings von Wissenschaftlern, die zum Teil aus diesen Gebieten stammten.

Die Wiederentdeckung der frühen Kelten geschah zu einer Zeit, als sich die Geschichtsforschung zu einer rationalen Wissenschaft entwickelte. Die Altertumsforscher lösten sich von der jahrhundertelangen Fixierung auf die Bibel, das antike Griechenland und Rom und versuchten, die europäische Vorgeschichte zu rekonstruieren. Ende des 17. Jh.s untersuchten Pioniere wie John Aubrey die prähistorischen Monumente Europas und die Funde aus Hügelgräbern und Mooren. Auch setzten sie sich kritisch mit geschichtlichen Überlieferungen und Legenden wie der Artussage auseinander. Da man damals noch keine exakten archäologischen Grabungs- und Datierungsmethoden kannte, hatte man keine klare Vorstellung vom Alter der Menschheit. Die Historiker hielten sich an die überkommene biblische Chronologie, deren Fixpunkte die Schöpfung 4004 v. Chr. und die Sintflut 2348 v. Chr. waren. Die Altertumsforscher versuchten damals, die vorgeschichtlichen Monumente und Artefakte mit dem in Beziehung zu setzen, was man aus der antiken Literatur über das vorrömische Europa wusste. Natürlich halten die meisten ihrer Erkenntnisse einer wissenschaftlichen Prüfung nicht stand. So geht man heute davon aus, dass die Megalithbauten keine Druidentempel waren, wie William Stukeley und Jacques Cambry noch annahmen. Gleichwohl leisteten die beiden Forscher Pionierarbeit und trugen zu der immer klarer werdenden Erkenntnis bei, dass Europa neben einer antiken auch eine keltische Geschichte hat.

Der Schotte George Buchanan hatte sich schon im 16. Jh. mit dem Thema beschäftigt und im 18. Jh. tat das der Bretone Paul-Yves Pezron, aber Edward Lhuyd war der erste Wissenschaftler, der die keltische Sprachfamilie beschrieb und damit einen bedeutenden Beitrag zum heutigen Verständnis der Kelten leistete. In seiner *Archaeologia Britannica* (1707) untersuchte Lhuyd, dessen Muttersprache Walisisch war, die Ähnlichkeiten zwischen der Sprache der alten Gallier und dem Walisischen, Kornischen, Bretonischen und Gälischen seiner Zeit. Er erkannte, dass sie alle »keltische« Sprachen waren. Bis dahin hatte man, in Anlehnung an die antiken Autoren, das Keltentum nur mit dem europäischen Festland in Verbindung gebracht. Obwohl Lhuyd mit »keltisch« keines der neuzeitlichen keltischsprachigen Völker bezeichnete, sondern nur deren Sprachen, dauerte es nur wenige Jahre, bis sich die ersten gebildeten Waliser selbst als Kelten bezeichneten. Dies erstaunt nicht, wenn man bedenkt, dass Lhuyd unter anderem nachzuweisen versuchte, dass sich die historische Identität der Waliser von der der Engländer unterschied. Britannier – das sind im Selbstverständnis der Waliser immer nur sie selbst gewesen, waren sie doch deren direkte Nachfahren. Doch nach dem Unionsvertrag zwischen England und Schottland 1707 beanspruchte das neue Großbritannien dieses historische Erbe für sich und natürlich auch den Namen. Für die Waliser wurde es wichtiger denn je, ihr eigenes Selbstverständnis gegenüber den Engländern zu behaupten.

Romantik und Keltomanie

Die immer perfektere Beherrschung der Natur durch den Menschen führte Ende des 18. Jh.s zu einer romantischen Bewegung, die sich gegen Materialismus und Rationalismus richtete. Sie ging mit einer kulturellen und ästhetischen Neuorientierung einher, insbesondere einer Hinwendung zur Natur, die man zuvor als wild und bedrohlich empfunden hatte. Diese Entwicklung beeinflusste auch die Einstellung zu den Kelten. In der Antike war das Wort »Kelte« gleichbedeutend mit »Barbar«. Bestrebt, die Kelten in einem ungünstigen Licht darzustellen, hatten die antiken Autoren

Schaukampf eines Vereins zur Wiederbelebung keltischer Kriegskunst.

das stereotype Bild des gewalttätigen, hochmütigen, undisziplinierten und abergläubischen Kelten gezeichnet. Im Mittelalter waren die Kelten von ihren französischen bzw. englischen Nachbarn kaum schmeichelhafter beschrieben worden. Doch nachdem man sie unterworfen und »befriedet« hatte, übten Tapferkeit, Gastfreundschaft und archaischer Ehrenkodex der Kelten auf die saturierten europäischen Gebildeten eine starke Faszination aus.

Die Verwandlung des Kelten vom gefährlichen Barbaren zum edlen Wilden führte zu einer wahren Keltomanie, einer in Künstlerkreisen verbreiteten Welle der Begeisterung für alles Keltische, die mit der Veröffentlichung der Ossianischen Gedichte des Schotten James Macpherson in den 60er Jahren des 18. Jh.s begann. Macpherson behauptete, seine Verse seien Übersetzungen der Lieder und Gedichte Ossians, einem sagenumwobenen gälischen Barden des frühen Mittelalters. Obwohl sie bald als Fälschungen entlarvt wurden, waren die Gedichte ungemein populär, nicht nur in Großbritannien, sondern in ganz Europa. So fragwürdig sie auch waren, die Ossianischen Gedichte weckten das Interesse für echte keltische Literatur. Die Gebildeten, von der Scheinheiligkeit der Kirche und der Hässlichkeit der Industrialisierung abgestoßen, fühlten sich von der Naturverehrung der Druiden angezogen. In den Gedichten von William Blake und William Wordsworth spielen Druiden eine wichtige Rolle. Es wurden Gesellschaften zur »Wiederbelebung« des Druidentums gegründet. Die meisten der angeblich wieder entdeckten druidischen Riten, wie die Bardenzeremonie *Maen Gorsedd*, die Edward Williams 1792 zum ersten Mal in London abhielt, waren erfunden, denn über die Druidenrituale wusste man so gut wie nichts.

Die Romantisierung der frühen Kelten färbte natürlich auf die modernen keltischsprachigen Völker ab; am deutlichsten zeigt sich das in Schottland. Bis zur Niederschlagung des Jakobitenaufstands 1745 hatte man die Gälisch sprechenden Highlander als Wilde dargestellt. Erst nach der Befriedung der Highlands begann man die Gälen in einem romantisch verklärten Licht zu sehen. Ein Beispiel hierfür ist Walter Scotts Roman *Rob Roy* (1818), in dem er aus einem Viehdieb und Schutzgelderpresser des 18. Jh.s einen keltischen Robin Hood machte. Doch vor allem den Kampferfolgen der Highland-Regimenter in der britischen Armee während der napoleonischen Kriege ist die Rehabilitierung des Highlanders zu verdanken. Die Landschaft der Highlands tat ein Übriges, denn die Reiseeindrücke der Touristen trugen ebenfalls zur Romantisierung der Region bei.

Die Schotten der Lowlands fühlten sich zum Keltentum der Highlander immer stärker hingezogen – nicht zuletzt deshalb, weil sie sich so klarer von den Engländern abgrenzen konnten. Diese Haltung spiegelte nicht etwa den Wunsch nach Unabhängigkeit wieder – im 19. Jh. lag ihre Zugehörigkeit zum British Empire durchaus im Interesse der Schotten –, sondern vielmehr die Angst vor einer kulturellen Einverleibung durch die Engländer. Als sich die englische Sprache im Hochland ausbreitete und immer mehr Highlander in die Lowlands zogen, begann sich die uralte Kluft zwischen den beiden Regionen zu schließen, und ein homogeneres schottisches Nationalbewusstsein bildete sich heraus.

Keltische Identität und irischer Nationalismus

In Irland trug die keltische Renaissance maßgeblich zum irischen Nationalismus bei, der jedoch, anders als in Schottland, die alten Gräben in der irischen Gesellschaft noch weiter aufriss. Ende des 18. Jh.s entstand in Irland eine nationalistisch-republikanische Bewegung, getragen von Katholiken und Protestanten. 1795 gründeten Protestanten in Ulster die erste Vereinigung zur Pflege der gälischen Sprache. Ein Jahrhundert später allerdings empfanden die Protestanten das Gälische als Bedrohung. Im 19. Jh. machte die katholische Mehrheit den Nationalismus zu ihrer Sache.

Man befreite sich vom jahrhundertelangen englischen Einfluss und suchte die Wurzeln des irischen Volkes in einer idealisierten keltischen Vergangenheit. Das wachsende Nationalbewusstsein äußerte sich in politischen Aktivitäten und in der Gründung von Vereinen und Verbänden wie der *Gaelic Athletic Association* oder der *Gaelic League*; es kam zu einer beachtlichen literarischen und künstlerischen »Renaissance«. Mit dem katholisch-keltisch geprägten irischen Nationalbewusstsein konnte sich die protestantische irische Minderheit, größtenteils Nachfahren der Lowland-Schotten und englischen Siedler, kaum noch identifizieren. Immer mehr Protestanten waren für die Vereinigung mit Großbritannien. Um 1900 fühlten sich die meisten von ihnen als Briten und wollten die politische Autonomie Irlands *(Home Rule)* verhindern, sich notfalls auch gegen den Staat auflehnen. Angesichts zunehmender Gewalt entschloss sich die britische Regierung 1922 zur Teilung Irlands: Der größere Landesteil erhielt seine Unabhängigkeit als *Irish Free State* (heute Republik Irland), während sechs überwiegend protestantische Grafschaften in Ulster zur Provinz Nordirland vereinigt wurden. Nach 30 Jahren Terror und Mord ist heute klar, dass man mit Nordirland gescheitert ist. Das Karfreitagsabkommen von 1998 sollte einen Friedensprozess einleiten, von dem wir heute nicht wissen, wohin er Nordirland führen wird. Die Nationalisten haben für die Unruhen in Nordirland immer die britische Regierung verantwortlich gemacht. Aber die Unfähigkeit der Nationalisten, ein konfessionsübergreifendes, pan-irisches Nationalbewusstsein zu entwickeln, hat nicht nur die Verhältnisse geschaffen, die zur Teilung des Landes führten, sondern steht bis heute einer Wiederannäherung der beiden irischen Lager im Wege.

In den 70er Jahren setzte eine zweite, bis heute anhaltende Welle der Keltomanie ein. Wie beim ersten Keltenkult im 18. Jh. übt der »edle Wilde« auch in unserer materialistischen Welt eine starke Faszination aus. Umweltprobleme, ein postimperialer Schuldkomplex und der Niedergang der kirchlichen Glaubensgemeinschaften haben zu dieser neuen Keltenbegeisterung beigetragen, die allerdings weniger dem historischen, als vielmehr dem idealisierten Kelten der Romantik gilt. Die Keltomanie hat das Interesse an der keltischen Vergangenheit geweckt, im keltischsprachigen Raum und überall bei jenen, die ihre Herkunft bis zu den Kelten zurückverfolgen können. Aber das Phänomen beruht nicht nur auf der Faszination des idealisierten Kelten und der zunehmenden Bedeutung nationaler Identität im Zeitalter der Globalisierung, es hängt auch mit den politischen Entwicklungen in Europa zusammen. Keltisches Selbstverständnis in Schottland und Wales ist vom wachsenden Nationalismus in diesen Regionen nicht zu trennen (auch wenn die großen Nationalparteien beider Länder offiziell einen ethnischen Nationalismus zugunsten eines weltoffenen, staatsbürgerlichen ablehnen). Die Enttäuschung über das mangelnde Interesse der britischen Regierung an ihrer Region hat die Menschen Cornwalls zu einem keltischen Selbstverständnis geführt; in der Bretagne war es der Wunsch nach einer nichtfranzösischen Identität. Aber weder

in Cornwall noch in der Bretagne erwuchsen daraus nationalistische Tendenzen. Dank der EU haben die Minderheiten in den Mitgliedsstaaten an Selbstvertrauen gewonnen, da sie über den Kopf ihrer Regierung hinweg politische Anerkennung, Kulturförderung und Wirtschaftshilfe einfordern können. Dies hat zum Wiederaufleben eines Selbstbewusstseins der Regionen geführt, was sich z.B. in Galicien zeigt, wo die Rückbesinnung auf die keltiberische Vergangenheit zu einem wachsenden Nationalgefühl beigetragen hat.

Der Niedergang der keltischen Sprachen

Obwohl man in den letzten zwei Jahrhunderten viel für die Pflege bzw. Wiederbelebung keltischer Sprachen getan hat, ist die Zahl derer, die im Alltag Keltisch sprechen, unaufhaltsam zurückgegangen. Die Hungersnot in Irland (1845–1849) und die Vertreibung der Kleinpächter aus dem schottischen Hochland (1763–1886) lösten Massenauswanderungen aus, die die gälischsprachigen Gemeinden in Irland und Schottland entvölkerten. In der Industrieregion von Südwales wurden die walisischsprachigen Gemeinden durch zuwandernde Engländer dominiert; und in der Bretagne hatte die Neuansiedlung französischer Muttersprachler dieselbe Wirkung. Aber auch der Ausschluss keltischer Sprachen aus dem Verwaltungs- und Bildungssektor trug entscheidend zu ihrem Niedergang bei. In den Schulen wurde diese Politik selbst von keltischsprachigen Eltern unterstützt, die glaubten, eine englisch- oder französischsprachige Schulbildung sei ihren Kindern von größerem Nutzen. Keltische Sprachen wurden von staatlichen Stellen zum Teil bewusst ignoriert, z.B. in der Bretagne, viel häufiger aber war Desinteresse der Grund für solche Ignoranz.

Schild eines Dorfpostamts auf Lewis. Die Äußeren Hebriden sind eine Bastion des Schottisch-Gälischen.

Seit der Unabhängigkeit 1922 hat die irische Regierung Maßnahmen zur Förderung des Gälischen ergriffen. Sie führte in den Schulen das Pflichtfach Gälisch ein und unterstützte die *Gaeltachts*, um die Abwanderung gälischsprachiger Bewohner in englischsprachige Gebiete einzudämmen. Das hat zu einer merklichen Zunahme gälischsprachiger Menschen geführt: von 550000 zur Zeit der Unabhängigkeit (hauptsächlich Muttersprachler) auf über eine Million 1991. Aber bei nur etwa 20000 Menschen ist Gälisch auch die Umgangssprache; selbst in einigen *Gaeltachts* ist das bei kaum der Hälfte der Bevölkerung noch der Fall. Die Iren machen sich zwar für die Wiedereinführung des Gälischen stark, aber nicht unbedingt als ihre Alltagssprache. Obwohl in den letzten Jahren im Bildungswesen, in der Kommunalverwaltung und in den Medien immer mehr Walisisch, Schottisch-Gälisch und Bretonisch gesprochen wird, spielen diese Sprachen – ausgenommen vielleicht das Walisisch – im Alltag der Menschen kaum eine Rolle.

Die Verfechter der Wiederbelebung keltischer Sprachen glauben, dass man diesen Trend noch umkehren könne, und verweisen auf die erfolgreiche Einführung des Hebräischen in Israel. Aber beide Fälle sind nicht miteinander vergleichbar: Israel war nach seiner Gründung eine Nation aus Einwanderern, die keine gemeinsame Sprache hatten. Die heutigen Kelten haben eine gemeinsame Sprache, sei es Englisch oder Französisch. Auch wenn künftig viele Menschen eine keltische Sprache lernen, weil sie sich mit ihrem kulturellen Erbe beschäftigen wollen, werden doch nur die Wenigsten so viel Zeit und Mühe in die perfekte Beherrschung einer Sprache investieren wollen, die sie im täglichen Leben kaum anwenden können. Die Zukunft der keltischen Sprachen sieht eher düster aus.

Die Zukunft der Kelten

Für viele hängt das Überleben keltischer Identität vom Weiterbestehen der keltischen Sprachen ab. Vielleicht ist das etwas zu pessimistisch gesehen. Jedenfalls scheint den meisten heutigen Kelten die Sprache für ihr keltisches Selbstverständnis nicht wesentlich zu sein; andere kulturelle, historische und politische Aspekte sind ihnen wichtiger. In Galicien hat sich auch ohne eine solche Gemeinschaftssprache ein starkes keltisches Selbstverständnis entwickelt. Für die heutigen Kelten in Galicien bedeuten Brauchtum, Architektur, Musik, Trachten und soziale Werte für ihre keltische Identität ebenso viel wie eine gemeinsame keltische Sprache. Es ist aber durchaus möglich, dass die modernen Kelten eines Tages, vielleicht infolge eines vermehrten politischen Einflusses oder Wohlstands, ihre auf ein uraltes kulturelles Erbe gegründete Identität über Bord werfen und die frühen Kelten nur noch als ferne Ahnen in Ehren halten, wie das bereits in Frankreich der Fall ist.

Walisischunterricht in der Highschool von Ystrad Mynach, Glamorgan, Südwales. Die Einführung von Walisisch als Pflichtfach ist zwar umstritten, hat jedoch zu einer Verbreitung dieser Sprache geführt.

Keltomanie und
europäischer Nationalismus

Um 1700 lebte die Keltisch sprechende Bevölkerung Europas nur noch entlang der Atlantikküste, und im schottischen Hochland hatte eine halbautonome keltischsprachige Gesellschaft bis zu den Repressionen, die dem Jakobitenaufstand folgten, überlebt. Während noch die letzten Reste unabhängigen Keltentums ausgelöscht wurden, begannen sich europäische Wissenschaftler erstmals ernsthaft für die alten keltischen Völker, ihre Geschichte, Sprache und Literatur zu interessieren.

Zunächst forschte man an Orten, die von den keltischsprachigen Gebieten entfernt lagen – in London, Paris und Edinburgh. Mit Ausnahme des walisischen Altertumsforschers Edward Lhuyd stammten die meisten Wissenschaftler aus England, Frankreich und den schottischen Lowlands. Viele ihrer Studien kamen zu falschen Ergebnissen. So behauptete der Archäologe William Stukeley, Stonehenge sei ein Druidentempel. Heute weiß man, dass das Megalithmonument Jahrtausende vor den Druiden entstand.

Die geheimnisvolle Geschichte der Kelten, die die Altertumswissenschaftler ans Licht holten, faszinierte die Menschen und führte zu einer wahren »Keltomanie«. Die Keltenbegeisterung war eine typische Erscheinung der Romantik, einer gegen Materialismus und Rationalismus gerichteten Strömung im ausgehenden 18. und frühen 19. Jh. Die Naturverehrung der Druiden hatte eine unwiderstehliche Faszination auf die von Kirche und Industrialisierung ernüchterten Intellektuellen Europas. Der vormals barbarische Kelte wurde zum edlen Wilden verklärt. In englischen Gedichten und italienischen Opern tauchten überall Druiden auf. Gesellschaften zur »Wiederbelebung« des Druidentums wurden gegründet. Einflussreichstes Werk jener Zeit war die angebliche Übersetzung der Gedichte des legendären altirischen Barden Ossian, die James Mcpherson 1760–1763 veröffentlicht hatte. Obwohl es sich um Fälschungen handelte, waren die Gedichte äußerst populär – Goethe und Napoleon gehörten zu ihren Bewunderern. Die Romantisierung der Kelten gipfelte in Walter Scotts Roman *Rob Roy*, 1818, in welchem er einen historischen Viehdieb aus den Highlands zum edelmütigen Helden verklärte. In Großbritannien und Irland bildeten sich Vereine zur Förderung keltischer Sprachen, während man in Wales das *Eisteddfod* wieder einführte, um die walisische Sprache und Kultur neu zu beleben.

Mitte des 19. Jh.s bediente sich der Nationalismus der keltischen Geschichte. Die Anführer des keltischen Widerstands gegen die römische Herrschaft wurden in Malerei und Skulptur zu Nationalhelden erhoben, z.B. Vercingetorix in Frankreich, Ambiorix in Belgien und Viriathus in Spanien und Portugal. In Irland ließ sich die nationalistische *Fenian Society* von irischen Mythen inspirieren. Zur selben Zeit gelangten insbesondere französische Archäologen mit systematischen Grabungs- und Datierungsmethoden zu verlässlicheren Kenntnissen über die frühen Kelten. Napoleon III. finanzierte die Ausgrabungen der *Oppida* von Alesia und Bibracte – die Schauplätze des gallischen Widerstands gegen Cäsar –, um angesichts des mächtiger werdenden Preußen den Nationalgeist der Franzosen zu stärken.

Idealisierte Skulptur des Gallierfürsten Vercingetorix, der den Aufstand gegen Cäsar führte. Napoleon III. ließ sie 1856 in Alesia errichten, um damit den nationalen Widerstandsgeist Frankreichs gegen Preußen zu stärken.

Ossian empfängt die Revolutionskrieger im Paradies, 1803, A.-L. Girodet. Eine Verbindung von Nationalismus und Keltomanie.

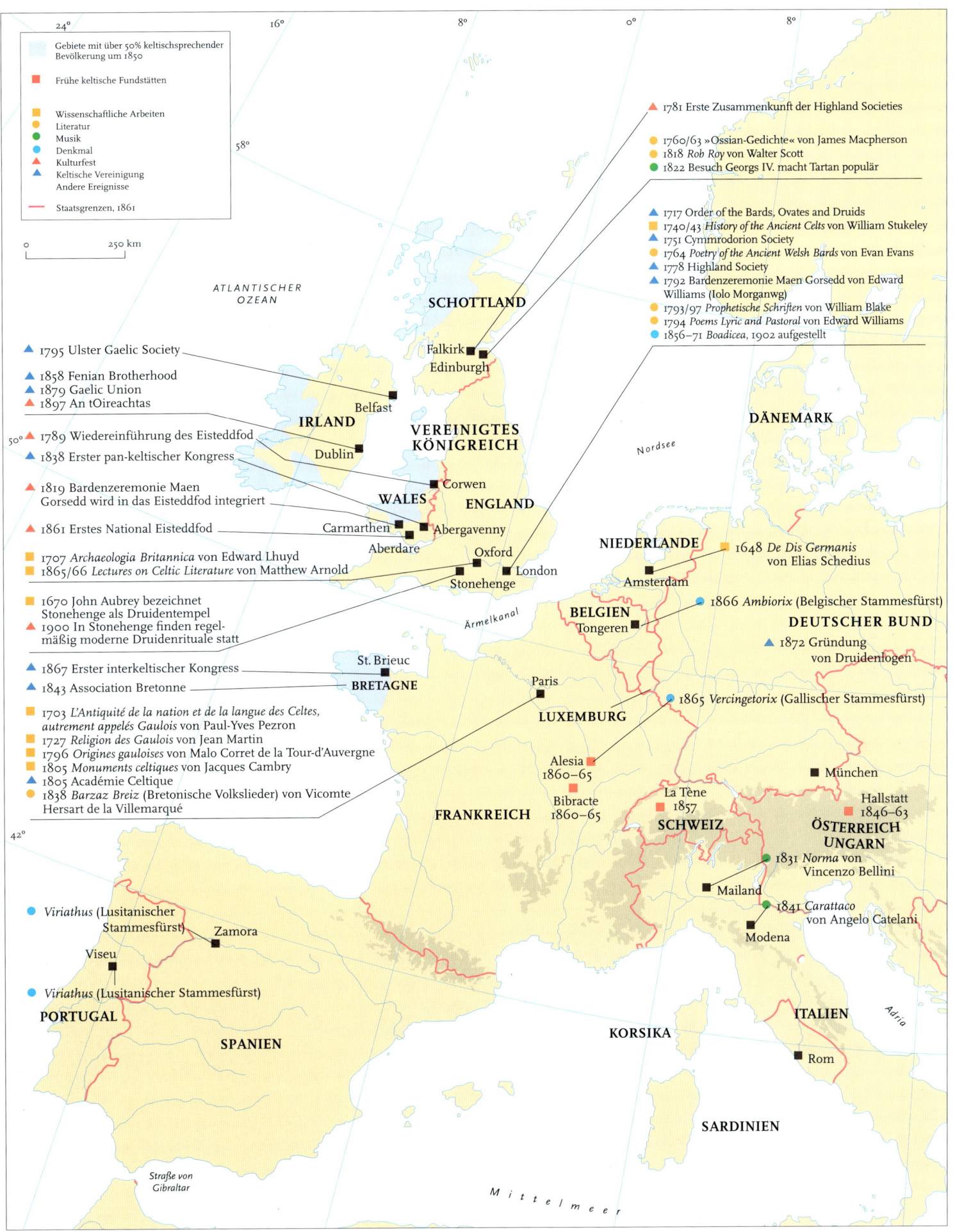

Legende:

- Gebiete mit über 50% keltischsprechender Bevölkerung um 1850
- Frühe keltische Fundstätten
- Wissenschaftliche Arbeiten
- Literatur
- Musik
- Denkmal
- Kulturfest
- Keltische Vereinigung
- Andere Ereignisse
- Staatsgrenzen, 1861

0 — 250 km

ATLANTISCHER OZEAN

24° 16° 8° 0° 8°

58°

50°

42°

Ereignisse (rechts oben, Schottland):

- ▲ 1781 Erste Zusammenkunft der Highland Societies
- ● 1760/63 »Ossian-Gedichte« von James Macpherson
- ● 1818 *Rob Roy* von Walter Scott
- ● 1822 Besuch Georgs IV. macht Tartan populär

- ▲ 1717 Order of the Bards, Ovates and Druids
- ■ 1740/43 *History of the Ancient Celts* von William Stukeley
- ▲ 1751 Cymmrodorion Society
- ● 1764 *Poetry of the Ancient Welsh Bards* von Evan Evans
- ▲ 1778 Highland Society
- ▲ 1792 Bardenzeremonie Maen Gorsedd von Edward Williams (Iolo Morganwg)
- ● 1793/97 *Prophetische Schriften* von William Blake
- ● 1794 *Poems Lyric and Pastoral* von Edward Williams
- ● 1856–71 *Boadicea*, 1902 aufgestellt

Ereignisse (links, Irland):

- ▲ 1795 Ulster Gaelic Society
- ▲ 1858 Fenian Brotherhood
- ▲ 1879 Gaelic Union
- ▲ 1897 An tOireachtas
- ▲ 1789 Wiedereinführung des Eisteddfod
- ▲ 1838 Erster pan-keltischer Kongress

- ▲ 1819 Bardenzeremonie Maen Gorsedd wird in das Eisteddfod integriert
- ▲ 1861 Erstes National Eisteddfod

- ■ 1707 *Archaeologia Britannica* von Edward Lhuyd
- ■ 1865/66 *Lectures on Celtic Literature* von Matthew Arnold

- ■ 1670 John Aubrey bezeichnet Stonehenge als Druidentempel
- ▲ 1900 In Stonehenge finden regelmäßig moderne Druidenrituale statt

- ▲ 1867 Erster interkeltischer Kongress
- ▲ 1843 Association Bretonne

- ■ 1703 *L'Antiquité de la nation et de la langue des Celtes, autrement appelés Gaulois* von Paul-Yves Pezron
- ■ 1727 *Religion des Gaulois* von Jean Martin
- ■ 1796 *Origines gauloises* von Malo Corret de la Tour-d'Auvergne
- ■ 1805 *Monuments celtiques* von Jacques Cambry
- ▲ 1805 Académie Celtique
- ● 1838 *Barzaz Breiz* (Bretonische Volkslieder) von Vicomte Hersart de la Villemarqué

Ereignisse (rechts, Kontinent):

- ■ 1648 *De Dis Germanis* von Elias Schedius
- ● 1866 *Ambiorix* (Belgischer Stammesfürst)
- ▲ 1872 Gründung von Druidenlogen
- ● 1865 *Vercingetorix* (Gallischer Stammesfürst)
- ● 1831 *Norma* von Vincenzo Bellini
- ● 1841 *Carattaco* von Angelo Catelani
- ● *Viriathus* (Lusitanischer Stammesfürst)
- ● *Viriathus* (Lusitanischer Stammesfürst)

Ortsnamen:

SCHOTTLAND
Falkirk
Edinburgh
Belfast
IRLAND
VEREINIGTES KÖNIGREICH
Dublin
Corwen
WALES
ENGLAND
Carmarthen — Abergavenny
Aberdare
Oxford
London
Stonehenge
St. Brieuc
BRETAGNE
Paris
FRANKREICH
Alesia 1860–65
Bibracte 1860–65
La Tène 1857
SCHWEIZ
Hallstatt 1846–63
ÖSTERREICH UNGARN
Mailand
Modena
DÄNEMARK
Nordsee
NIEDERLANDE
Amsterdam
BELGIEN
Tongeren
DEUTSCHER BUND
LUXEMBURG
München
ITALIEN
Adria
Rom
KORSIKA
SARDINIEN
Mittelmeer
Ärmelkanal
Zamora
Viseu
PORTUGAL
SPANIEN
Straße von Gibraltar

Der keltische Exodus

Unter keltischem Exodus verstehen wir die weltweite Emigration von Millionen von Menschen aus keltischsprachigen Gebieten seit Ende des 18. bis Anfang des 20. Jh.s. Nur zwei Keltisch sprechende Gemeinschaften konnten sich dauerhaft etablieren, die aber die Voraussetzungen für die Entwicklung einer modernen staatsübergreifenden keltischen Identität schufen, da sie sich in der Emigration ein starkes Bewusstsein für ihre kulturellen Wurzeln erhielten.

DIE ZAHL DER AUSWANDERER lässt sich nur schätzen, da in den Abfahrts- und Zielhäfen zuverlässige Dokumente fehlen. Die USA waren das beliebteste Einwanderungsland, aber viele Emigranten gingen auch nach England, Kanada, Australien und Neuseeland, während ein kleinerer Teil nach Südafrika und Südamerika auswanderte. Die Emigration aus den keltischen Gebieten wird allgemein als Flucht vor Armut gedeutet, aber die Hungersnot in den 40er Jahren des 19. Jh.s, die zu einer Massenauswanderung führte, war eher die Ausnahme. Die meisten Menschen entschlossen sich zur Auswanderung, weil sie sich in der Fremde mehr Chancen und bessere Lebensbedingungen versprachen als in der Heimat.

Die Iren stellten die Mehrheit der Auswanderer aus den keltischen Gebieten: Zwischen 1801 und 1921 verließen über 8 Millionen Iren ihre Heimat. Seit dem 17. Jh. waren sie in steter Zahl nach Kontinentaleuropa eingewandert; und viele dienten in den Armeen der Kriegsgegner Englands. Mitte des 18. Jh.s setzte mit dem Exodus der *Ulster Scots*, der nordirischen Protestanten, eine Auswanderungswelle Richtung Nordamerika ein. Anfang des 19. Jh.s folgten die Katholiken, und in den 40er Jahren kam es wegen der Hungersnot zu einer Massenflucht aus Irland. Die irischen Katholiken wurden im protestantischen Amerika ebenso diskriminiert wie in ihrer Heimat, was maßgeblich zu ihrer anglophoben, katholischen, irisch-amerikanischen Identität beitrug.

Zur Zeit der Vertreibungen aus dem schottischen Hochland wurde Kanada das Einwanderungsland für die gälischsprachigen Highlander. Es heißt, dass in Kanada mehr Gälisch gesprochen wird als in Schottland, aber die Zahl der aktiven Sprecher, von denen die meisten auf der Kap-Breton-Insel leben, dürfte

Erläuterungen zur Karte

❶ Katholische Iren zogen in die Industriestädte von Pennsylvania, New Jersey, New York und Neuengland.

❷ Einwanderungsgebiete der gälischen Schotten waren die Inseln Prince Edward und Kap Breton sowie die Gegenden um Pictou und Antigonish.

❸ Im 19. Jh. waren fast ein Viertel aller australischen Neubürger Iren, darunter nationalistische Rebellen.

❹ Arbeiter aus den Zinn- und Kupferminen Cornwalls emigrierten in Bergbaugebiete auf der ganzen Welt.

❺ Die Bewohner der Insel Man wanderten in den Nordosten der USA aus.

❻ 1851 waren 22 % der Einwohner Liverpools Iren, 6 % Waliser und 4 % Schotten.

(Unten links) Irische Auswanderer beim Anblick Amerikas. Beschönigende Darstellung in der Illustrated London News, 1871. Die Bedingungen auf den Auswandererschiffen verbesserten sich im 19. Jh.

heute weniger als 2000 betragen. Die Bretonen gehörten zu den ersten europäischen Siedlern in Kanada, und selbst als Neufrankreich 1763 an die britische Krone fiel, büßte es seine Anziehungskraft nicht ein.

Die Waliser waren zwar die kleinste Auswanderergruppe, legten aber den größten Wert auf die Pflege ihrer Sprache. In Nordamerika wurden mehrere walisische Gemeinden gegründet, die aber bald von Englisch sprechenden Siedlern dominiert wurden. Daraufhin gründeten sie außerhalb des englischsprachigen Raums walisische Siedlungen, z.B. in Brasilien und Russland. Die erfolgreichste Kolonie entstand 1865 im Chubut-Tal im argentinischen Patagonien. Ihre Gründer hatten gehofft, dass *Y Wladfa* (»Die Kolonie«) unabhängig bleiben könne, aber die argentinische Regierung, die die Siedler ansonsten unterstützte, bestand auf ihrer Oberhoheit. Nach einer langen Periode des Niedergangs hat das Walisische jüngst einen bescheidenen Aufschwung erlebt. Die ehemalige Kolonie ist heute eine Touristenattraktion.

Walisische Teestube in Trelew im spanischsprachigen Patagonien. Obwohl von jeher in der Minderheit, pflegen die Waliser heute noch ihre Kultur, u.a. die Eisteddfods.

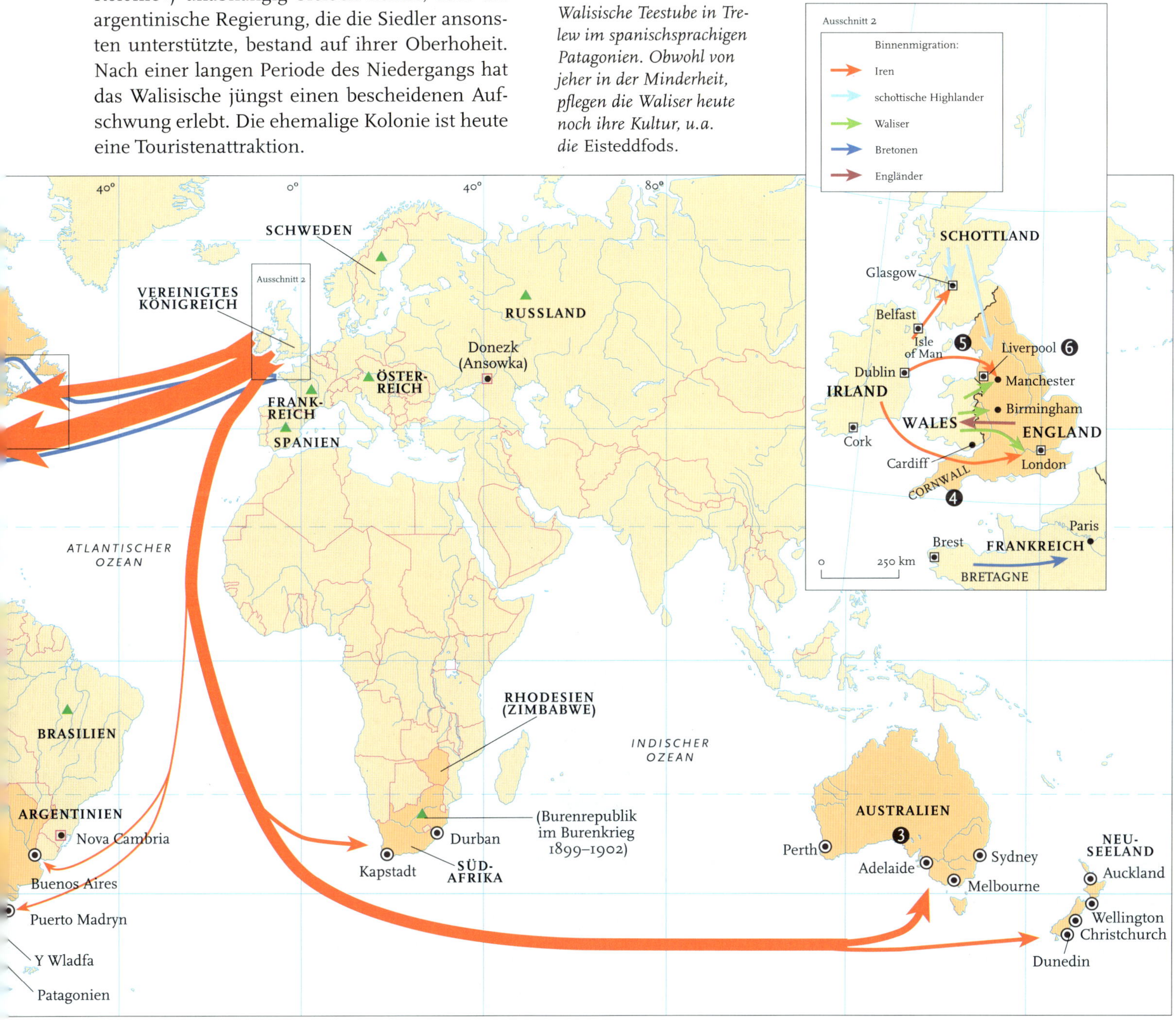

Ausschnitt 2

Binnenmigration:

→ Iren
→ schottische Highlander
→ Waliser
→ Bretonen
→ Engländer

SCHOTTLAND
Glasgow
Belfast
Isle of Man
Dublin
IRLAND
Cork
Liverpool
Manchester
Birmingham
WALES
Cardiff
ENGLAND
London
CORNWALL
Brest
FRANKREICH
Paris
BRETAGNE

0   250 km

40°   0°   40°   80°

SCHWEDEN

VEREINIGTES KÖNIGREICH

RUSSLAND

Donezk (Ansowka)

ÖSTER-REICH

FRANK-REICH

SPANIEN

ATLANTISCHER OZEAN

BRASILIEN

RHODESIEN (ZIMBABWE)

INDISCHER OZEAN

(Burenrepublik im Burenkrieg 1899–1902)

Durban

Kapstadt

SÜD-AFRIKA

AUSTRALIEN

Perth

Adelaide

Sydney

Melbourne

NEU-SEELAND

Auckland

Wellington
Christchurch

Dunedin

ARGENTINIEN

Nova Cambria

Buenos Aires

Puerto Madryn

Y Wladfa

Patagonien

Die keltischen Sprachen heute

Heute werden noch vier keltische Sprachen gesprochen: Walisisch, Bretonisch, Irisch-Gälisch und Schottisch-Gälisch. Etwa zwei Millionen Menschen beherrschen eine keltische Sprache, aber die Zahl derer, die diese auch im Alltag benutzen, liegt weit niedriger, wohl unter 500 000. Trotz aller Bemühungen, die keltischen Sprachen zu fördern, ist es fraglich, ob sie im Zeitalter der globalisierten Wirtschaft und Kultur als lebende Sprachen werden bestehen können.

UNTER DEN KELTISCHEN SPRACHEN scheint sich Irisch-Gälisch am besten zu behaupten: Angeblich wird es von über einer Million Menschen gesprochen; in der Republik Irland ist Gälisch Amts- und Unterrichtssprache; die *Gaeltachts* (gälischsprachige Gebiete) erhalten vom Staat Wirtschaftshilfen. Trotzdem ist die Zahl jener, die Irisch-Gälisch im Alltag sprechen, die niedrigste in der keltischen Sprachgemeinschaft. In Nordirland ist Gälisch als Umgangssprache ausgestorben; allerdings haben die irischen Nationalisten das Gälische zu ihrer Sache gemacht, was immer wieder für politische Diskussionen sorgt. Obwohl Schottisch-Gälisch nie in ganz Schottland gesprochen wurde, steht es etwas besser da als das Irisch-Gälische. Zwar wird der Niedergang des Gälischen im Landesinneren nicht mehr aufzuhalten sein, aber auf den Hebriden gibt es noch gälischsprachige Gemeinden. Nachdem viele Highlander in die Lowlands abgewandert sind, lebt nun dort fast die Hälfte aller Schottisch-Gälisch sprechenden Menschen.

Für über 300 000 Menschen ist Walisisch Alltagssprache; das ist der höchste Anteil unter allen keltischen Sprachen. Die Einführung des Walisischen in der Schule hat zwar zur Verbreitung dieser Sprache geführt, aber als Alltagssprache dürfte sie weiter an Bedeutung verlieren. Die Karte gibt keinen Aufschluss über die Verteilungsdichte walisischsprachiger Menschen in Wales: Die Hälfte von ihnen lebt im dicht besiedelten, aber überwiegend englischsprachigen Südwales; außerdem gibt es noch eine größere Zahl walisischsprachiger Menschen im grenznahen englischen Shropshire sowie infolge jüngster Zuwanderung auch im Großraum Liverpool.

Bretonisch gilt mittlerweile als »verborgene« Sprache. Wegen des Tourismus und der Zunahme der monoglotten französischsprachigen Bevölkerung sprechen die Bretonen ihre Sprache häufig nur noch im vertrauten Kreis, so dass Fremde sie kaum noch zu hören bekommen. Die Schätzungen über die Zahl der Bretonisch sprechenden Menschen sind sehr unterschiedlich; die Angaben in der Karte könnten zu optimistisch sein. Zur Zeit versucht man, zwei ausgestorbene keltische Sprachen wieder zu beleben: Manx-Gälisch und Kornisch. Da das Kornische keine voll entwickelte Schriftsprache war, hat man nur unzureichende Kenntnisse über Aussprache, Wortschatz und Grammatik. Das »wieder belebte« Kornisch ist deshalb eine künstliche Sprache, die Elemente aus dem Walisischen und Bretonischen enthält. Die Zahl der Menschen, die dieses »Neu-Kornisch« fließend sprechen, wurde in den 90er Jahren auf unter 100 geschätzt.

Walisische Zeitungen. Eigene Presseorgane sind für das dauerhafte Überleben der keltischen Sprachen unabdingbar. Wegen der kleinen Leserschaft müssen die meisten keltischsprachigen Publikationen subventioniert werden.

Grundschulklasse auf Skye. Der Gälischunterricht findet auf den Inseln breite Unterstützung – auch seitens der Neubürger, die an einer raschen Integration ihrer Kinder interessiert sind.

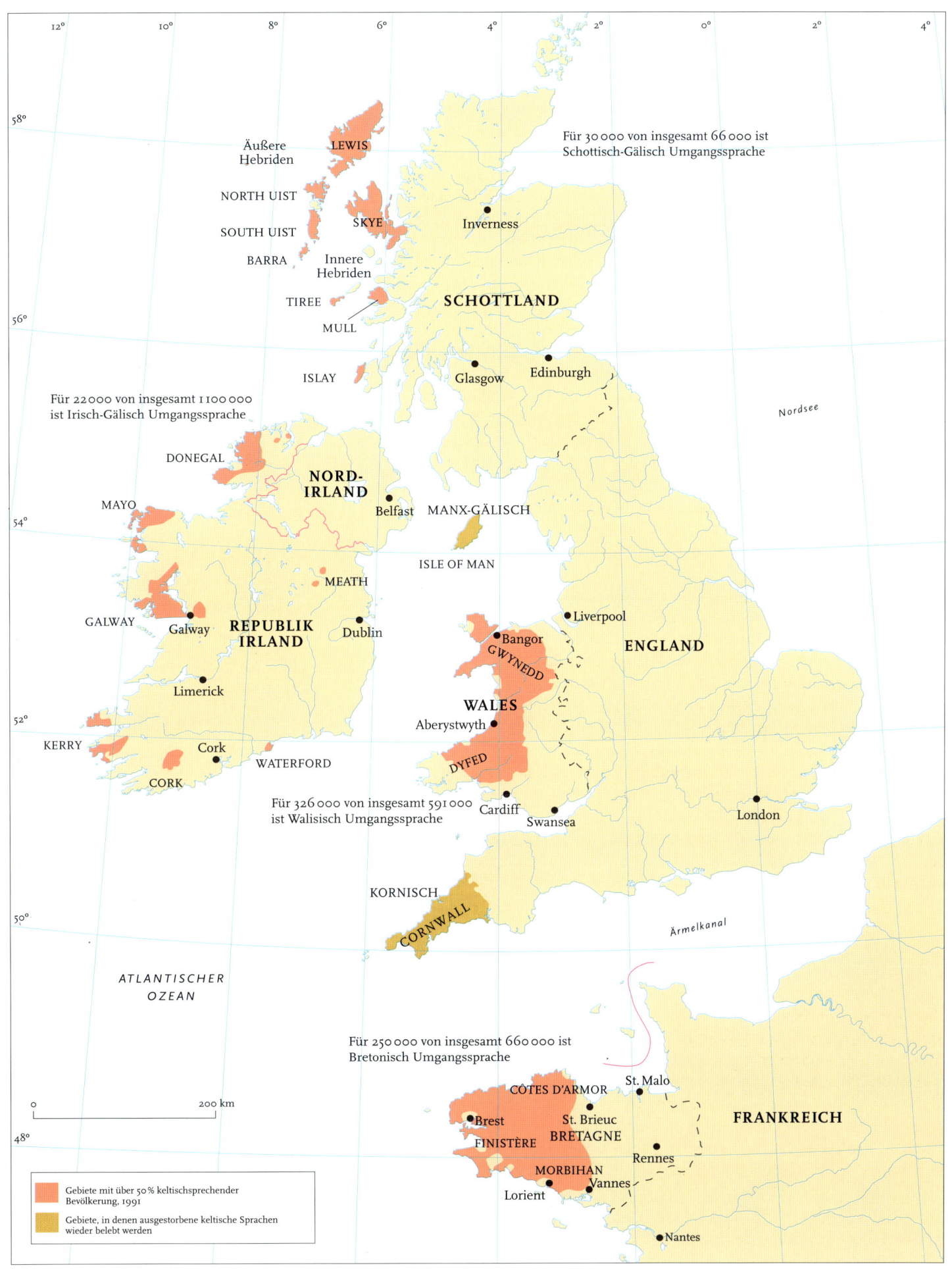

12°   10°   8°   6°   4°   2°   0°   2°   4°

58°

Äußere
Hebriden   LEWIS   Für 30 000 von insgesamt 66 000 ist
                                 Schottisch-Gälisch Umgangssprache

NORTH UIST   SKYE

SOUTH UIST   • Inverness

BARRA   Innere
           Hebriden

56°   TIREE   SCHOTTLAND

           MULL

           ISLAY   • Glasgow • Edinburgh

                                                              Nordsee

Für 22 000 von insgesamt 1 100 000
ist Irisch-Gälisch Umgangssprache

DONEGAL   NORD-
                 IRLAND
MAYO   • Belfast   MANX-GÄLISCH
54°

                                           ISLE OF MAN

           MEATH   • Liverpool

GALWAY   • Bangor
       • Galway   REPUBLIK   GWYNEDD   ENGLAND
                  IRLAND   • Dublin
                                           WALES
       • Limerick   • Aberystwyth
52°
KERRY   DYFED
       • Cork   WATERFORD
CORK   Für 326 000 von insgesamt 591 000   • London
                                        ist Walisisch Umgangssprache • Cardiff
                                                            • Swansea

                             KORNISCH

                                                            Ärmelkanal
50°
                             CORNWALL

ATLANTISCHER
OZEAN

                   Für 250 000 von insgesamt 660 000 ist
                   Bretonisch Umgangssprache

                                           CÔTES D'ARMOR
                                                     • St. Malo
0   200 km   • Brest • St. Brieuc   FRANKREICH
                                           BRETAGNE
48°   FINISTÈRE
                                                  • Rennes
                                        MORBIHAN
                                        • Vannes
                   Gebiete mit über 50 % keltischsprechender   • Lorient
                   Bevölkerung, 1991
                                                     • Nantes
                   Gebiete, in denen ausgestorbene keltische Sprachen
                   wieder belebt werden

Die keltischen Länder heute

Die Celtic League, eine einflussreiche pan-keltische Organisation, zählt Irland, Schottland, Wales, die Insel Man, Cornwall und die Bretagne zu den »keltischen Ländern«. In diesen keltischen Ländern wird oder wurde noch in jüngerer Zeit eine keltische Sprache gesprochen. Und hier ist keltisches Selbstverständnis ein relativ junges historisches Phänomen, das allerdings zu keinem übergreifenden keltisch geprägten Nationalgefühl geführt hat.

DAS MODERNE KELTISCHE SELBSTVERSTÄNDNIS erwachte im 18. Jh. in Wales und war eine Reaktion auf die Dominanz des Britischen. Die Waliser hatten sich schon immer als Britannier verstanden. Doch nach dem Unionsvertrag mit Schottland 1707 wurde der Begriff von den Briten reklamiert und auf die gesamte Bevölkerung der neu entstandenen Nation Großbritannien ausgedehnt. Um ihre älteren Ansprüche geltend zu machen, bezeichneten sich die Waliser nun als Kelten.

Auch in Irland und Schottland war das Aufkommen keltischen Selbstverständnisses im 19. Jh. eine Antwort auf den Einfluss des Britischen bzw. Englischen. Mit ihrer keltischen Identität konnten sich die irischen Nationalisten von den britischen Kolonialherren abgrenzen. Doch da sich dieses keltische Selbstbewusstsein immer stärker mit der gälischen Sprache, dem Katholizismus und Republikanismus verband, konnte sich eine große Minderheit in der irischen Gesellschaft immer weniger damit identifizieren, nämlich die protestantisch-unionistische Bevölkerungsmehrheit Nordirlands. Die Keltisierung Schottlands war weniger politisch motiviert. Aus Angst vor einer kulturellen Einverleibung durch die Engländer übernahmen die Schotten in den Lowlands die zunehmend romantisch verklärte keltische Identität des Highlanders. Jedoch nicht alle modernen Schotten können sich mit der alten Highland-Tradition identifizieren. Gleiches gilt für die Bewohner der Shetland- und Orkneyinseln, die sich an ihrer skandinavischen Vergangenheit orientieren.

Da die Bretagne erst 1790 vollständig unter französische Herrschaft kam, konnte sich dort ein starkes bretonisches Selbstverständnis erhalten. Ihre keltischen Wurzeln ermöglichten es den Bretonen, sich ihre nichtfranzösische Identität zu bewahren. Auf Man und in Cornwall haben kleine Volksgruppen die keltische Sprache, Kultur und Geschichte ins öffentliche Bewusstsein gerückt. Die Insel Man mit ihrer weitgehenden Autonomie hat eine ausgeprägte nationale Identität. In Cornwall gibt es ein starkes Regionalbewusstsein, aber von einem kornischen Nationalgefühl kann keine Rede sein. In Galicien entwickelt sich heute ein starkes keltisches Selbstverständnis. Obwohl sich die Region kulturell und sprachlich von Spanien unterscheidet, wird dort seit über tausend Jahren kein Keltisch mehr gesprochen. Die keltische Identität der Galicier braucht offensichtlich keine keltische Sprache.

(Oben) Das Interkeltische Festival im bretonischen Lorient ist eines der erfolgreichsten internationalen pan-keltischen Kulturereignisse.

(Rechts) Detail einer bretonischen Tracht aus Finistère. Trachten werden heute nur noch bei Festen getragen.

(Unten) Dudelsackspieler bei einem galicischen Volksfest. Der Dudelsack, Inbegriff der keltischen Musik, stammt aus dem Nahen Osten und war einst in ganz Europa populär.

(Links) Hammerwerfen bei den Highland Games. Die Wettkämpfe wurden Anfang des 19. Jh.s im Zuge der Romantisierung des Highlanders wieder eingeführt.

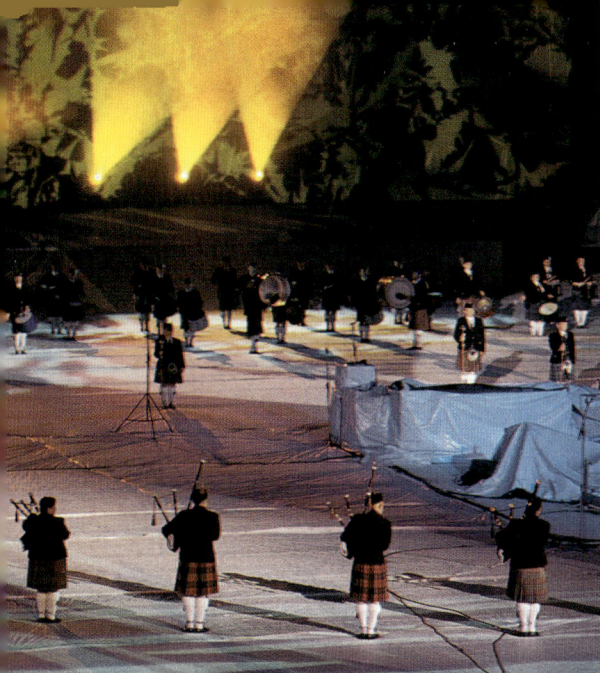

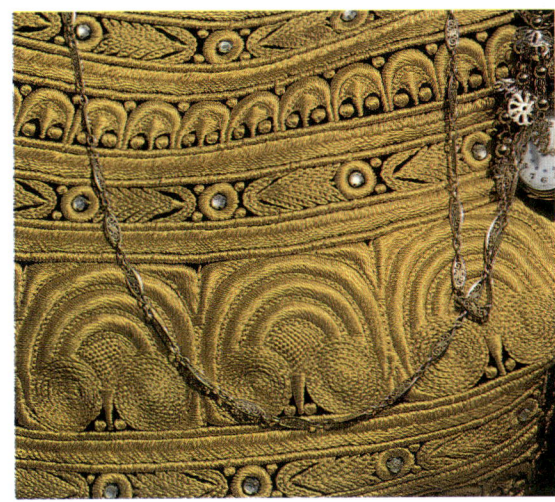

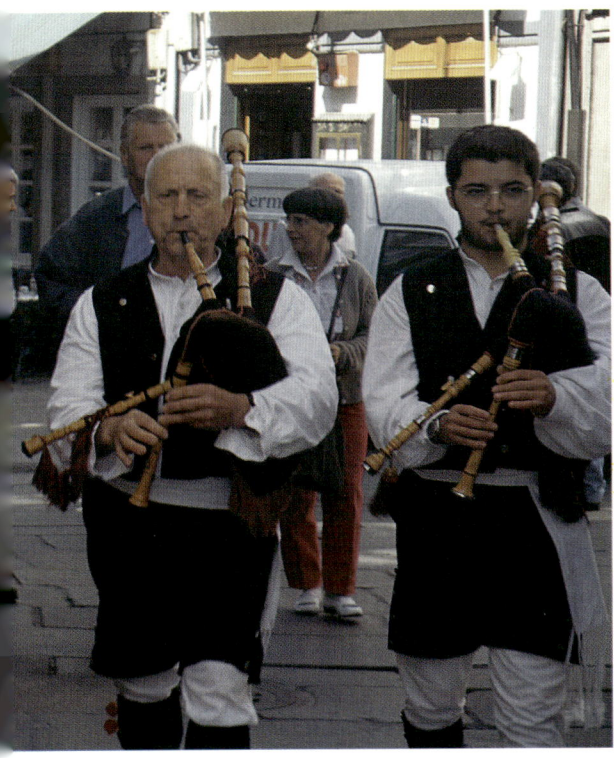

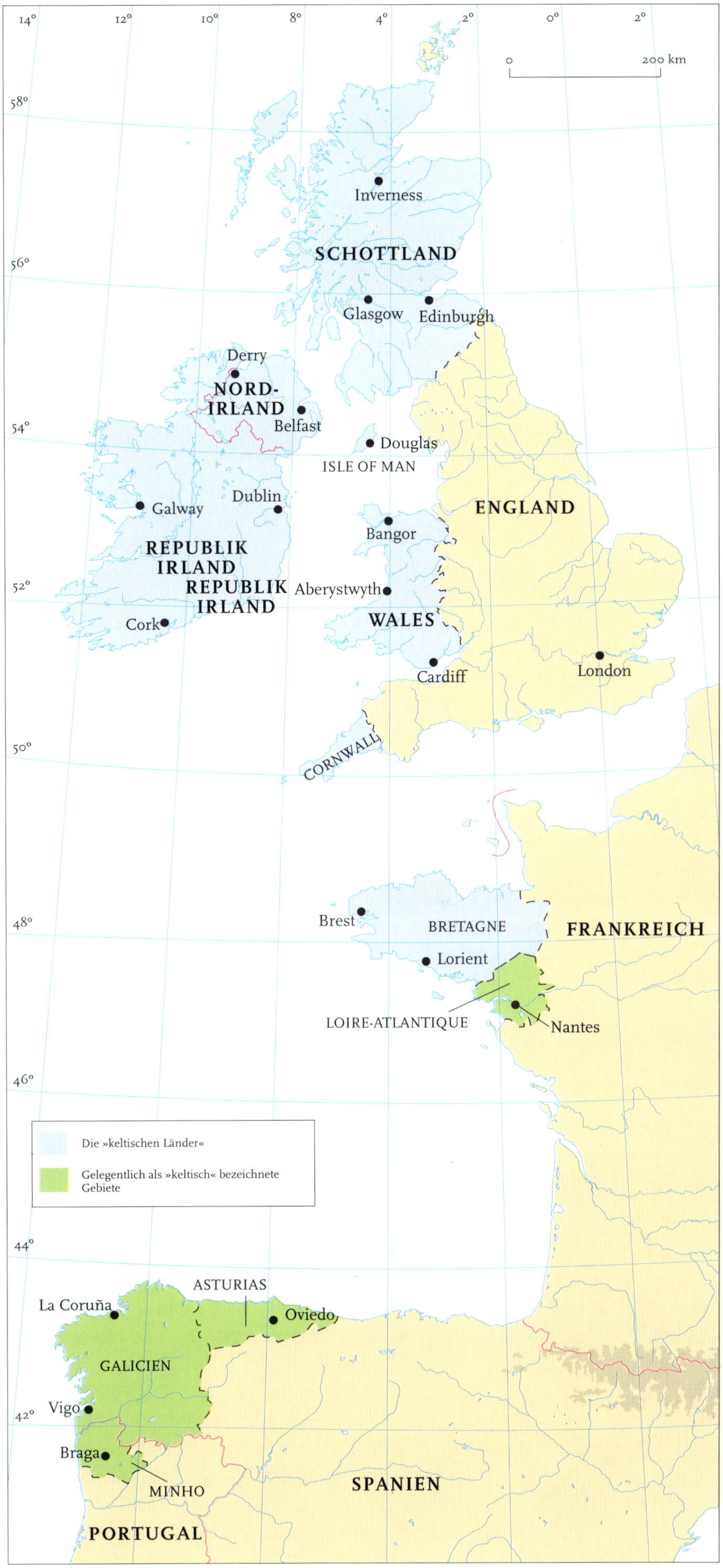
14°
12°
10°
8°
4°
2°
0°
2°
58°
56°
54°
52°
50°
48°
46°
44°
42°
0
200 km
Inverness
SCHOTTLAND
Glasgow
Edinburgh
Derry
NORD-
IRLAND
Belfast
Douglas
ISLE OF MAN
Galway
Dublin
ENGLAND
Bangor
REPUBLIK
IRLAND
REPUBLIK
IRLAND
Aberystwyth
WALES
Cork
Cardiff
London
CORNWALL
Brest
BRETAGNE
FRANKREICH
Lorient
LOIRE-ATLANTIQUE
Nantes
Die »keltischen Länder«
Gelegentlich als »keltisch« bezeichnete Gebiete
ASTURIAS
La Coruña
Oviedo
GALICIEN
Vigo
Braga
MINHO
SPANIEN
PORTUGAL

Weiterführende Literatur

Die folgende Bibliographie enthält eine Auswahl vorwiegend neuerer Veröffentlichungen zum Thema, darunter die wichtigsten Quellen des verwendeten Kartenmaterials. Ich möchte bei dieser Gelegenheit allen Archäologen und Historikern danken, auf deren Forschungen sich das vorliegende Buch stützt.

Aalen, F.H.A., Whelan, K.& Stout, M.Hg.): Atlas of the Irish Rural Landscape. Cork 1997.
Alcock, L.: Arthur's Britain. Harmondsworth 1971.
Audouze, F., und Büchsenschütz, O.: Towns, Villages and Countryside of Celtic Europe. London & Bloomington 1991.
Ball, M.J. (Hg.): The Celtic Languages. London & New York 1993.
Berresford-Ellis, P.: The Celtic Revolution. Talybont 1985.
Black, R., Gillies, W., und Ó Maolalaigh, R. (Hg.): Celtic Connections, Vol. 1, Language, Literature, Culture, History. East Linton 1999.
Chadwick, N.: Die Kelten: Von der Vorgeschichte bis zum Normanneneinfall. München 1976.
Chapman, M.: The Celts: The Construction of a Myth. Basingstoke & London 1992.
Clyde, R.: From Rebel to Hero: The Image of the Highlander 1745–1830. East Linton 1995.
Coffey, M. & Golway, T. (Hg.): The Irish in America. London & New York 2000.
Collis, J.: The European Iron Age. London 1984.
Cowan, E.J., und McDonald, R.A. (Hg.): Alba: Celtic Scotland in the Medieval Era. East Linton 2000.
Craig, D.: On the Crofters' Trail: In Search of the Clearance Highlanders. London 1990.
Cunliffe, B.: Die Kelten und ihre Geschichte. Bergisch-Gladbach 1996.
Cunliffe, B.: Illustrierte Vor- und Frühgeschichte Europas. Parkland-Verlag 2000.
Cunliffe, B.: Iron Age Communities in Britain. 3. Aufl. London & New York 1991.
Curchin, L.A.: Roman Spain: Conquest and Assimilation. London 1991.
Davies, J.: A History of Wales. London 1993.
Davies, R.R.: The Revolt of Owain Glyn Dwr. Oxford 1995.
Davies, W.: Wales in the Early Middle Ages. London & New York 1982.
De Paor, M., und De Paor, L.: Early Christian Ireland. London 1965.
Drinkwater, J.F.: Roman Gaul. London 1983.
Duffy, S. (Hg.): Atlas of Irish History. Dublin 1997.
Durkacz, V.E.: The Decline of the Celtic Languages. Edinburgh 1983.
Ellis, S.G.: Ireland in the Age of the Tudors. London 1998.
Eluère, C.: Die Kelten. Ravensburg 1996.
Filip, J.: Die keltische Zivilisation und ihr Erbe. Prag 1961.
Frere, S.: Britannia. 3. Aufl. London 1987.
Galliou, P., und Jones, M.: The Bretons. Oxford 1991.
Grant, A.: Independence and Nationhood: Scotland 1306–1469. London 1984.
Green, M.J. (Hg.): The Celtic World. London & New York 1995.
Green, M.J.: Die Druiden. Augsburg 2000.

Haywood, J.: The Penguin Historical Atlas of the Vikings. London 1995.
Haywood, J.: Encyclopaedia of the Viking Age. London & New York 2000.
James, S.: The Atlantic Celts: Ancient People or Modern Invention. London 1999.
James, S.: Das Zeitalter der Kelten. Düsseldorf 1996.
Jones, M.: Ducal Brittany. Oxford 1970.
Jones, M.: The Creation of Brittany. London 1988.
King, A.: Roman Gaul and Germany. London 1990.
Kinvig, R.H.: The Isle of Man: A Social, Cultural and Political History. Liverpool 1975.
Kruta, V. et al. (Hg.): Die Kelten: Aufstieg und Niedergang einer Kultur. Freiburg 2000.
Laing, L.: The Archaeology of Late Celtic Britain and Ireland c. 400–1200 AD. London 1975.
Laing, L., und Laing, J.: The Picts and the Scots. Stroud 1994.
Macinnes, A.: Clanship, Commerce and the House of Stuart. East Linton 1996.
McDonald, R.A.: The Kingdom of the Isles: Scotland's Western Seaboard, c. 1100–c. 1336. East Linton 1997.
MacNeill, P.G.B., und MacQueen, H.L. (Hg.): Atlas of Scottish History to 1707. Edinburgh 1996.
Mallory, J.P.: In Search of the Indo-Europeans. London 1989.
Megaw, R., und Megaw, V.: Celtic Art. Überarb. Ausg. London & New York 2001.
Moody, T.W. et al. (Hg.): A New History of Ireland. Vol. IX, Maps, Genealogies and Lists. Oxford 1984.
Morris, J.: The Age of Arthur. London 1973.
Morris, J.E.: The Welsh Wars of Edward I. Oxford 1901. Neuauflage Stroud 1996.
Ó Cróinín, D.: Early Medieval Ireland 400–1200. London & New York 1995.
Piggott, S.: The Druids. London 1968.
Pittock, M.G.H.: Celtic Identity and the British Image. Manchester & New York 1999.
Raftery, B.: Pagan Celtic Ireland: The Enigma of the Irish Iron Age. London & New York 1994.
Rankin, D.: Celts and the Classical World. London 1987.
Rees, W.: An Historical Atlas of Wales. 2. Aufl. London 1972.
Renfrew, C.: Archaeology and Language. London 1987.
Ross, A.: Druids. Stroud 1999.
Salway, P.: Roman Britain. Oxford 1981.
Smyth, A.P.: Warlords and Holy Men: Scotland AD 80–1000. London 1984.
Snyder, C.A.: An Age of Tyrants. Britain and the Britons AD 400–600. Stroud 1998.
Snyder, C.A.: Exploring the World of King Arthur. London & New York 2000.
Szabó, M.: Auf den Spuren der Kelten in Ungarn. Budapest 1976.
Todd, M.: The Southwest to AD 1000. London 1987.
Walker, D.: Medieval Wales. Cambridge 1990.
Webster, B.: Medieval Scotland. The Making of an Identity. London & Basingstoke 1997.
Webster, G.: Boudica: The British Revolt against Rome AD 60. London 1978.
Williams, G.: The Welsh in Patagonia. Cardiff 1991.
Withers, C.W.J.: Gaelic Scotland. London & New York 1988.
Whyte, I. & K.: On the Trail of the Jacobites. London & New York 1990.

Bildnachweis

Register